深圳职业技术大学"十四五"规划教材

科技创新与实践基础训练

主　编　◎　吴晓晶　　田红梅　　杨玮民
副主编　◎　吕文星　　曹喻霖
参　编　◎　邱海安　　邵志斌
　　　　　　王晓波　　张　霞

·上海·

内 容 提 要

本书是在编者丰富的教学经验基础上,结合高等职业教育的教学特点编写而成,旨在通过科技创新的教育与实践,培养学生科技创新工程通识素养。本书采用项目任务指导书的形式进行编写,共分为七个项目,分别为智能机器乐高 EV3 入门、EV3 程序块操作、智能风扇设计与控制、智能小车设计与控制、智能小车巡线、智能小车探险以及综合创新作品设计,案例充满趣味性,图文并茂,同时每个项目后配以习题,有助于读者巩固知识点。为更好地学习科创精神,本书在附录中设置了科学前沿技术概述与实训室实操规范两个部分,并以电子资源形式呈现。本书的电子资源还包括课件、实操演示视频、知识拓展等,读者可以扫描相应二维码获取。

本书可作为高等职业教育科技工程通识课程的教材,也可作为其他本科院校各专业的科技工程选修课程的教材。

图书在版编目(CIP)数据

科技创新与实践基础训练 / 吴晓晶,田红梅,杨玮民主编. --上海:同济大学出版社,2024.8. -- ISBN 978-7-5765-1203-8

Ⅰ. F062.4

中国国家版本馆 CIP 数据核字第 2024902UV8 号

科技创新与实践基础训练

吴晓晶　田红梅　杨玮民　主编
吕文星　曹喻霖　副主编

| 责任编辑 | 屈斯诗 | 责任校对 | 徐逢乔 | 封面设计 | 渲彩轩 |

出版发行	同济大学出版社　www.tongjipress.com.cn
	(地址:上海市四平路 1239 号　邮编:200092　电话:021-65985622)
经　　销	全国各地新华书店
排　　版	南京文脉图文设计制作有限公司
印　　刷	常熟市华顺印刷有限公司
开　　本	787mm×1092mm　1/16
印　　张	10.75
字　　数	268 000
版　　次	2024 年 8 月第 1 版
印　　次	2024 年 8 月第 1 次印刷
书　　号	ISBN 978-7-5765-1203-8
定　　价	49.80 元

本书若有印装质量问题,请向本社发行部调换　　版权所有　侵权必究

前　言

数字化时代下的高等职业院校学生，应该具备跨学科的知识结构和能力，在拥有良好的工程通识教育的基础上，养成核心的专业素养，才能为将来走得更高、更远、更具有创造力打下坚实的基础。"科技创新与实践基本技能实训"作为核心通识课程，以培养学生科技创新实践基本技能为出发点，在现代科学技术发展的基础上，基于传统物理概念和基本工作原理，借助智能机器人的多项任务开发，锻炼学生严谨缜密的逻辑思维，激发学生的创造力和想象力。本书作为科技工程通识课程的教材，在编写的过程中，坚持符合学生学习的一般认知规律，由浅入深，从易到难，从基础的物理原理延伸至惠及生活的智能应用，让学生从基础智能控制应用开始学习，掌握之后进入复杂逻辑智能控制单元，最后在理解的基础上进行创新智能应用开发。

本书坚持育人导向。注重通过实训项目锻炼学生的科学逻辑思维，有效促进学生科技工程通识素养的发展，为后续专业课程奠定良好的基础。

本书坚持适用性原则。遵循高等职业院校学生的认知规律，适合高等职业院校特点。全书内容线索清晰、层次分明、循序渐进、重点突出，适合学生学、教师教，既有总体的系统性与科学性，又有一定的灵活性和可读性。

本书坚持职业教育特点。编写时充分考虑到高等职业教育主要培养高层次、高技能的应用技术型人才，因而在每个项目都突出实践环节的重要性，同时强调项目与实践应用的结合性，注重培养科学思维的同时，激发学生动手实践的探索和创新精神。

本书由吴晓晶、田红梅、杨玮民主编，吕文星、曹喻霖任副主编，邱海安、邵志斌、王晓波、张霞参编。具体分工如下：吴晓晶编写项目 1 实践任务 1.1、项目 1 的习题以及项目 4；田红梅编写项目 6；杨玮民编写项目 3；吕文星编写项目 5；曹喻霖编写项目 2；邵志斌编写项目 7 综合任务 7.1、7.2；王晓波编写项目 1 实践任务 1.2、项目 7 综合任务 7.3；邱海安编写附录中的"科学前沿技术概述"；张霞编写附录中的"实训室实操规范"。本书的编者具有丰富的教学经验，书中分享了丰富的实际案例问题和解决方法，适合零基础学习智能机器人搭建、编程、控制等全流程的读者。

在高等职业教育领域，科技工程通识教育往往被低估，然而它却是不可或缺的一环，对于塑造学生的科学逻辑思维、激发创新探索精神具有至关重要的作用。鉴于编者自身的学识与视野有限，本书在内容呈现上难免存在不足之处。因此，我们诚挚地邀请本书的读者在阅读过程中，不吝赐教，提出宝贵的批评与建议，以便我们不断改进和完善。

编　者
2024 年 1 月

目　　录

项目 1　智能机器乐高 EV3 入门 ·· 001
　实践任务 1.1　乐高 EV3 硬件入门 ·· 001
　实践任务 1.2　编写你的第一个 EV3 程序 ···································· 011
　习题 1 ·· 017

项目 2　EV3 程序块操作 ·· 020
　实践任务 2.1　让你的 EV3 程序块能说话 ···································· 020
　实践任务 2.2　让你的 EV3 程序块会画图 ···································· 025
　习题 2 ·· 036

项目 3　智能风扇设计与控制 ·· 039
　实践任务 3.1　让你的风扇转起来 ·· 039
　实践任务 3.2　让你的风扇更智能 ·· 047
　习题 3 ·· 064

项目 4　智能小车设计与控制 ·· 068
　实践任务 4.1　智能小车搭建 ··· 068
　实践任务 4.2　科目二测试 ·· 079
　习题 4 ·· 085

项目 5　智能小车巡线 ·· 089
　实践任务 5.1　单光感巡线 ·· 089
　实践任务 5.2　比例巡线 ··· 095
　实践任务 5.3　PID 巡线 ·· 101
　习题 5 ·· 111

项目 6　智能小车探险 ·· 114
　实践任务 6.1　智能碰碰车 ·· 114
　实践任务 6.2　智能小车巡框行驶 ·· 123
　实践任务 6.3　智能小车走迷宫 ··· 132

习题 6 ·· 140

项目 7　综合创新作品设计 ·· 145
　　综合任务 7.1　EV3 吉他 ·· 145
　　综合任务 7.2　智能颜色分拣机器人 ··· 150
　　综合任务 7.3　智能解魔方机器人 ·· 155

参考答案 ·· 161

附录 ·· 162

参考文献 ·· 163

项目 1
智能机器乐高 EV3 入门

实践任务 1.1　乐高 EV3 硬件入门

【任务目标】

基本目标：
1. 能清点整理清楚乐高 EV3 45544 套装的零件类型和数目。
2. 掌握重要拼搭零件的辨别方法、功能说明以及拼搭注意要点。

进阶目标：
掌握 EV3 程序块、电机、传感器及其他配件的结构要点和使用注意事项。

【任务背景】

在利用智能机器套装进行学习之前，应对智能机器教具进行全面了解，熟悉各零件的类型、数量及特点。同时对实验器材进行收纳、分类，培养认真、细致、耐心的实验习惯，为后续基于智能机器套装的实践任务奠定基础。

【任务实训】

1.1.1　乐高 MINDSTORMS EV3 45544 教育版套装基本配件

45544 套装中所包含的基本配件如图 1-1 所示，包括齿轮、轴、销和梁等，每种零件分块展示。其中，左下角的"数字×"标注代表该基本配件的数量，例如"2×"代表该基本配件的

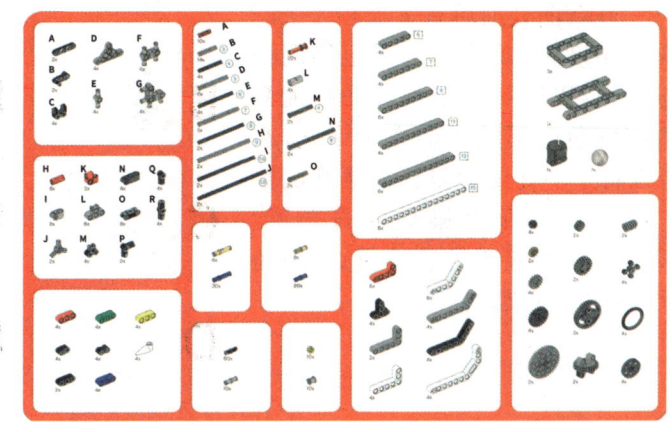

图 1-1　45544 套装搭建的基本零件

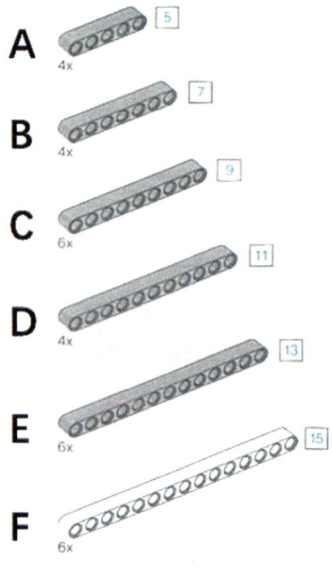

数量为 2；圆圈或方框中的数字(如"⑦""⑨")代表该基本配件的长度。在第一次接触套装的时候可以根据套装中提供的贴纸进行分类整理，这些基本配件既坚固又轻便，彼此连接就可以拼出复杂的可移动部件，非常适用于搭建不同类型的机器人。下面介绍主要基本配件的具体特征。

1. 梁

梁主要包含直梁、角度梁、框架、薄梁及连杆。

（1）直梁

45544 套装中的所有直梁如图 1-2 所示，其对应的基本信息见表 1-1。图 1-2 中左下角的数字代表数量，右上角的数字代表长度。直梁按圆孔的数量分类，一个含有 5 个圆孔的直梁称为 5M 直梁（1M 称为 1 个乐高单位，1M 约等于 8 mm），在表示直梁长度时，圆孔数量与乐高基本单位数量对应。

图 1-2　45544 套装中的直梁

表 1-1　45544 套装中直梁的基本信息

图 1-2 中的标记	数量	颜色	名称
A	4	灰色	5M 直梁
B	4	灰色	7M 直梁
C	6	灰色	9M 直梁
D	4	灰色	11M 直梁
E	6	灰色	13M 直梁
F	6	白色	15M 直梁

（2）角度梁

45544 套装中所有角度梁如图 1-3 所示，其对应的基本信息见表 1-2。在弯曲处前后有 2 个和 4 个圆孔的角度梁称为 2×4 角度梁，其他角度梁也用同样方式命名。角度梁还可以以圆孔数量与弯曲角度命名。值得注意的是，有些角度梁的一端有十字孔，在统计圆孔数量时，可以将十字孔的数量计入圆孔的数量。通常，弯曲角度为 90°的角度梁称为直角梁，图 1-3 中 B 为 T 形梁，是一种特殊的直角梁；弯曲角度为其他角度的角度梁称为弯梁。

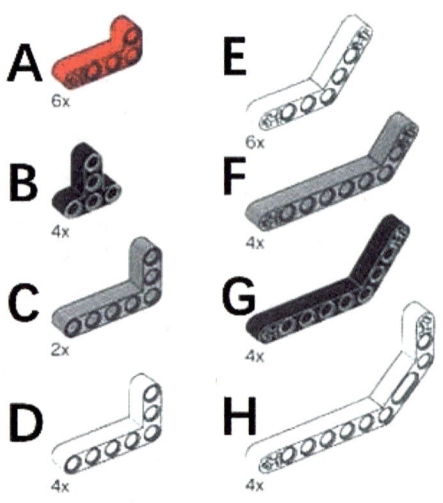

图 1-3　45544 套装中的角度梁

表 1-2　45544 套装中角度梁的基本信息

图 1-3 中的标记	数量	颜色	名称
A	6	红色	2×4 角度梁（五孔直角梁）
B	4	黑色	T 形梁
C	2	灰色	3×5 角度梁（七孔直角梁）
D	4	白色	3×5 角度梁（七孔直角梁）
E	6	白色	4×4 角度梁（七孔弯梁）
F	4	灰色	3×7 角度梁（九孔弯梁）
G	4	黑色	4×6 角度梁（九孔弯梁）
H	4	白色	双角度梁（大弯梁）

（3）框架

45544 套装中所有框架如图 1-4 所示，其对应的基本信息见表 1-3。框架一般作为底座支撑。

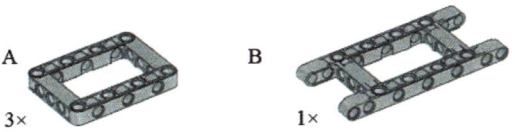

图 1-4　45544 套装中的框架

表 1-3　45544 套装中框架的基本信息

图 1-4 中的标记	数量	颜色	名称
A	3	灰色	O 形框架
B	1	灰色	H 形框架

2．连接器

连接器主要包含跨接块、颜色块、轴与轴套、销等。

（1）跨接块及其配件

45544 套装中的所有跨接块及其配件如图 1-5 所示，其对应的基本信息见表 1-4。跨接块在无凸点搭建中必不可少。在使用跨接块时有多种组合方法，通常可以在 3 个维度上进行考虑，这将在后续搭建技巧中详细介绍。

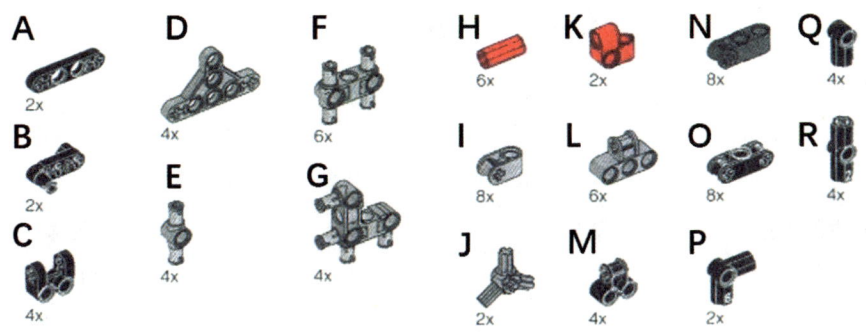

图 1-5　45544 套装中的跨接块及其配件

表 1-4　45544 套装中跨接块及其配件的基本信息

图 1-5 中的标记	数量	颜色	名称
A	2	黑色	4M 薄梁
B	2	黑色	带手柄的连接销
C	4	黑色	2×2 双跨接块（米妮）
D	4	灰色	三角梁
E	4	灰色	带孔长销
F	6	灰色	3M 带孔双长销
G	4	灰色	3×3 带角连接销（小狗）
H	6	红色	轴延长器
I	8	灰色	2M 跨接块
J	2	灰色	三轴连接器
K	2	红色	V 形跨接块
L	6	灰色	3×2 跨接块
M	4	黑色	2×1 跨接块（米奇）
N	8	深灰色	3M 跨接块
O	8	黑色	双十字孔跨接块
P	2	黑色	♯6 角度连接器
Q	4	黑色	♯1 角度连接器
R	4	黑色	♯2 角度连接器

（2）颜色块及其配件

45544 套装中的所有颜色块及其配件如图 1-6 所示，其对应的基本信息见表 1-5。在利用颜色传感器识别不同颜色时，可以考虑使用颜色块进行拼装搭建，提升颜色识别效果。

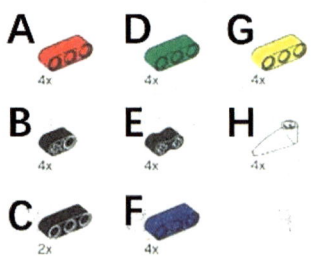

图 1-6　45544 套装中的颜色块及其配件

表 1-5　45544 套装中颜色块及其配件的基本信息

图 1-6 中的标记	数量	颜色	名称
A	4	红色	3M 直梁
B	4	黑色	2M 带十字孔的直梁

(续表)

图 1-6 中的标记	数量	颜色	名称
C	2	黑色	3M 直梁
D	4	绿色	3M 直梁
E	4	黑色	2M 橡胶直梁
F	4	蓝色	3M 直梁
G	4	黄色	3M 直梁
H	4	白色	指针

（3）轴、轴套及其配件

45544 套装中的所有轴、轴套及其配件如图 1-7 所示，其对应的基本信息见表 1-6。轴用于传递旋转运动，它还可以连接部分结构，如电机与轮。轴的截面看起来像十字架，因此又称为十字轴，适合与含有十字孔的零件，如齿轮、角度梁和跨接块等搭配使用。

与梁相似，轴也有多种长度，也可以用圆孔的数量来度量。轴用颜色加以区分，如图 1-7 中，2M 轴是红色的，奇数长度的轴是灰色的，偶数长度的轴是黑色的。

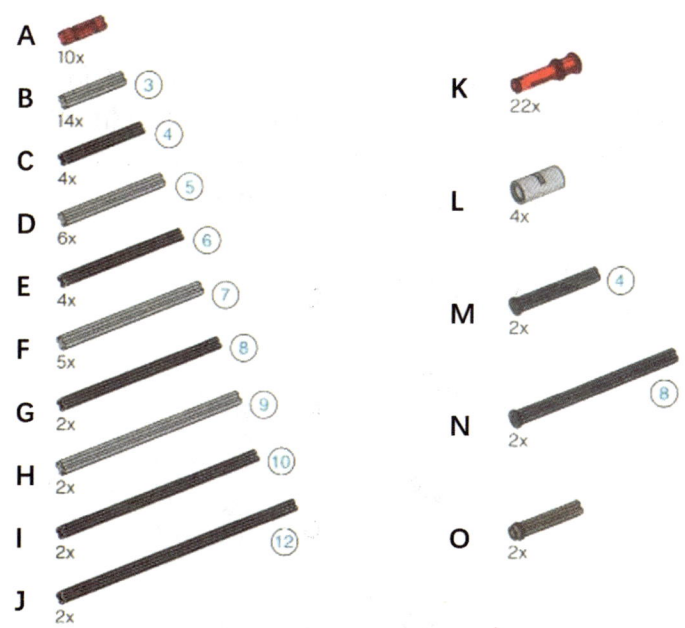

图 1-7　45544 套装中的轴、轴套及其配件

表 1-6　45544 套装中轴、轴套及其配件的基本信息

图 1-7 中的标记	数量	颜色	名称
A	10	红色	2M 轴
B	14	灰色	3M 轴
C	4	黑色	4M 轴

(续表)

图 1-7 中的标记	数量	颜色	名称
D	6	灰色	5M 轴
E	4	黑色	6M 轴
F	5	灰色	7M 轴
G	2	黑色	8M 轴
H	2	灰色	9M 轴
I	2	黑色	10M 轴
J	2	黑色	12M 轴
K	22	红色	带止推轴套的 3M 销
L	4	灰色	销连接器
M	2	深灰色	4M 止推轴
N	2	深灰色	8M 止推轴
O	2	深褐色	3M 止推轴

(4) 销及其配件

45544 套装中的所有销及其配件如图 1-8 所示,其对应的基本信息见表 1-7。销可以插入梁的圆孔,使梁彼此牢牢地结合。销分为非摩擦销(又称光滑销)和摩擦销。光滑销能够在圆孔中平稳、自由地转动。摩擦销的表面上有隆起的"脊峰",插入圆孔后摩擦力增加,从而难以转动。相较于光滑销,摩擦销能将梁连接得更紧密。

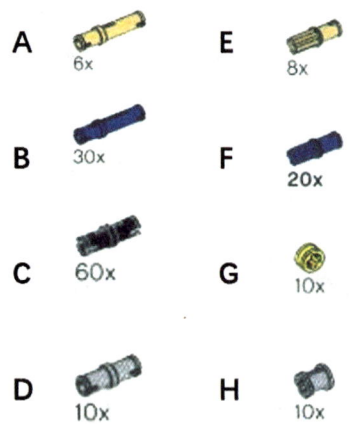

图 1-8　45544 套装中的销及其配件

表 1-7　45544 套装中销及其配件的基本信息

图 1-8 中的标记	数量	颜色	名称
A	6	米黄色	3M 光滑销

(续表)

图 1-8 中的标记	数量	颜色	名称
B	30	蓝色	3M 摩擦销
C	60	黑色	摩擦销
D	10	灰色	光滑销
E	8	米黄色	光滑轴销
F	20	蓝色	摩擦轴销
G	10	黄色	半轴套
H	10	灰色	轴套

3. 齿轮及其配件

45544 套装中的所有齿轮及其配件如图 1-9 所示,其对应的基本信息见表 1-8。齿轮是一个带齿的旋转轮,主要包含直齿轮、锥齿轮、蜗杆,它可以与其他有齿的零件(如齿轮、齿条、蜗轮)相啮合传递运动。齿轮常用于搭建复杂的机械结构。乐高齿轮按齿的数量分类,例如 8 齿齿轮、24 齿齿轮。

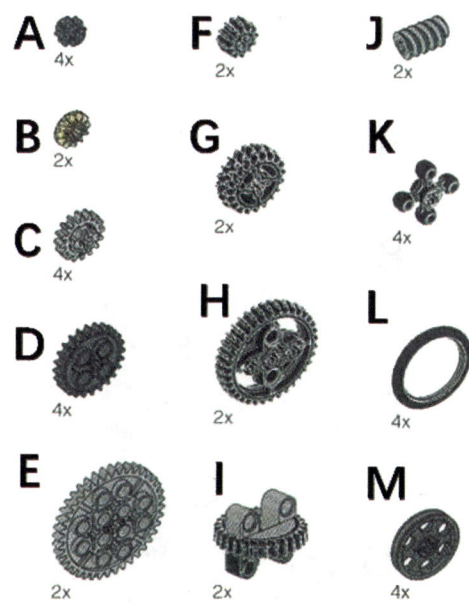

图 1-9　45544 套装中的齿轮及其配件

表 1-8　45544 套装中齿轮及其配件的基本信息

图 1-9 中的标记	数量	颜色	名称
A	4	深灰色	8 齿齿轮
B	2	米黄色	12 齿锥齿轮

(续表)

图1-9中的标记	数量	颜色	名称
C	4	灰色	16齿齿轮
D	4	深灰色	24齿齿轮
E	2	灰色	40齿齿轮
F	2	黑色	12齿双锥齿轮
G	2	黑色	20齿双锥齿轮
H	2	黑色	36齿双锥齿轮
I	2	黑色/灰色	28齿小转盘
J	2	灰色	蜗轮
K	4	黑色	4齿旋转轮
L	4	黑色	中型轮胎
M	4	深灰色	中型轮毂

4. 轮子、履带及装饰件

机器人移动最简单、最有效的方法就是使用轮子，轮子主要包含轮毂、轮胎。装饰件可为指针、面板等。

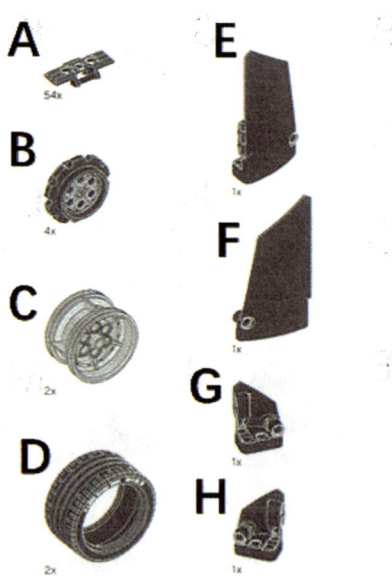

图1-10　45544套装中的轮子、履带及装饰件

45544套装中所有的轮子、履带及装饰件如图1-10所示，其对应的基本信息见表1-9。其中E、F、G、H为装饰件（面板），面板成镜像对称，凹侧镶嵌的数字用于区分不同类型的面板。这些面板有很多连接孔，在搭建时也可以将其作为大的跨接块使用。

表 1-9　45544 套装中轮子、履带及装饰件的基本信息

图 1-10 中的标记	数量	颜色	名称
A	54	黑色	履带
B	4	黑色	链轮
C	2	灰色	轮毂
D	2	黑色	轮胎
E	1	黑色	右侧曲面面板,5×11
F	1	黑色	左侧曲面面板,5×11
G	1	黑色	右侧曲面面板,3×5
M	1	黑色	左侧曲面面板,3×5

5．其他零配件

45544 套装中的其他基本配件一般包含小球。

1.1.2　核心硬件

45544 套装中的核心硬件包含 EV3 智能程序块、电机、传感器、电缆、数据线等电子件，如图 1-10 所示，其对应的基本信息见表 1-9。其中，大型电机 2 个，中型电机 1 个，电缆 7 条（25 cm 4 条、35 cm 2 条和 50 cm 1 条）。

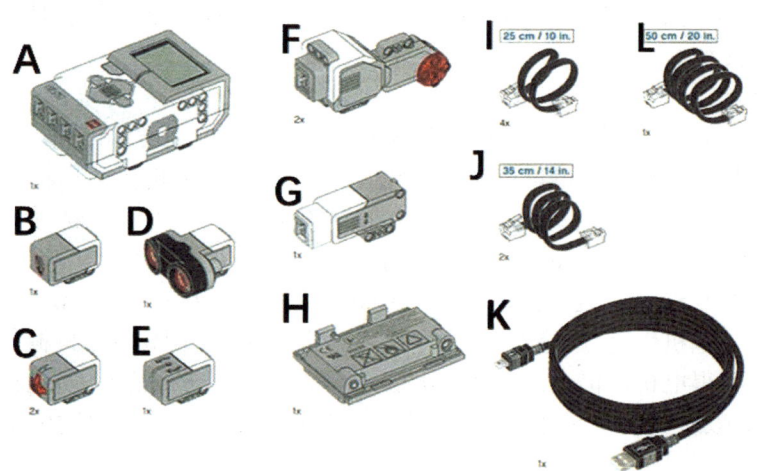

图 1-11　45544 套装中的电子件

表 1-10　45544 套装中电子件的基本信息

图 1-11 中的标记	数量	名称
A	1	程序块
B	1	颜色传感器
C	2	超声波传感器

(续表)

图 1-11 中的标记	数量	名称
D	1	触动传感器
E	1	陀螺仪传感器
F	2	大型电机
G	1	中型电机
H	1	充电电池
I、J、L	4、2、1	电缆
K	1	数据线

1. EV3 智能程序块

EV3 智能程序块一般称为"EV3"或者"程序块",是机器人的大脑。事实上,EV3 是一个可编程的小型计算机,虽然没有全尺寸的显示器和键盘,但还是拥有一个小屏幕和一组按钮。程序块内部拥有一个在 300 MHz ARM9 控制器上运行的 Linux 操作系统、64M 随机存储器与 16M 闪存,支持最高可扩展到 32 GB 的 mini SD 卡,屏幕分辨率为 178 像素×128 像素(黑色和白色)。通过 USB 端口可以连接程序块与计算机,使用侧面的 USB1.1 端口还可以连接程序块与其他设备(如菊链到另一个程序块或 Wi-Fi 适配器)。程序块上还可以连接 4 个电机和 4 个传感器,并能自动识别这些连接在各个端口上的电机和传感器。为程序块编写程序时,可以直接使用计算机自带的编程功能,也可以使用 Windows 系统上的程序块软件编写程序。将编写好的程序下载到程序块上并运行,此时程序块会根据程序中的指令收集传感器数据,或控制电机转动。

2. EV3 电机

EV3 电机可以将普通的乐高模型变成能活动的机器人。通常可以利用两个大型电机拼装出轮式或者履带式机器人,也可以利用大型电机或稍小的电机拼装出机械臂、起重机、弹射器等。大型电机中内置一个电机旋转传感器(1°分辨率),可以进行精确的运动控制。大型电机的转速为 160~170 r/min,运行扭矩为 20 N·cm,失速扭矩为 40 N·cm。中型电机的转速为 240~250 r/min,运行扭矩为 8 N·cm,失速扭矩为 12 N·cm。大型电机转速较慢,但功率更大。电机失速(或停滞)是指电机在正常运转过程中,由于机械性障碍导致电机轴被意外锁定,使得电机虽仍尝试旋转但无法动弹的现象。这种情况下,电机将无效地消耗大量电能。为有效避免出现这种情况,建议在电机被卡住之前及时关闭电源或移除造成阻碍的零件。

3. EV3 传感器

EV3 传感器可以让机器人根据命令对所处的环境做出反应。

(1)触动传感器:检测传感器上的按钮是否按下;检测机器人运动时是否遇到了障碍。

(2)超声波传感器:测量机器人所处位置与物品或障碍之间的距离;探测障碍物之间的距离和方位;检测是否存在其他超声波传感器。

(3)颜色传感器:检测物品的颜色;颜色传感器自带一盏小灯,既可以测量反射光的亮度,也可以测量环境光的亮度。

(4)陀螺仪传感器:测量旋转运动,测量机器人转动的角速度或者角度。

(5) 电机旋转传感器：测量电机移动的距离，每个 EV3 电机都有内置的电机旋转传感器。

【任务小结】

本任务将 EV3 45544 套装中的硬件分为基本配件和核心硬件，并分别介绍了各零件的名称、性能和使用特点。

【拓展任务】

在实际搭建大型复杂结构时，即使掌握了基本的 EV3 45544 套装，但还有可能会用到更多的拼搭零件，此时可以搭配 EV3 45560 套装使用，EV3 45560 套装所含零件如图 1-12 所示，感兴趣的读者可以拓展学习 EV3 45560 的零件组成。

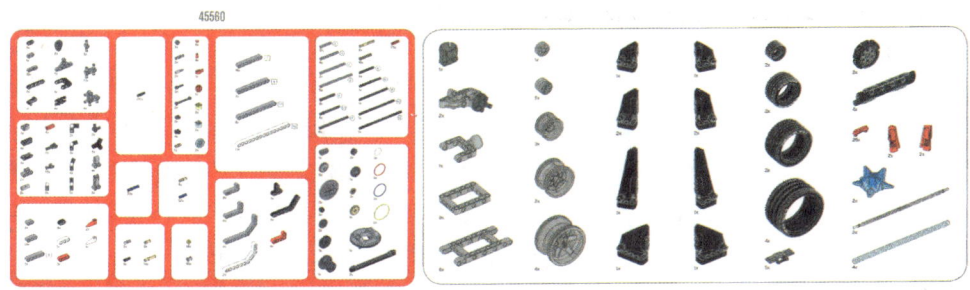

图 1-12　45560 套装零件汇总

实践任务 1.2　编写你的第一个 EV3 程序

【任务目标】

基本目标：
1. 认识 LEGO MINDSTORMS Education EV3 学生版软件界面。
2. 熟悉 LEGO MINDSTORMS Education EV3 学生版编程界面。

进阶目标：
1. 编写一个简单的 EV3 程序并成功运行。
2. 探索 EV3 编程面板中的模块功能。

【任务背景】

程序编写是学习机器人技术的基础，利用编程与搭建的相互配合，能够使机器人实现各种复杂的功能，满足不同需求。

【任务实训】

1.2.1　软件界面入门

双击桌面的 EV3 软件图标 ![icon]，打开 LEGO MINDSTORMS Education EV3 学生版，

图 1-13 LEGO MINDSTORMS Education EV3 学生版大厅页面

进入大厅页面(图 1-13)。大厅页面左侧一列包括从此处开始、新建项目、教程 S(Robot Educator)和拼砌说明四个模块。"从此处开始"模块介绍了 EV3 软件的安装步骤及其配套核心套装、EV3 硬件模块的连接和首段程序的编制、驱动模块机器人的搭建及丰富的拓展材料资源。"新建项目"模块是编写程序的主要入口,可以通过以下三种方式进入编程界面:第一种方式是点击大厅页面左上角的"+",这种方式最快捷;第二种方式是点击"新建项目"后,双击"新建程序";第三种方法是选择大厅页面左上角的"文件"→"新建项目"→"程序"。"教程 S(Robot Educator)"模块包括基础硬件、基础驱动模块和进阶、数据采集、EV3 软件工具等方面的知识。"拼砌说明"模块包含基于乐高积木核心套装(45544)+配件库(45560)创建的核心套装模型和配件库模型的搭建指南、程序和成品视频。

1.2.2 编程页面环境

点击"新建项目"后,双击"新建程序"进入 LEGO MINDSTORMS Education EV3 学生版编程页面。若想修改项目名称,可以点击需要重新命名的项目,然后点击工具栏"文件"→"项目另存为",选择要重新命名的文件名和保存路径,点击"保存",此处将"新建程序"更名为"START"。点击"START"项目选项卡左侧的 LEGO MINDSTORMS 图标,可以返回大厅页面。项目选项卡的下方为程序选项卡,如此处为"Program",一个项目可以包含多个程序,选择一个程序并双击即可对程序进行命名。

EV3 学生版编程页面主要包括程序画布、编程面板、硬件页面、工具栏、菜单,如图 1-14 所示。

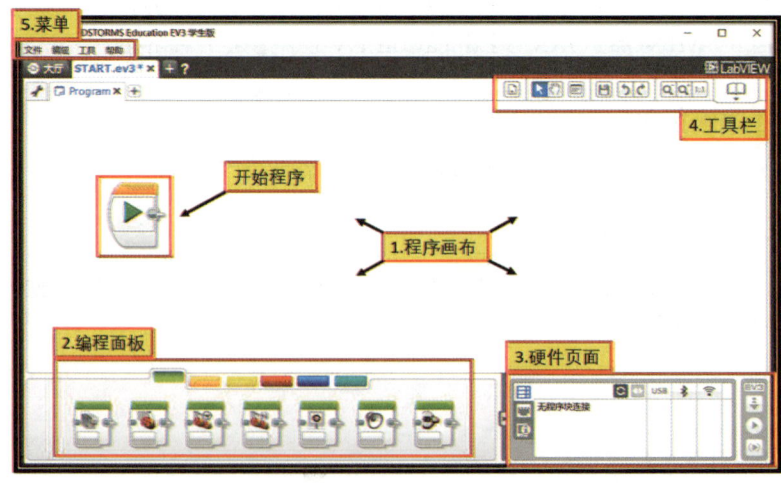

图 1-14 LEGO MINDSTORMS Education EV3 学生版编程页面

1. 程序画布

程序画布是 EV3 编程的主要部分,可以结合编程面板中的各种模块创建所需程序。创建新程序时,在默认情况下,程序画布会出现一个来自编程面板的"开始程序"模块。

2. 编程面板

编程面板位于页面下方,包含 EV3 图形化编程的各种模块。编程面板分为六组,不同的颜色代表不同的功能,如图 1-15 所示,从上到下分别为动作(绿色),流程控制(橙色),传感器(黄色),数据操作(红色),高级(蓝色),我的模块(蓝绿色)。

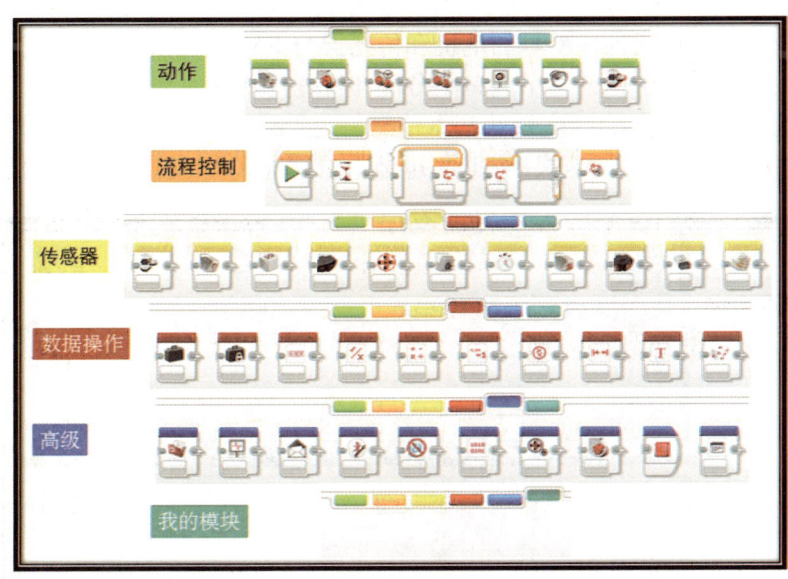

图 1-15　LEGO MINDSTORMS Education EV3 编程面板

当鼠标移动到不同的颜色条和对应的模块时,编程页面会自动显示相应模块所对应的功能信息。橙色面板所对应的程序流程控制在编程中占有重要的地位,它不能单独使用,其主要功能是通过开始、等待、循环、切换和循环中断操作来控制其他模块。

3. 硬件页面

硬件页面展示了 EV3 图形化编程的软件/硬件接口信息。硬件页面的右侧工具栏包括下载、下载并运行和下载并运行所选模块,如图 1-16 所示。

图 1-16　LEGO MINDSTORMS Education EV3 学生版编程页面右侧工具栏说明

(1) 点击"下载"按钮,可将程序从计算机下载到 EV3 主机,但不运行程序。

（2）点击"下载并运行"按钮，可将程序从计算机下载到 EV3 主机，并立刻运行程序。

（3）点击"下载并运行所选模块"按钮，可将选中模块下载到 EV3 主机，并立刻运行程序。此功能可用于发现和修复程序中遇到的问题。

硬件页面的左侧工具栏包含可用程序块、端口信息、程序块信息三个部分，可以通过点击对应的选项按钮进行切换，如图 1-17 所示。

（1）可用程序块：用于显示可供连接的 EV3 主机信息，包括通过 USB 数据线连接、蓝牙连接和 Wi-Fi 连接。

（2）端口信息：当 EV3 主机启动且与计算机相连时，点击该按钮后可显示 EV3 主机上各个端口的实时信息，包括各种型号的电机和传感器与 EV3 主机的连接情况。在编写程序时，端口信息按钮可以用于验证各个端口的分配和检查传感器的准确性。

（3）程序块信息：显示 EV3 主机的基本信息，包括 EV3 主机的名称、固件的版本（固件操作系统）、连接类型（USB、蓝牙或 Wi-Fi）、电池电量情况和 EV3 主机已使用的内存。

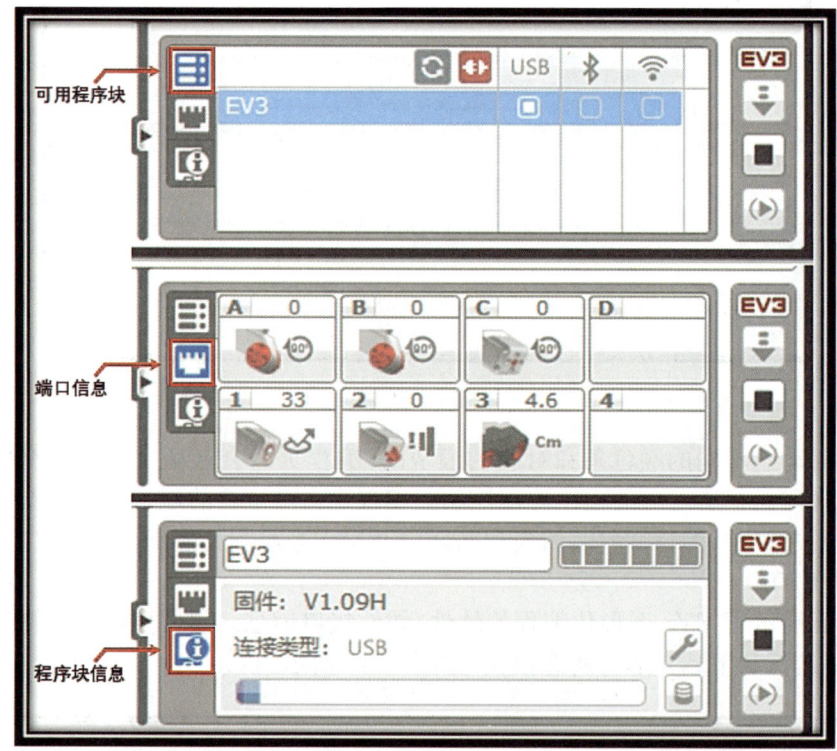

图 1-17　LEGO MINDSTORMS Education EV3 学生版编程页面左侧工具栏说明

4．工具栏

工具栏的作用是在创建程序时对程序进行编辑、注释和操作，主要包括程序/实验列表、选择、注释、保存项目、撤销、重做、放大、缩小、重置、内容编辑器等功能选项。利用内容编辑器可以创建文本、图像和视频，对创建的程序进行多维度注释。

5．菜单

菜单栏包括文件、编辑、工具和帮助四个功能选项，若在编写程序和使用 EV3 主机时遇到问题，可以在"帮助"中寻找答案。

1.2.3 运行程序全流程

1. EV3主机端口

EV3主机端口包括输入端口、电源端口、输出端口、PC端口、USB主机端口、SD卡端口和扬声器端口,各端口的具体信息见表1-11。

表1-11 EV3主机端口及其信息

端口名称	功能	位置
输入端口	输入端口1、2、3、4用于将传感器连接到EV3主机	
电源端口	利用此端口给EV3主机电池充电	
输出端口	输出端口A、B、C、D用于将电机连接到EV3主机	
PC端口	用于将EV3主机连接到计算机	
USB主机端口	用于添加一个USB或Wi-Fi适配器以连接到无线网络,最多将4个EV3主机菊链连接	
SD卡端口	可插入SD卡以扩展EV3主机可用内存	
扬声器端口	所有来自EV3主机的声音都要通过此扬声器播放	

例如,将输入端口1连接触动传感器,输出端口A连接大型电机,并使用USB数据线连接计算机和EV3主机,此时可在编程界面的"端口信息"中查看大型电机和触动传感器的实时连接情况,所对应的软件和硬件实物如图1-18所示。

2. 创建第一个乐高EV3程序

创建一个乐高EV3程序,实现EV3主机屏幕上显示一个笑脸的功能。具体步骤如下:

第一步:新建程序。点击"文件"→"新建项

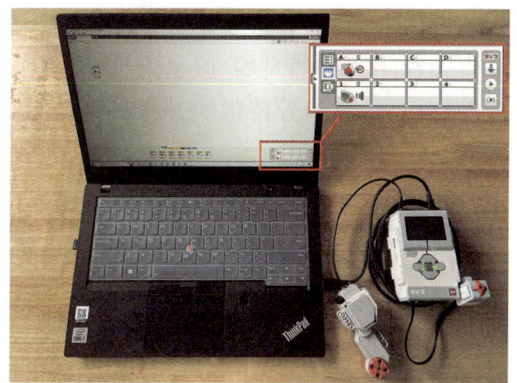

图1-18 EV3主机端口连接实物图

目"→"程序",在项目中添加一个新的程序,将此程序命名为"smile",如图1-19所示。

图 1-19　smile 程序选项卡

第二步:添加显示模块。选择动作面板(绿色),点击显示模块,将动作模块拖动至开始模块旁,直至出现阴影时松开鼠标,如图1-20所示。

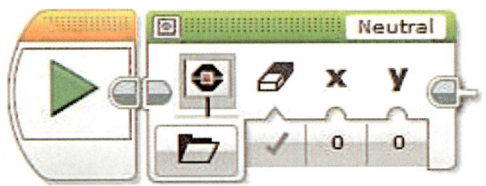

图 1-20　添加显示模块的 smile 程序

第三步:设置显示模块。点击显示模块左下角的 📁 →"图像"→文件名称→"LEGO 图像文件"→"表情"→"Big smile",如图1-21所示。显示模块的更多选项和功能将在项目4实践任务4.2中详细介绍。

图 1-21　设置显示模块为 Big smile 图像

第四步:添加等待模块。在显示模块后需添加一个等待模块使程序完整运行,等待模块会告知程序暂停的时间(以 s 为单位),以确保有足够的时间来显示一个笑脸图像。选择流程控制面板,点击等待模块并将其拖动至显示模块旁,如图1-22所示。

图 1-22　添加等待模块的 smile 程序

第五步：设置等待模块。等待模块的等待时间默认为 1 s，在屏幕上查看笑脸图像需要更长的时间，因此可以把时钟图标旁边的值从 1 调为 10，这样程序就会在等待 10 s 后再结束运行，如图 1-23 所示。

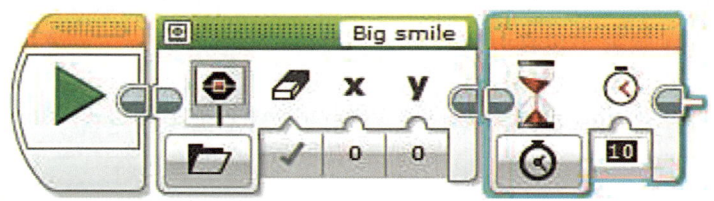

图 1-23　等待模块的等待时间设置为 10 s 的 smile 程序

第六步：下载并运行。将编写的程序下载到 EV3 主机上并运行，单击硬件界面的"下载并运行"按钮，这时程序的运行结果如图 1-24 所示。

图 1-24　smile 程序的运行结果

【任务小结】

本任务带领读者认识了 LEGO MINDSTORMS Education EV3 学生版软件的界面，深入探索编程页面的核心功能，涵盖程序画布、编程面板、硬件配置、工具栏操作及菜单选项。随后，利用显示模块与等待模块构建并运行一个基础的 EV3 程序，使读者初步了解这两个模块的实际应用与功能特点。

【拓展任务】

根据以上任务内容，读者在认识 EV3 软件页面和学习 EV3 编程页面的各项功能的基础上，成功编写了一个笑脸程序并在 EV3 主机上显示，那么，如何让 EV3 主机显示更多、更丰富的表情呢？期待乐于探索的读者解锁更多的 EV3 程序模块功能。

习题 1

1. EV3 45544 套装中，每个零件左下角均有一个"数字×"符号，例如"2×"，这代表（　　）。
   A. 零件的长度　　　B. 零件的宽度　　　C. 零件的种类　　　D. 零件的数量
2. EV3 45544 套装中，在某些零件的右边出现了带圆圈或者方框的数字，例如"⑦"或"⑨"，这代表（　　）。
   A. 零件的长度　　　B. 零件的宽度　　　C. 零件的种类　　　D. 零件的数量
3. 下列属于 EV3 45544 核心套装零件的是（　　）。

A. 7M 直梁　　　　B. 2M 跨接块　　　　C. 摩擦销　　　　D. 程序块

4. 乐高 EV3 45544 套装中包含(　　)。
   A. 1个大型电机和1个中型电机　　　　B. 1个大型电机和2个中型电机
   C. 2个大型电机和1个中型电机　　　　D. 2个大型电机和2个中型电机

5. 乐高 EV3 45544 套装中包含(　　)种传感器。
   A. 2　　　　B. 3　　　　C. 4　　　　D. 5

6. 乐高 EV3 45544 中的所有传感器中,传感器的数量不为1的是(　　)。
   A. 超声波传感器　　　　B. 颜色传感器
   C. 陀螺仪传感器　　　　D. 触动传感器

7. 如何修改右图中圈出的名称?(　　)
   A. 直接单击修改
   B. 直接双击修改
   C. 点击左上方的"文件"选项之后选择"项目另存为"
   D. 无法修改

第 7 题图

8. 如何修改下图中圈出的名称?(　　)

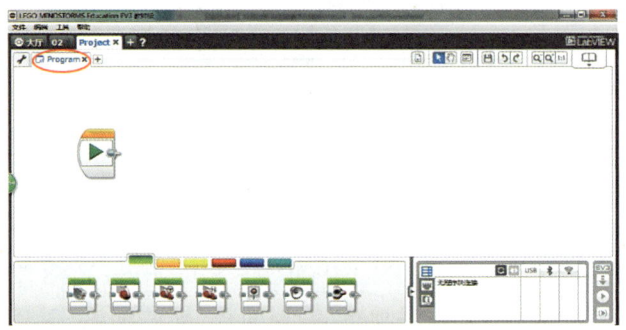

第 8 题图

   A. 直接单击修改
   B. 直接双击修改
   C. 点击左上方的"文件"选项之后选择"项目另存为"
   D. 无法修改

9. 在 Office 软件中常用的 Ctrl＋C(粘贴)、Ctrl＋V(复制)等快捷键,在 LEGO MINDSTORMS 软件中是否适用?(　　)
   A. 是　　　　B. 否　　　　C. 有时候可以　　　　D. 不确定

10. 点击下图中的(　　)按钮可以将所编写好的程序下载并运行。

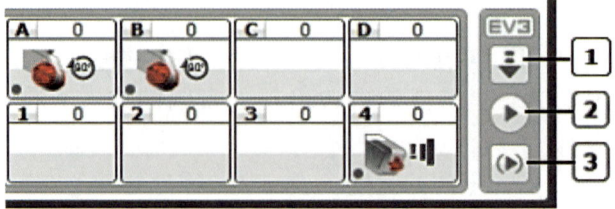

第 10 题图

A. 1号   B. 2号   C. 3号   D. 以上都不是

11. 关于下图中的端口接口问题,下列说法中正确的是(　　)。

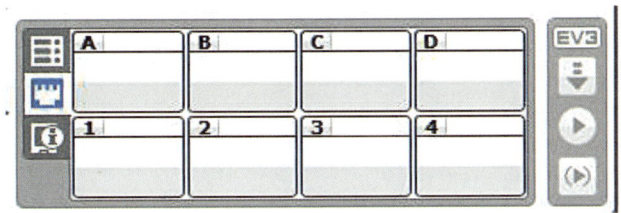

第 11 题图

     A. 字母端口连接传感器,数字端口连接电机
     B. 字母端口连接电机,数字端口连接传感器
     C. 字母端口和数字端口都可以连接任意传感器和电机
     D. 字母端口和数字端口不可以连接任何传感器和电机

12. 下列符号中,属于编程流程图的判断决策符的是(　　)。

13. 下列属于编程流程图优点的是(　　)。
     A. 画法简单   B. 结构层次清晰   C. 流程逻辑性   D. 便于理解

14. EV3 程序块的长宽坐标分别是(　　)。
     A. 显示屏长 177,宽 137   B. 显示屏长 177,宽 127
     C. 显示屏长 187,宽 137   D. 显示屏长 187,宽 127

15. 选择下图中的哪个选项卡中可以查看传感器实时数据?(　　)
     A. 从左边开始数,第一个选项卡   B. 从左边开始数,第二个选项卡
     C. 从左边开始数,第三个选项卡   D. 从左边开始数,第四个选项卡

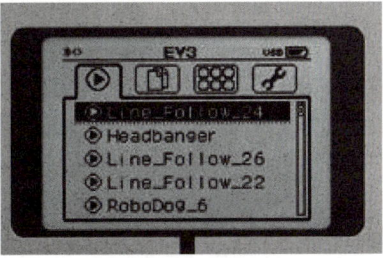   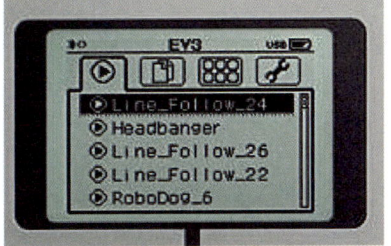

第 15 题图   第 16 题图

16. 选择上图中的哪个选项卡中可以按时间列出最近运行的程序?(　　)
     A. 从左边开始数,第一个选项卡   B. 从左边开始数,第二个选项卡
     C. 从左边开始数,第三个选项卡   D. 从左边开始数,第四个选项卡

17. 程序在正常运行时,程序块状态灯处于(　　)状态。
     A. 静态绿灯   B. 绿灯闪烁   C. 静态红灯   D. 红灯闪烁

18. 当程序块状态灯显示红色时,EV3 程序块可能处于(　　)状态。
     A. 启动   B. 升级中   C. 警告   D. 关闭

项目 2
EV3 程序块操作

实践任务 2.1 让你的 EV3 程序块能说话

【任务目标】

基本目标：
1. 了解声音模块的基本模式和设置。
2. 能够设置声音模块的参数。
3. 能够使用声音模块编写乐曲。

进阶目标：
1. 理解声音模块的运行类型，熟悉程序运行的正确步骤。
2. 会利用声音编辑器添加声音文件。

【任务背景】

语言是人类沟通的强有力工具，而声音作为其核心载体，在信息传递中不可或缺。同样地，在人机交互的领域中，语言也扮演着关键角色。乐高 EV3 的声音模块赋予了 EV3 主机发声的能力，使其能够发出多样化的有趣声音，仿佛拥有了"说话"的能力，极大地丰富了 EV3 与用户之间的交流方式，促进了人机互动的友好与高效。

【任务实训】

2.1.1 EV3 控制声音的方法

1. 声音模块

乐高 EV3 主机发出的声音不同，控制方法也不同。在乐高 EV3 的编程面板中的动作模块中选择声音模块，如图 2-1 所示，将其拖拽放在编程区后，就可以选择不同的模式并进行参数调整，使主机发出用户想听到的声音。

声音模块（图 2-2）可以设置：①文件名，例如该图中显示此时选择的声音文件为"Hello"；②模式选择器，例如该图中显示此时选择的模式是播放文件；③音量，例如该图中显示此时设置的音量为 100，为最大音量；④播放类型，例如该图中显示此时选择的播放类型为 0。

利用播放类型可以控制播放声音时 EV3 的动作。播放类型可以设置为 0、1、2 三种不同的类型，如图 2-3 所示。0 表示等待完成，可以在播放声音时暂停程序运行；1 表示运行一次，可以在播放声音时让程序继续运行下一个模块；2 表示重复，程序运行后续模块时，声音会循环播放。大多数程序的播放类型设置为 0。

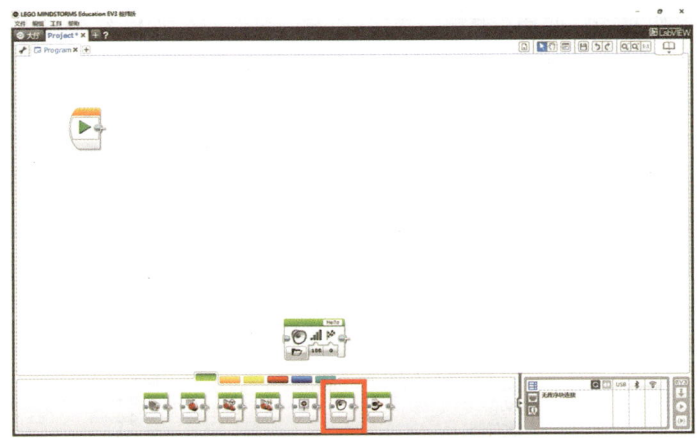

图 2-1 操作声音模块

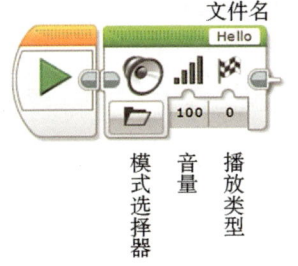

图 2-2 声音模块的设置

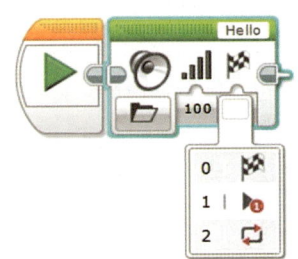

图 2-3 声音的播放类型设置

2. 声音模块的工作模式

选择模式选择器,可以看到声音模块包含播放文件、播放音调、播放音符和停止四种工作模式(图 2-4)。

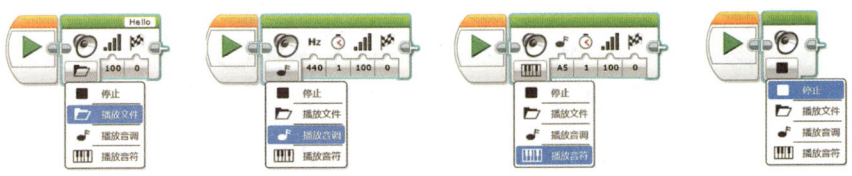

图 2-4 声音模块的工作模式

(1) 播放文件

播放文件:运行预先录制好的声音,如"Hello"。

在播放文件模式下,选择右上角的文件名,如图 2-5 所示,可以看到乐高 EV3 软件里

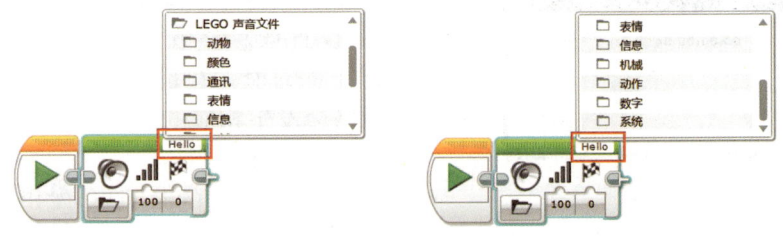

图 2-5 LEGO 声音文件

已经预先保存了动物、颜色、通讯、表情、信息、机械、动作、数字和系统九种不同类别的声音文件,这些文件都可以直接播放。

每种类别里,也已经预制了不同的声音文件。例如通讯文件夹中包括了 Bravo、EV3、Fantastic、Game over、Go、Good job 等 19 种声音文件,如图 2-6 所示。

用户可以根据个人需求选择声音文件,甚至可以利用这些声音组成完整的句子。例如,若想要 EV3 主机发出"Good morning EV3",则可以分别拖拽三个声音模块到编程区,并将各模块的声音文件分别设置为 Good、Morning 和 EV3,如图 2-7 所示,音量都为 100,播放类型都为 0。程序运行后,EV3 主机将按顺序发出"Good""Morning""EV3"。

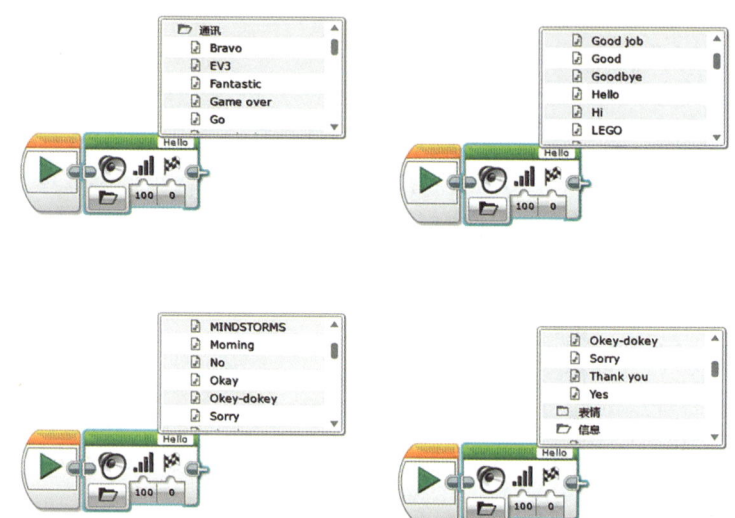

图 2-6 通讯类别中包括的声音文件

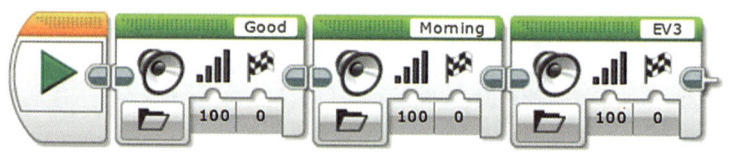

图 2-7 EV3 发出"Good morning EV3"的程序

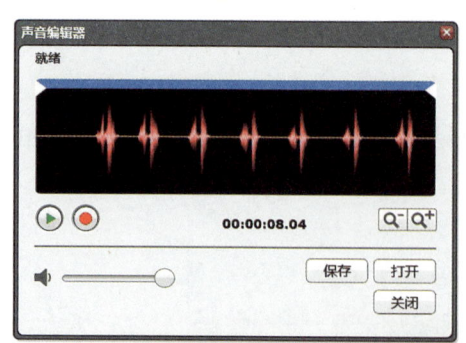

图 2-8 使用声音编辑器录制声音

除了系统里已经预制的声音,也可以在菜单中,选择"工具"→"声音编辑器",录制和添加自制的声音文件,如图 2-8 所示。注意,声音编辑器不能录制较长时间的音频,其最长录制时间约为 8 s。

如图 2-9 所示,音量可以在 0(低声)～100(高声)范围内设置任意整数值,也可以滑动进度条,上下调整到任意的值。在设置音量的过程中,上方的音量图标格会发生相应的变化。

(2)播放音调

播放音调:在指定的时间里,发出某种特定频率的声音。

当选择播放音调模式时,如图 2-10 所示,默认的声音频率为 440 Hz(赫兹)。赫兹表示声音的音调,当声音频率为 440 Hz 时,人耳能明显听到,因此该频率非常适合在测试程序中使用。在声音模块中,程序给定的播放音调范围为 261.63~2 093 Hz,可以直接从列表中选择相应数值。在时钟图标下,可以设置声音的持续时间,例如,若想将音调为 440 Hz 的声音播放 1.5 s,则直接输入 1.5 即可。播放音调模式下,音量高低和运行类型的设置方法与播放文件模式相同,此处不再赘述。

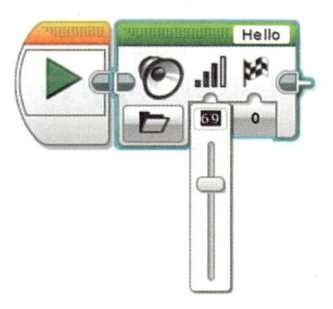

图 2-9　声音的音量设置

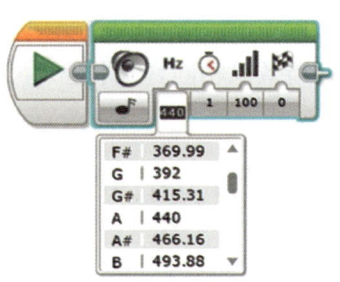

图 2-10　声音的播放音调设置

(3)播放音符

播放音符:在指定的时间里,播放钢琴的音符声音。

当选择播放音符模式时,表示使用钢琴音符,如图 2-11 所示,用户可以直接看到钢琴键的示意图,并进行选择。例如,图 2-11 中的程序表示播放钢琴键 C5 的按键音 1.5 s,音量为 100,运行类型为 0。

(4)停止

停止:停止现在发出的所有声音。

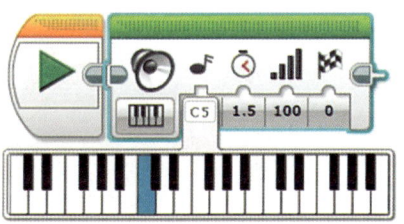

图 2-11　声音模式选择播放音符

2.1.2　演奏你的乐曲

在以上学习声音模块的基础上,能否尝试让 EV3 播放完整乐曲呢?以《两只老虎》为例,这首歌的简谱如图 2-12 所示。

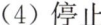

图 2-12　《两只老虎》简谱

第一个小节"1 2 3 1"可以利用声音模块里的播放音符模式实现。分别拖拽四个声音模块到编程区,分别设置成音符为 C5、D5、E5、C5,如图 2-13 所示。由于这首曲子是 4/4 节拍,所以设置每个音符播放时间为 0.5 s,音量为 100。

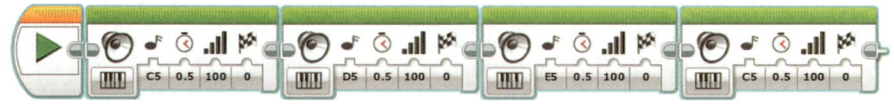

图 2-13 《两只老虎》第一小节的声音程序

第二小节和第一小节重复,因此可以复制第一小节,按顺序编写,如图 2-14 所示。也可以通过设置一个循环语句,循环次数为两次来实现这个功能,如图 2-15 所示。图 2-14 与图 2-15 的程序的运行效果相同,但图 2-15 中的循环语句程序更加简洁明了,占用编程区的空间也更小。

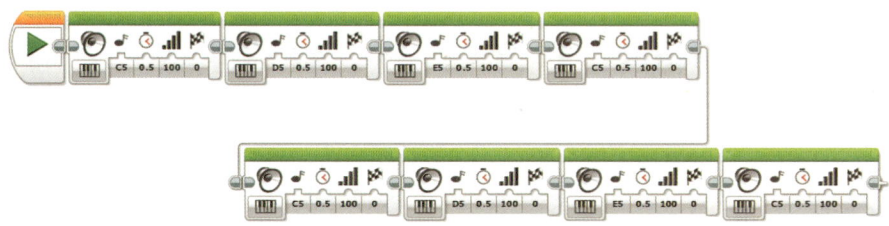

图 2-14 《两只老虎》第一、二小节的声音程序

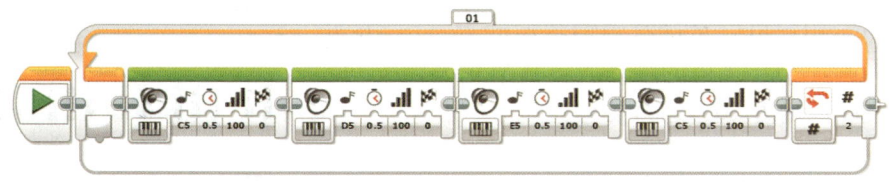

图 2-15 《两只老虎》第一、二小节的声音程序(循环语句)

按照上述方法可以完成整首乐曲的全部编程,如图 2-16 所示。注意,连拍的声音播放时间要和 4/4 节拍相匹配。

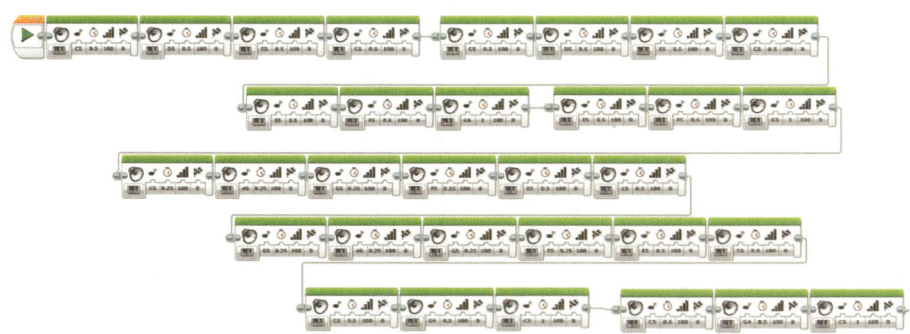

图 2-16 《两只老虎》整首乐曲的声音程序

相同地,在利用循环语句来改写图 2-16 的程序时,只需要将重复的声音模块添加进循环语句,并将循环次数设置为两次即可,如图 2-17 所示。图 2-16 与图 2-17 的程序都可以让 EV3 播放完整的《两只老虎》。

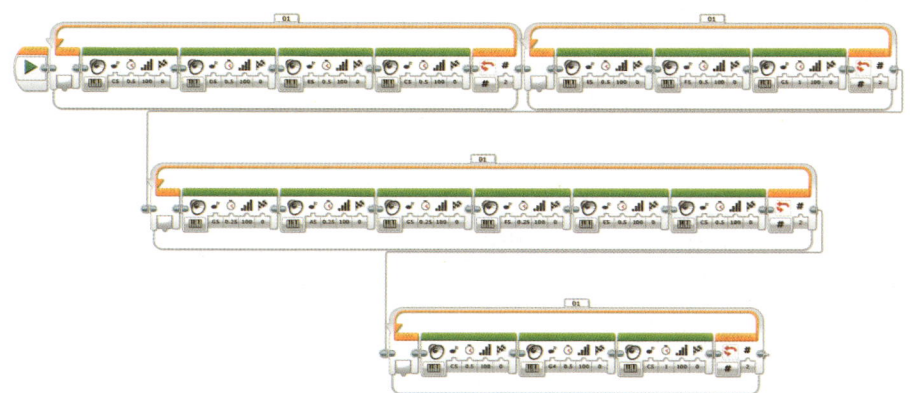

图 2-17 《两只老虎》整首乐曲的声音程序(循环语句)

【任务小结】

本任务主要介绍了声音模块的基本设置和工作模式,带领读者了解如何利用不同的工作模式发出不同的声音,并借助歌曲《两只老虎》,尝试编写一首完整的乐曲程序。如果乐曲有重复的部分,可以利用循环语句,简化程序编写。总之,声音是 EV3 的人机互动的一个重要组成部分,充分利用声音模块,可以有效提升用户体验。

【拓展任务】

上述任务中只完成了《两只老虎》曲谱的播放,那么,如何让 EV3 主机播放带歌词的《两只老虎》呢？乐高 EV3 主机只内置了英文的语音文件,若想让 EV3 发出中文语音可以利用声音编辑器,将不同的中文语音录制成单独的语音文件,并进行组合,使主机播放完整的中文语句。读者可以自行尝试,完成歌曲《两只老虎》中文语音歌词的播放。

实践任务 2.2　让你的 EV3 程序块会画图

【任务目标】

基本目标:
1. 了解程序块状态灯、按钮和显示设置。
2. 能够利用状态灯、按钮和显示编写程序。

进阶目标:
1. 能够在 EV3 上正确显示文字和图像。
2. 能够利用图像编辑器,使 EV3 显示中文,并滚动播放。

【任务背景】

用户与机器的交互不仅依赖于听觉信息,视觉信息同样至关重要。因此,在学习利用 EV3 发声的同时,掌握控制其屏幕显示也是提升互动性的关键步骤。通过结合声音与视觉反馈，可以进一步增强用户与 EV3 之间的交互体验。

【任务实训】

2.2.1 为程序块添加屏幕显示

1. 显示模块

除了声音，EV3 在使用过程中也能够通过图像或文字与用户交互，EV3 的显示屏幕如图 2-18 所示，这块屏幕的显示分辨率为 178 像素×128 像素。像素是构成数字图像的基本单元，也是显示器上的最小单元。

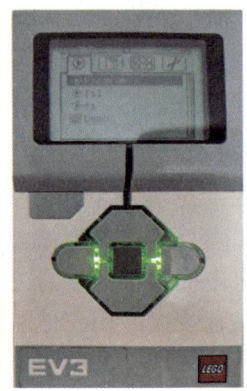

图 2-18 乐高 EV3 主机显示屏

程序块的显示需要通过显示模块来完成，动作模块中显示模块的位置如图 2-19 所示，直接将这个模块拖进程序就可以调用。

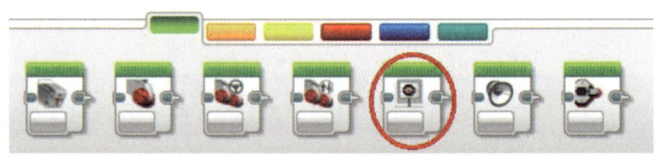

图 2-19 动作模块中显示模块的位置

显示模块的工作模式包括文本、形状、图像和重置屏幕四种模式，如图 2-20 所示。点击模块右上角图标，可以开启显示预览，在模块中可看到屏幕上显示的图像。另外，显示模块还能显示传感器的测量值，从而判断传感器是否正常工作。因此，显示模块编程可以帮助用

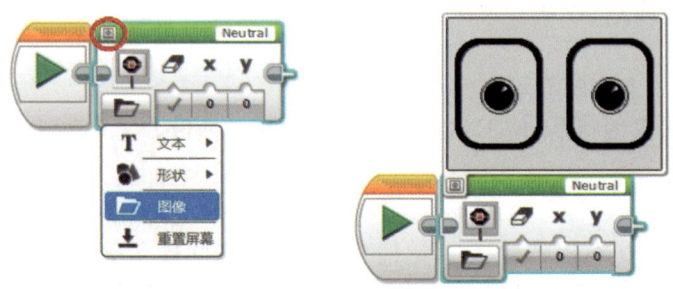

图 2-20 显示模块的工作模式及显示预览

户快速检查程序的编写是否正确。但是,一个显示模块不能在屏幕上一次显示多个图像或多行文本,所以常使用多个显示模块创作需显示的内容。

(1) 文本模式

文本模式的参数包括像素(图 2-21 左)和网格(图 2-21 右),二者区别是背景图案不同。文本模式只支持英文和数字,不支持中文。因此,如果想在屏幕上显示中文,就需要使用其他方法。

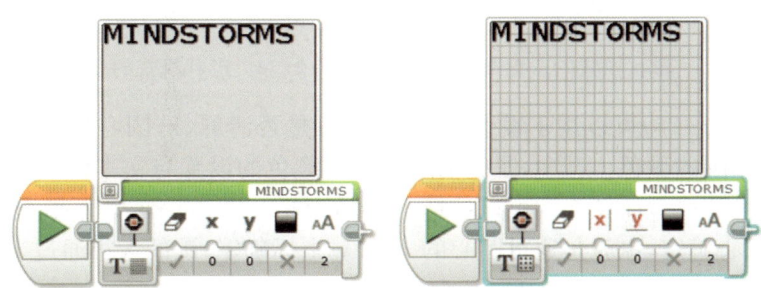

图 2-21 显示模块的文本模式

像素参数(图 2-22)可以用于设置(由左至右):①是否清屏,表示在显示本内容时,是否清除屏幕上之前显示的内容;②x、y,分别表示图像左上角的 x 坐标和 y 坐标;③文字颜色,可选√-白色和×-黑色,二者区别为文字颜色和背景色不同;④字体,可选 0-常规、1-粗体和 2-加大。

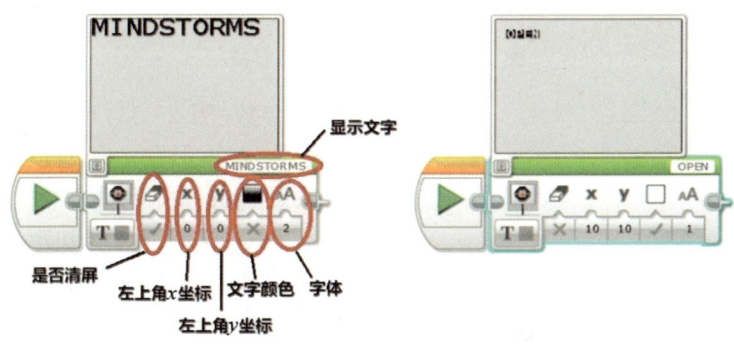

图 2-22 文本模式的像素参数

(2) 形状模式

形状模式的参数包括点、线、圆和矩形。

① 点参数(图 2-23)可以用于设置(由左至右):是否清屏、x(点的坐标)、y(点的坐标)和点的颜色。其中,是否清屏和点的颜色的设置与文本模式的像素参数的设置相同,此处不再赘述。点的尺寸是确定的,对应着一个像素点,所以不需要调节;而点的位置可直接通过点的 x 和 y 坐标就可以确定。

② 线参数(图 2-24)可以用于设置(由左至右):是否清屏、x1(线的端点坐标)、y1(线的端点坐标)、x2(线的端点坐标)、y2(线的端点坐标)和线的颜色。其中,是否清屏和线的颜色的设置与文本模式的像素参数的设置相同,此处不再赘述。两点可以确定一条直线,因此只需确定直线两个端点的位置及其 x 和 y 坐标,就可以确定直线的位置和大小。

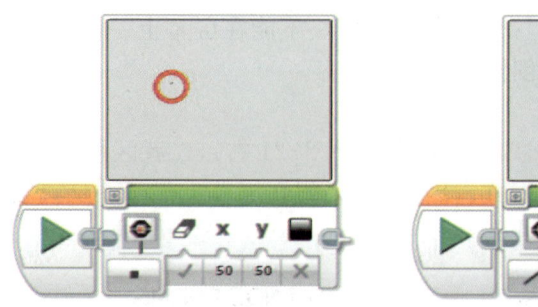
图 2-23　形状模式的点参数

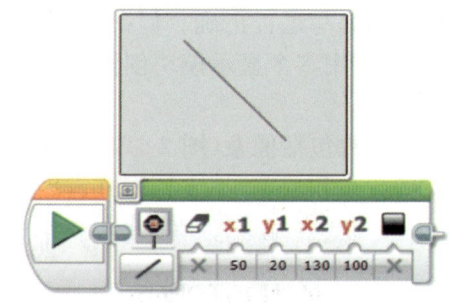
图 2-24　形状模式的线参数

③ 圆参数（图 2-25）可以用于设置（由左至右）：是否清屏、x（圆心坐标）、y（圆心坐标）、圆的半径、填充和圆的颜色。其中，是否清屏和圆的颜色的设置与文本模式的像素参数的设置相同，此处不再赘述。而填充则可以选择√-填充（图 2-25 左）和×-不填充（图 2-25 右），圆的位置通过圆心确定，也就是通过圆心的 x 和 y 坐标确定；圆的大小通过半径确定。

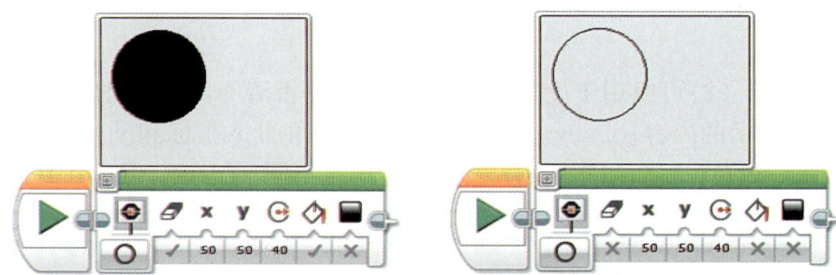
图 2-25　形状模式的圆参数

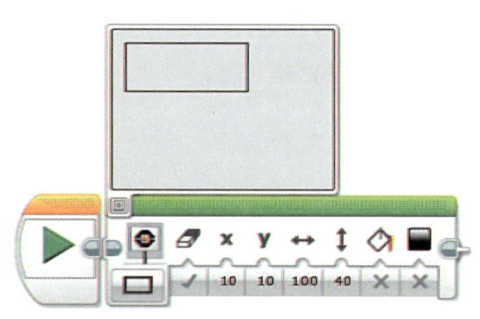

④ 矩形参数（图 2-26）可以用于设置（由左至右）：是否清屏、x（矩形左上角的顶点坐标）、y（矩形左上角的顶点坐标）、矩形宽度、矩形高度、填充和矩形的颜色。其中，是否清屏和矩形的颜色的设置与文本模式的像素参数的设置相同，填充的设置与形状模式的圆参数的设置相同，此处不再赘述。矩形的位置通过左上角的顶点确定，也就是通过矩形左上角顶点的 x 和 y 坐标确定；矩形的大小通过宽度和高度确定。

图 2-26　形状模式的矩形参数

（3）图像模式

图像模式（图 2-27）用于在屏幕显示图像，通过设置 x 和 y 坐标改变图像左上角顶点的

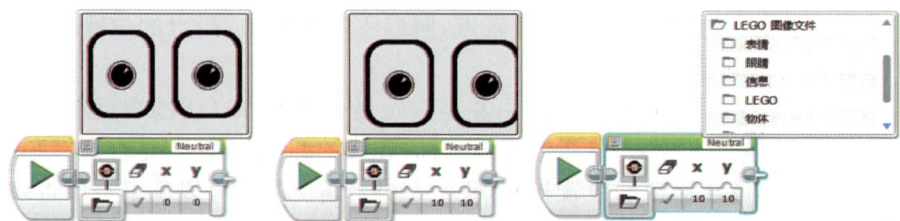
图 2-27　显示模块的图像模式

位置。点击右上角的文字框,选择"LEGO 图像文件",显示 EV3 自带的图像文件。如果想添加自制图像,可以通过图像编辑器导入。

(4)重置屏幕模式

重置屏幕模式会使屏幕上的信息重置为程序初始运行时显示的常规信息。

2. 注意要点

在设置 EV3 的显示模块时需要注意以下六点。

(1)为使屏幕显示英文字符"MINDSTORMS",拖拽一个如图 2-28 所示的显示模块到编程区,但是将这个程序直接下载并运行后发现,EV3 主机屏幕上并未显示字符。为什么呢?

图 2-28　编程区中的一个显示模块

图 2-29　显示模块在屏幕上显示"MINDSTORMS"5 s 的程序

原因在于,"MINDSTORMS"在 EV3 屏幕上显示时一闪而过,人眼还未反应过来它就消失不见了。那么,应该如何设置正确的显示方法呢?为了持续显示"MINDSTORMS"达 5 s,应在显示模块后添加等待模块,并设置等待时间为 5 s,如图 2-29 所示。因此,显示模块与声音模块不同,声音模块不需要设置等待时间,声音一旦触发即播放;而显示模块则需通过等待设置来适应用户需求,确保内容能在屏幕上持续显示。

(2)在显示模块中,颜色只能显示为黑或白。当设置为"✕"时,显示颜色为黑色;当设置为"✓"时,显示颜色为白色。

(3)在显示模块中,可以通过屏幕预览较为直观地调节 x 和 y 坐标,从而调整显示位置。

(4)在"文本—网格"模式下,可以设置 $x(0\sim11)$ 和 $y(0\sim21)$ 来确定文本的位置,从而对齐多行文本。

(5)在"清除屏幕"中,若设置为"✓",则将清空屏幕;若设置为"✕",则可在屏幕已有内容的基础上再增加一些内容。当需要在屏幕上显示多个图像时,会用到多个显示模块,通常在第一个显示模块中将重置屏幕设置为"✓",在后续的显示模块中将重置屏幕设置为"✕"。

(6)可以利用图像编辑器,将任意图片转换为由像素点组成的图像,从而实现间接显示中文字符的功能。

3. 显示模块编程示例

利用声音模块和显示模块可以完成一些较为复杂的编程。例如,如果需要 EV3 主机发出"MINDSTORMS"的声音,并在屏幕上的(10,50)处显示"MINDSTORMS"字符并持续 2 s 后,再发出"EV3"的声音,然后在屏幕上显示一颗心(小尺寸)并持续 2 s,最后结束程序,应该如何编写程序呢?读者可自行尝试,也可参考如图 2-30 所示的程序进行编写。

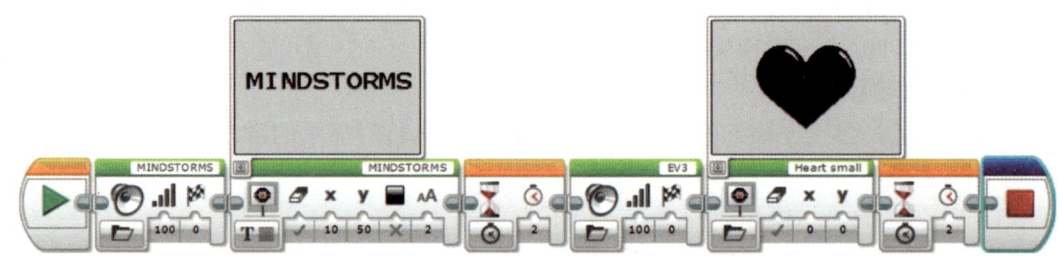

图 2-30 乐高 EV3 声音模块和显示模块混合编程

2.2.2 为程序块添加状态灯

1. 程序状态灯模块

EV3 在使用过程中,可以使用灯光表示工作状态。例如,EV3 主机按键的周围状态灯开机时显示为红色,启动后显示为绿色;当主机有程序运行时,指示灯闪烁。EV3 程序块的灯光含义由程序块状态灯模块确定。

程序块状态灯模块在动作模块中的位置如图 2-31 所示,直接将该模块拖进程序就可以进行调用。

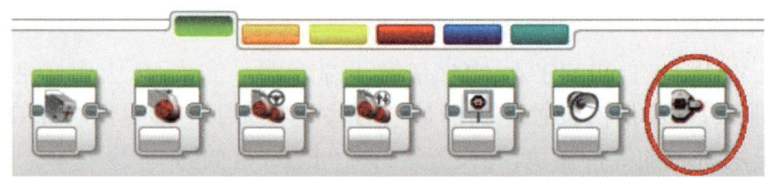

图 2-31 动作模块中程序块状态灯模块的位置

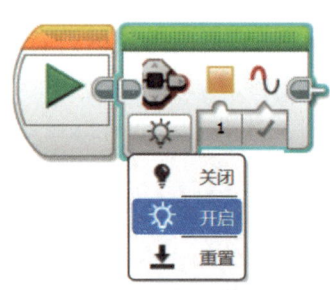

图 2-32 程序块状态灯的工作模式

程序块状态灯模块的工作模式包括关闭、开启和重置三种模式,如图 2-32 所示。其中,关闭模式表示关闭灯光;重置模式表示将灯光变回绿色闪烁的状态,正常情况下,当程序块运行时才出现;而开启模式则是用于调节程序块灯光。

开启模式下有两个参数:颜色和闪烁,如图 2-33 所示。其中,颜色参数包括 0-绿色、1-黄色和 2-红色;闪烁参数包括真和伪,真表示闪烁,伪表示不闪烁(常亮)。因此,程序块状态灯的工作状态共有 7 种,即 3 种颜色×2 种闪烁,共 6 种状态,以及关闭状态。

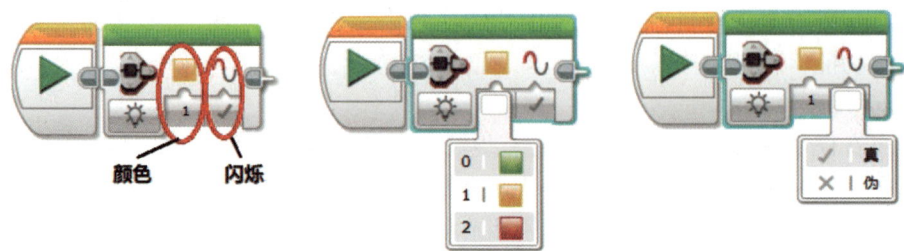

图 2-33 程序块状态灯模块的开启模式

2. 程序状态灯模块编程示例

如果想利用程序块状态灯模块编写交通灯的指示程序,应该如何编写程序呢?读者可自行尝试,也可参考如图 2-34 所示的程序进行编写,此时当程序块状态灯为绿色时,EV3 主机发出"Green"的声音;当状态灯为橙色时,发出"Orange"的声音;当状态灯为红色时,发出"Red"的声音。

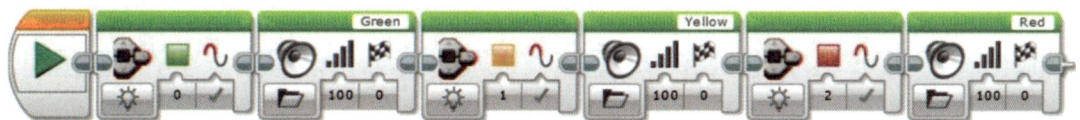

图 2-34 利用程序块状态灯编写交通灯的指示程序

2.2.3 为程序块添加按钮

1. 程序块按钮

EV3 主机的程序块按钮是一种内置传感器,可以控制和影响正在进行的程序。例如在触动传感器中,可以按下程序块左键,使 EV3 主机发出"Left"的声音,也可以按下中心键,使 EV3 机器人向前移动。

为程序块添加按键需要通过等待模块,等待模块在流程控制模块中的位置如图 2-35 所示,直接将这个模块拖进程序就可以进行调用。

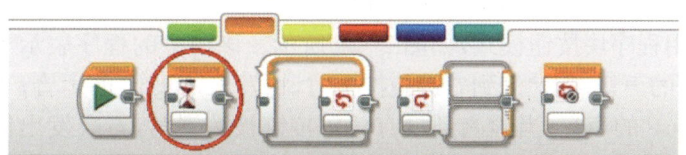

图 2-35 流程控制模块中等待模块的位置

在等待模块中选择"程序块按钮"→"比较"→"程序块按钮",即可调用程序块按钮模式(图 2-36 左)。程序块按钮可以编程的按钮包含除返回键以外(图 2-36 右)的 0-没有按下任

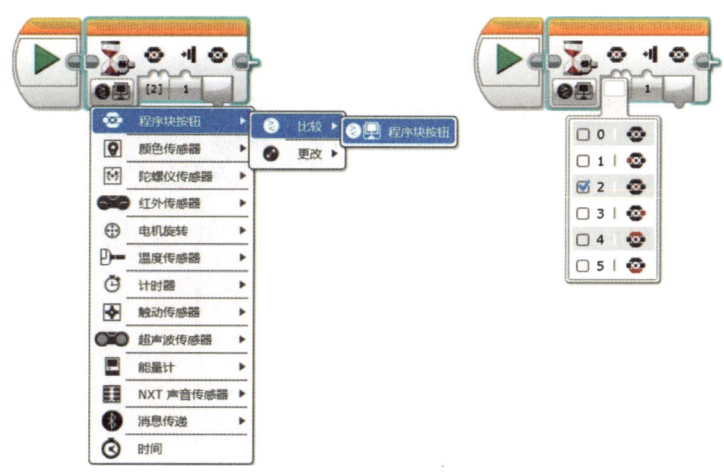

图 2-36 等待模块的程序块按钮模式

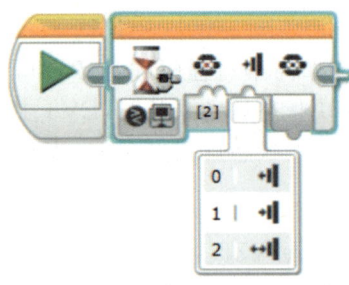

何键,1-按下左键,2-按下中心键,3-按下右键,4-按下上键,5-按下下键。通常选择按下中心键来执行后续程序。返回键相当于电脑的强行关机键,是程序死循环时的最后一道保险,不能编写程序。程序块按钮可以多选,在复选框中勾选即可。

设置程序识别按键的工作状态(图 2-37):0-松开,表示触动传感器没有被按下的状态;1-按压,表示触动传感器被按下的状态,手要一直按在按键上;2-碰撞,表示触动传感器先被按下再弹起的过程,按下按键后手离开即可。因此,为操作方便,一般选择碰撞状态。

图 2-37　程序块按钮的工作状态

2. 程序灯按钮编程示例

如果想利用程序块按钮和声音模块,实现按下左键,EV3 主机发出"Left"的声音,按下右键,发出"Right"的声音,按下中心键,发出"Start"的声音,应该如何编写程序呢？读者可自行尝试,也可参考如图 2-38 所示的程序进行编写。

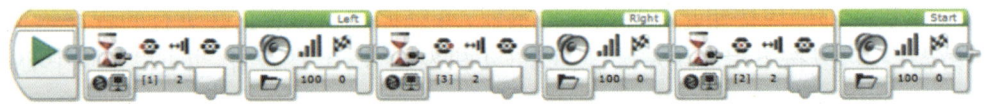

图 2-38　声音模块与程序块按钮的发声程序

除了等待模块中的程序块按钮,还可以用切换模块中的程序块按钮来实现同样的效果。拖拽一个切换模块到编程区,在切换模块的第一个图标下方选择"程序块按钮"→"测量"→"程序块按钮",调用程序块按钮模式,如图 2-39 所示。该图中的程序表示当检测到左键被按下时,将发出"Left"的声音;当检测到右键被按下时,将发出"Right"的声音;当检测到中心键被按下时,将发出"Start"的声音;当检测到没有任何按键被按下时,不会发出任何声音。使用切换模块时,无论程序块按钮的工作状态如何,都能检测到该按键状态并执行命令。

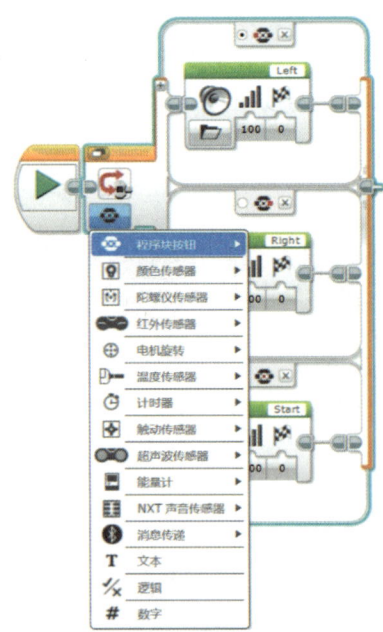

图 2-39　切换模块与程序块按钮的发声程序

2.2.4 绘制你的漫画

掌握以上知识后,若想要在 EV3 主机屏幕上显示一张漫画,该如何编写程序呢?以语文课本上的《乌鸦喝水》漫画为例,如图 2-40 所示。

图 2-40 《乌鸦喝水》漫画

此时,可以使用显示模块的图像编辑器功能来实现想要的效果。

第一步:打开工具菜单栏中的"图像编辑器",导入《乌鸦喝水》的图像,如图 2-41 所示。

图 2-41 在图像编辑器中导入图像

第二步:点击右侧 EV3 预览框下方的"下一步",此时将生成一张初始的粗糙图像(图 2-42)。通过滑动左侧对比度进度条,选择最优对比度以改善图像效果(图 2-43)。继续点击"下一步",可以查看当前编辑后的预览图像(图 2-44)。在界面左侧,提供了图像编辑功能,例如可以增减像素点等,以精细调整图像至满意状态(图 2-45)。最后,点击"保存"按钮,并将该图像命名为"wuyaheshui"。

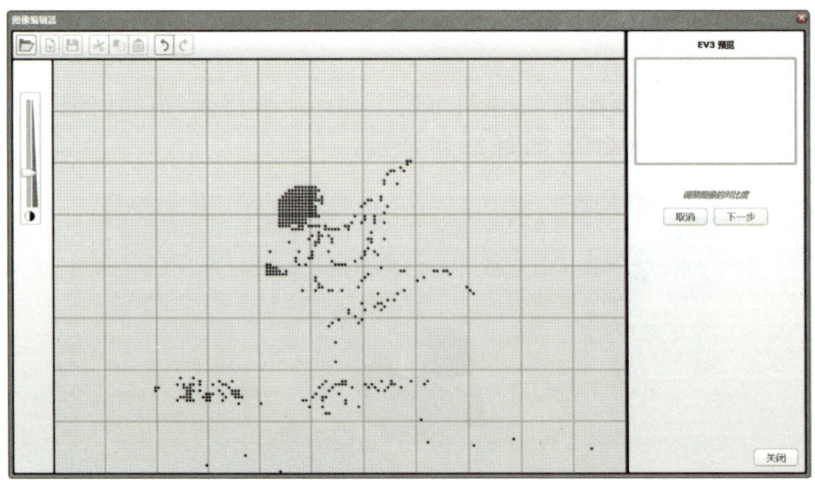

图 2-42　直接导入原图像后得到的粗糙图像

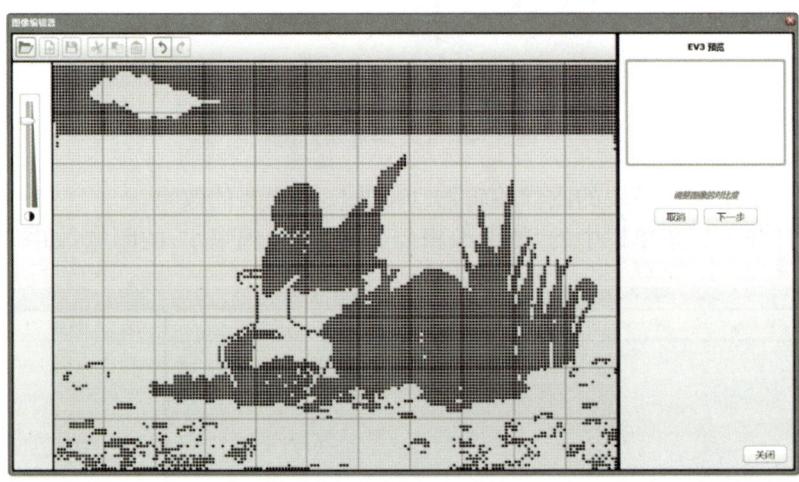

图 2-43　图像编辑器调整对比度后的图像

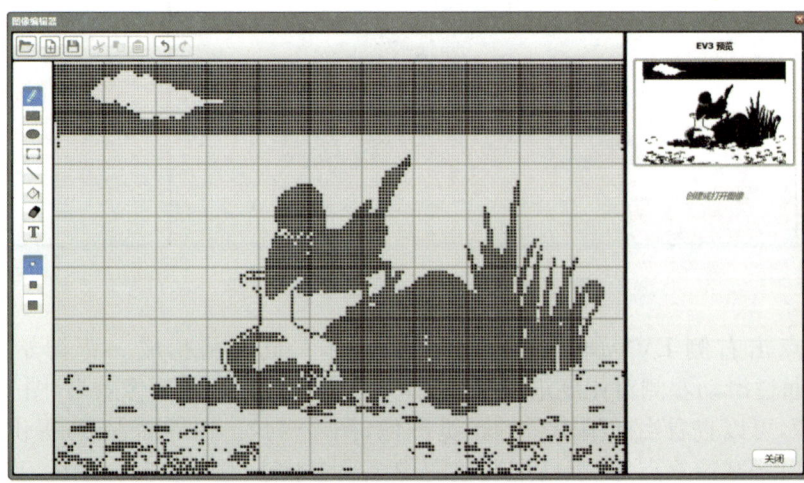

图 2-44　图像编辑器预览的图像

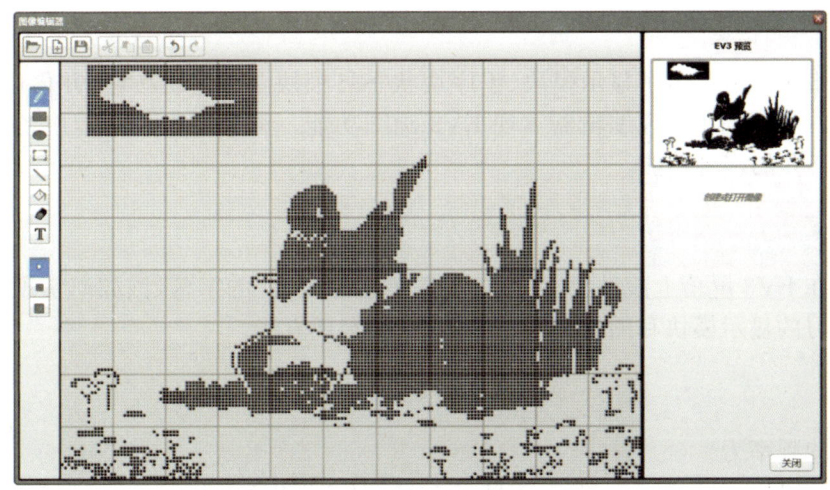

图 2-45 图像编辑器中最终的图像

第三步：拖拽一个显示模块到编程区，选择"wuyaheshui"的图像文件，然后接入一个等待模块，将等待时间设置为 20 s（也可以设置为其他时间），程序如图 2-46 所示。

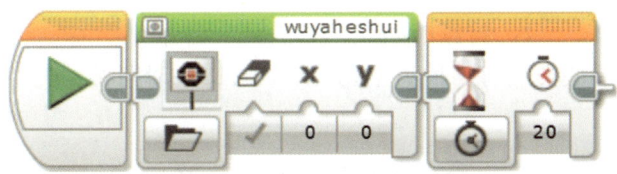

图 2-46 《乌鸦喝水》漫画显示程序

EV3 主机屏幕上当前显示的图像如图 2-47 所示。请读者自行思考并实践如何使用图像编辑器结合 EV3 编程，实现中文字符在屏幕上的滚动显示效果。

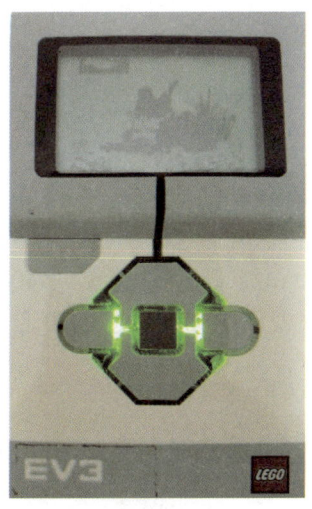

图 2-47 《乌鸦喝水》漫画在 EV3 上的显示效果

【任务小结】

本任务带领读者学习了显示模块、程序块状态灯模块及程序块按钮,并借助经典的《乌鸦喝水》漫画,学习利用图像编辑器实现 EV3 画图功能。读者可以灵活运用各个模块编写程序,实现 EV3 的多种功能。

【拓展任务】

如果想在 EV3 屏幕上滚动显示"社会主义核心价值观"的字幕,该如何实现呢?请读者结合已经学习的显示模块和图像编辑器功能,探索实现方法。

习题 2

1. 中央 C 的频率为(　　)。
   A. 261.63 Hz　　　　B. 293.67 Hz　　　　C. 329.63 Hz　　　　D. 349.23 Hz
2. 以 C 调为基准的八个音阶 do、re、mi、fa、so、la、xi、do 所对应的声音频率(　　)。
   A. 越来越高　　　　　　　　　　　　　B. 越来越低
   C. 先变低后变高　　　　　　　　　　　D. 先变高后变低
3. 通过控制(　　)参数可以调整音乐的节拍。
   A. 频率　　　　　　B. 持续时间　　　　C. 音量　　　　　　D. 播放类型
4. 图中声音模块的播放类型有三种类型,分别为 0、1、2,请问哪种类型表示重复?(　　)

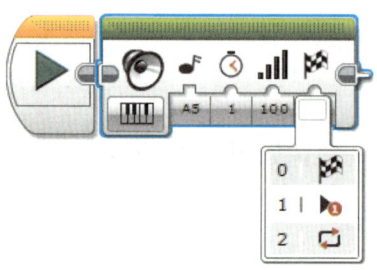

第 4 题图

   A. 0　　　　　　　　B. 1　　　　　　　　C. 2　　　　　　　　D. 都不是
5. 声音编辑器中,录制声音的最大时长约为(　　)。
   A. 6 s　　　　　　　B. 7 s　　　　　　　C. 8 s　　　　　　　D. 9 s
6. 在常温空气中,声速约为(　　)。
   A. 240 m/s　　　　　B. 340 m/s　　　　　C. 440 m/s　　　　　D. 540 m/s
7. 在 EV3 中,对于想要声音模块发出中文"你好"的声音,下列说法中正确的是(　　)。
   A. 只能发出英文"Hello"的声音
   B. 不能发出中文的声音
   C. 在声音编辑器中录入中文"你好"并保存声音文件,利用声音模块播放即可
   D. 不确定
8. 声音模块选择播放音调模式时,默认的声音频率是(　　)。
   A. 392 Hz　　　　　B. 415 Hz　　　　　C. 440 Hz　　　　　D. 466 Hz

9. 在下图的程序中,若想让 EV3 播放"Hello"声音时继续运行下一个电机的前进程序,则在播放类型中应选择(　　)。

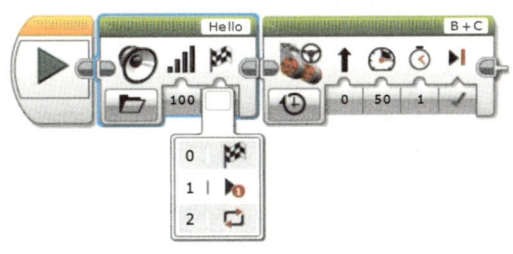

第 9 题图

A. 0　　　　　　　B. 1　　　　　　　C. 2　　　　　　　D. 无法确定

10. 在下图《两只老虎》的乐谱中,对于第一个音符"1",应该选择声音模块中的(　　)音符。

第 10 题图

A. A5　　　　　　B. B5　　　　　　C. C5　　　　　　D. D5

11. EV3 主机屏幕的显示分辨率为(　　)。
   A. 178 像素×128 像素　　　　　　B. 177 像素×128 像素
   C. 178 像素×127 像素　　　　　　D. 177 像素×127 像素

12. 程序块显示模块的主要显示模式包括(　　)。
   A. 文本　　　　　B. 形状　　　　　C. 图像　　　　　D. 以上都包括

13. 程序块状态指示灯可以显示的颜色有哪几种?(　　)
   A. 红色、绿色、黄色　　　　　　　B. 红色、绿色、紫色
   C. 红色、绿色、橙色　　　　　　　D. 红色、绿色、蓝色

14. 显示模块的文本字体有 0、1、2 三种类型,其中表示粗体的是(　　)。
   A. 0　　　　　　　B. 1　　　　　　　C. 2　　　　　　　D. 都不是

15. 程序块按钮有 0、1、2 三种状态,其中表示碰撞的是(　　)。
   A. 0　　　　　　　B. 1　　　　　　　C. 2　　　　　　　D. 都不是

16. 程序在正常运行时,程序块状态灯的状态是(　　)。
   A. 静态绿灯　　　B. 绿灯闪烁　　　C. 静态红灯　　　D. 红灯闪烁

17. 当程序块状态灯显示红色时,EV3 程序块可能处于(　　)状态。
   A. 启动　　　　　B. 升级中　　　　C. 警告　　　　　D. 关闭

18. 运行下图程序时,程序块状态灯显示常亮的颜色是(　　)。

第 18 题图

A. 绿色   B. 橙色   C. 红色   D. 都不是

19. 运行下图程序时，按下 EV3 主机（　　）键,将发出"Right"的声音。

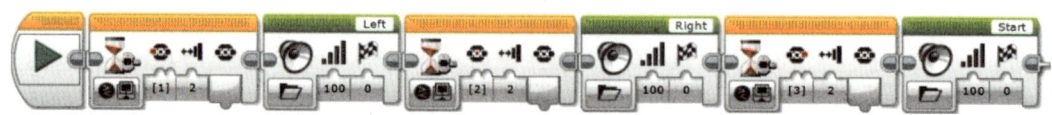

第 19 题图

A. 左   B. 右   C. 中心   D. 都不是

20. 在 EV3 主机屏幕上是否能显示中文？（　　）

A. 是   B. 否   C. 有时候可以   D. 无法确定

项目 3
智能风扇设计与控制

实践任务 3.1　让你的风扇转起来

【任务目标】

基本目标：
1. 能够利用硬件搭建单电机风扇。
2. 能够使风扇转动。

进阶目标：
能够在单电机风扇的结构基础上进行智能改造和创新。

【任务背景】

智能风扇在使用过程中需要和用户产生交互，因此，需要对风扇进行控制，并对用户的输入指令进行反馈。本任务将介绍所有与风扇相关的反馈动作。

【任务实训】

3.1.1　搭建一个简易风扇

单电机风扇的安装

事实上，只需利用 EV3 主机和一个电机就可以实现简易风扇的搭建，但该方法搭建出的手持风扇较简陋，无法满足更多需求。若要求风扇的结构满足：第一，风扇是一个完整的整体，这意味着风扇的主控部分和运动部分必须有效结合在一起；第二，风扇必须可以独立放置在一个平整的桌面上，这意味着扇叶需要有独立的机械结构支撑其运动。此时可以利用一个大型电机来构建简单的风扇结构（中型电机也适用）。

第一步：搭建扇叶及支撑基底。

齿轮具有加速或减速功能，适用于大型电机扇叶的拼装，具体步骤如图 3-1 所示。

风扇转动起来后需要较强的支撑力，因此还需要搭建支撑扇叶的基底。由于扇叶需要与 EV3 主机有效结合，所以需要考虑零件在 EV3 旁侧安插的具体位置，搭建支撑基底的具体步骤如图 3-2 所示。

组装扇叶和支撑基底，形成如图 3-3 所示的整体结构。

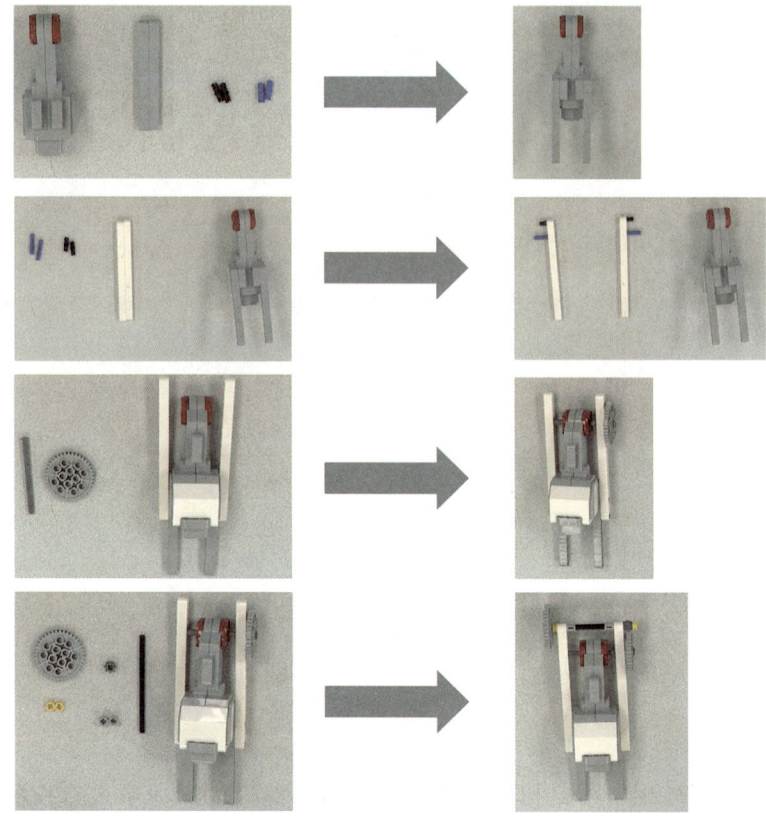

图 3-1 扇叶的搭建步骤

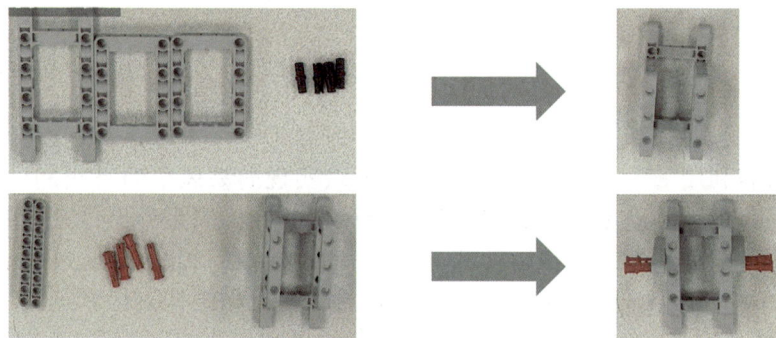

图 3-2 扇叶支撑基底的搭建步骤

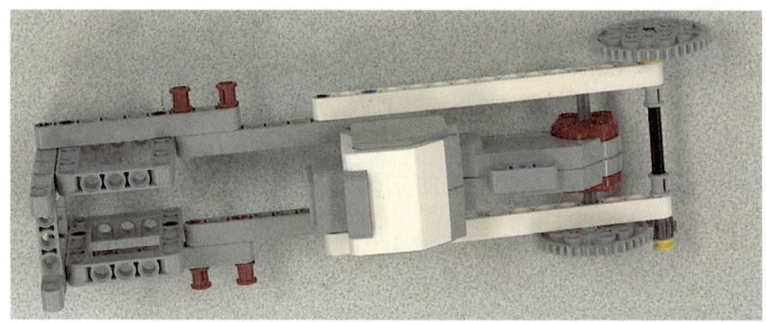

图 3-3 扇叶及支撑基底整体结构

第二步:安装传感器并与扇叶整体结构组合。安装超声波传感器、颜色传感器和触动传感器,具体步骤如图 3-4 所示。

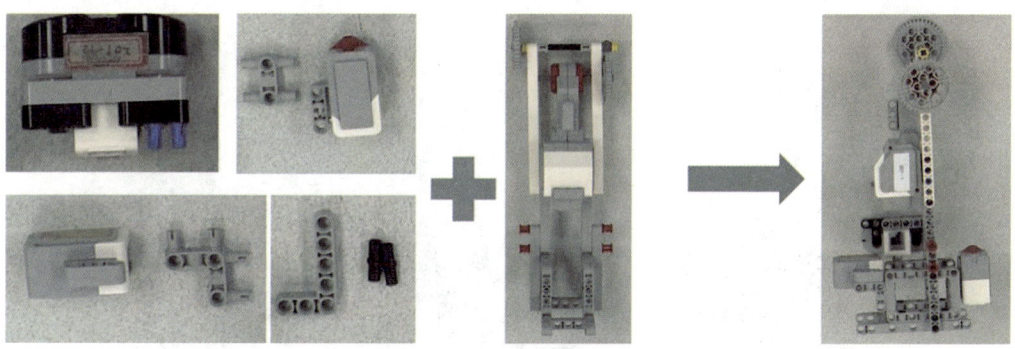

图 3-4　传感器安装步骤

第三步:合并主机。具体步骤如图 3-5 所示。

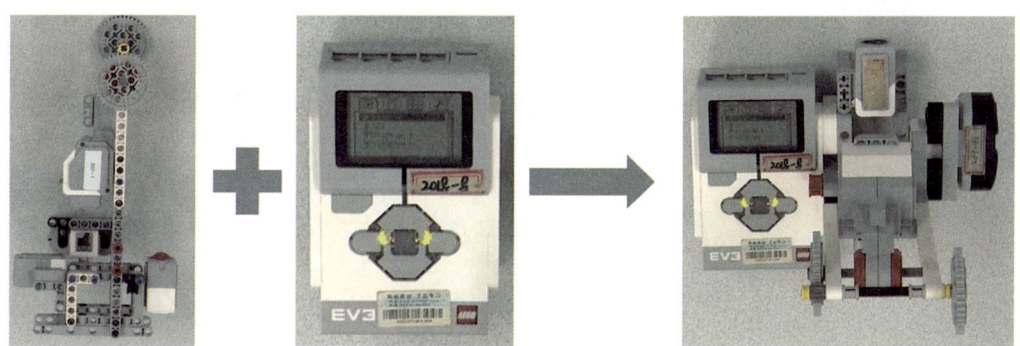

图 3-5　合并主机的步骤

第四步:安装扇叶装饰。具体步骤如图 3-6 所示,此处只给出基本的安装方法,读者可利用其他零件对风扇的扇叶进行更加丰富多彩的装饰设计。

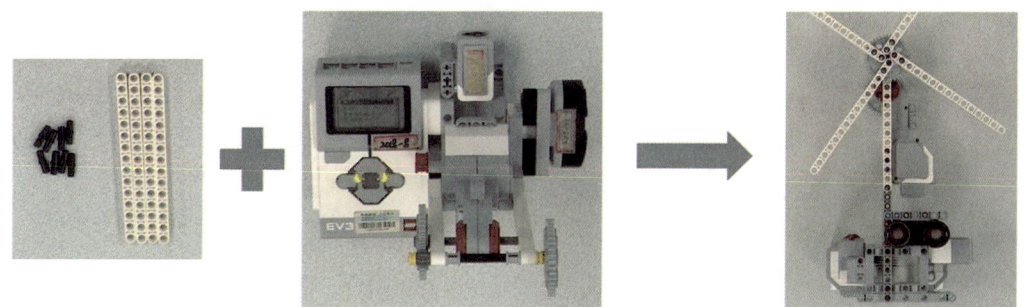

图 3-6　扇叶装饰安装步骤

第五步:使用数据线连接传感器和电机,形成如图 3-7 所示的风扇成品。

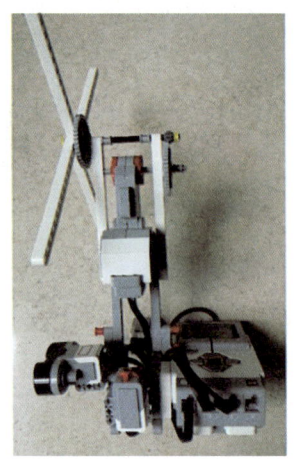 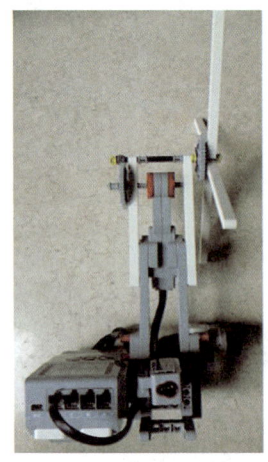 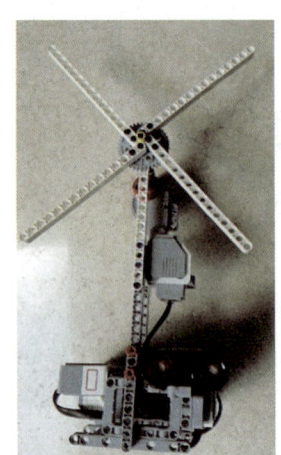

图 3-7　风扇成品

3.1.2　转动你的风扇

1. 转动风扇

本任务搭建的风扇的驱动核心是一个大型电机,因此,想让风扇转动,就需要控制大型电机转动。大型电机模块在动作模块中的位置如图 3-8 所示。

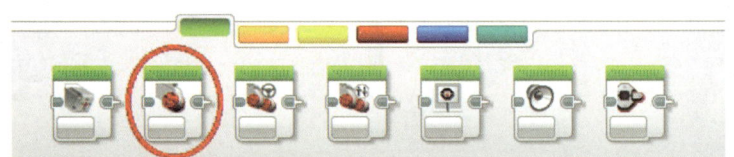

图 3-8　动作模块中大型电机模块的位置

将大型电机模块从动作模块中拖出,并放置在开始模块之后,再将程序块与计算机连接,此时点击开始模块的绿色箭头(图 3-9),即可使风扇转动(转动时间默认为 1 s)。

 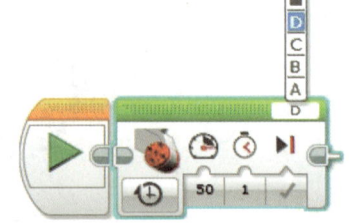

图 3-9　调用大型电机模块　　　图 3-10　大型电机端口

为保证模块可以正常控制对应的大型电机,操作时需注意大型电机连接到 EV3 程序块上时所选的端口应与大型电机模块右上角的接入端口(图 3-10)一致。

2. 设置电机参数

点击大型电机模块左下角,选择大型电机的工作模式,如图 3-11 所示。大型电机的工作模式包括开启指定秒数、开启指定度数、开启指定圈数、开启和关闭。

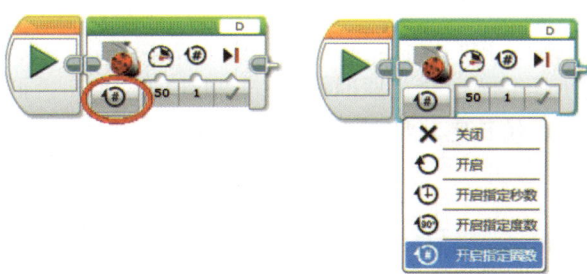

图 3-11 大型电机的工作模式

（1）开启指定秒数

若想使大型电机转动固定时长，就需要选择开启指定秒数模式，如图 3-12 所示。该模式包含三个参数：功率、转动秒数和结束时制动。

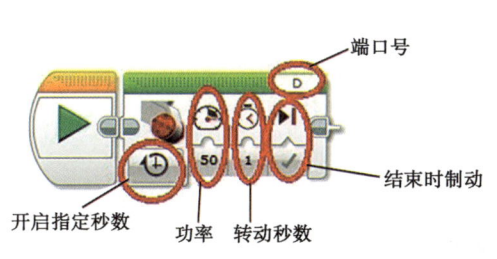

图 3-12 大型电机模块的开启指定秒数模式

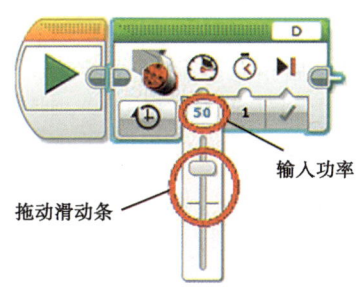

图 3-13 开启指定秒数模式中的功率调节

① 功率的调节可以直接在框中输入数值，也可以拖动滑动条进行调节，如图 3-13 所示。大型电机功率的可调节范围为 -100~100，其中，0 表示不转动，正值表示电机正转，负值表示电机反转。

② 转动秒数的调节可以直接在框中输入数值，如图 3-14 所示。输入的秒数越大，电机以设定功率转动的时间越长。

图 3-14 开启指定秒数模式中的转动秒数调节

③ 当电机完成指定秒数的转动后，程序块不再给电机供电。那么，采取哪种停止方式更合适呢？可以使用角动量守恒分析电机停止的过程：

$$J = \sum_i \Delta m_i r_i^2 \tag{1}$$

$$L = J \cdot \omega \tag{2}$$

$$M = F \cdot l \tag{3}$$

$$M \Delta t = L_2 - L_1 \tag{4}$$

其中，J 为转动惯量，m 为物体某一部分的质量，r 为该部分到转轴的距离；L 为角动量，ω 为角速度，M 为力矩，F 为作用力，l 为作用力到转轴的距离，t 为时间。

根据上述公式可知，对于同样的物体，以相同的转速停止时，如果制动时间越短，则需要的制动力越大，对电机的损伤也越大。此时可以通过调节结束时制动参数设置电机转动完毕后的停止模式。结束时制动包括制动和惯性滑行两种模式，如图 3-15 所示。其中，制动类似汽车的制动停止，电机会瞬间停住，汽车制动力较大；惯性滑行类似汽车的空挡滑行，不给电机施加制动力，而使其继续运行一段时间，汽车制动力较小。因此，如果电机转速过快，建议使用惯性滑行模式，以延长电机的寿命；如果要精确控制电机停止时的位置，则必须使用制动模式。

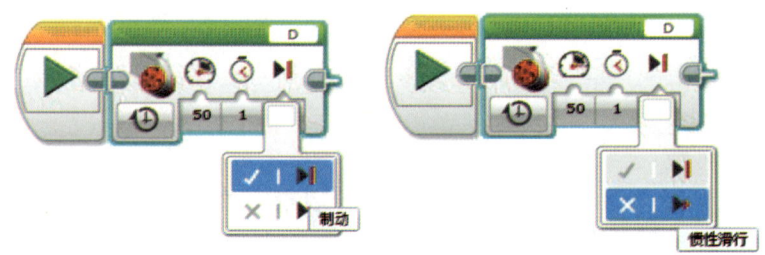

图 3-15　开启指定秒数模式的结束时制动调节

（2）开启指定度数

若想电机转动固定的角度，则可以选择开启指定度数模式，如图 3-16 所示。该模式适用于控制电机进行小于一圈的转动情况，例如控制摇头、旋转机械手等。

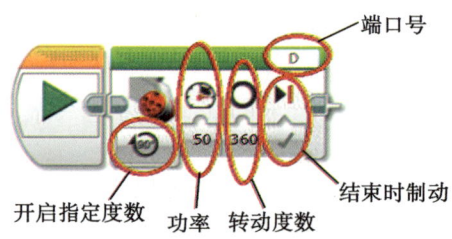

图 3-16　大型电机模块的开启指定度数模式

与开启指定秒数模式类似，开启指定度数同样包含三个参数：功率、转动度数和结束时制动。其中功率和结束时制动的使用方法与开启指定秒数模式相同，此处不再赘述。转动度数的调节和转动秒数的调节类似，可以直接在框中输入数值，输入的度数越大，电机以设定功率转动的度数也越大。

（3）开启指定圈数

开启指定圈数模式主要用于控制电机转动的圈数，如图 3-17 所示。

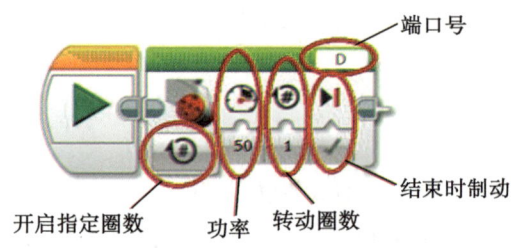

图 3-17　大型电机模块的开启指定圈数模式

开启指定圈数模式也同样包含三个参数：功率、转动圈数和结束时制动。其中功率和结束时制动的使用方法与前述相同。转动圈数的调节和转动秒数的调节类似，可以直接在框中输入数值,输入的圈数越大,电机以设定功率转动的圈数也越多。

使用开启指定度数模式、开启指定秒数模式和开启指定圈数模式,就可以使风扇转动起来,而且可以自动停止。

(4)开启、关闭

如果想让电机一直转动下去,并在合适的时候停止,可以组合选用开启和关闭模式,如图 3-18 所示。

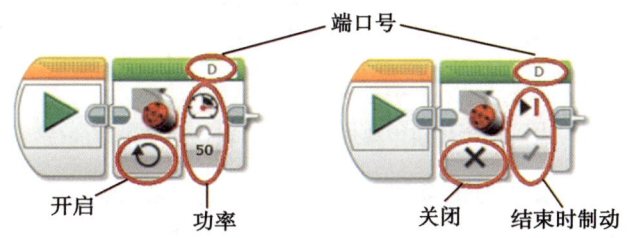

图 3-18　大型电机模块的开启和关闭模式

开启模式只需要调节电机转动的功率就可以让电机持续转动;而关闭模式同样也只需要设置结束时制动参数,调节方法与开启指定秒数模式的对应参数相同,此处不再赘述。

但是,在初次使用开启模式时,可能出现程序运行后,风扇不转动的情况。这是由于开启指定度数模式、开启指定秒数模式和开启指定圈数模式都属于持续动作,它们既定义了电机的工作状态,又定义了电机的工作时间;而开启模式属于瞬时动作,只会改变电机的工作状态,没有定义持续时间,所以程序会直接跳到电机开启的下一个动作,如果没有动作,就会自动结束程序。

关于持续动作和瞬时动作的程序逻辑和应用场景,在本实践任务的【拓展任务】中有详细介绍。

若要使风扇可以正常通过开启模式启动,可从橙色模块中拖动一个沙漏状的等待模块,放置在开启模块之后,如图 3-19 所示,然后点击运行,启动风扇(转动时间默认为 1 s)。

图 3-19　大型电机模块的开启模式

若使用中型电机,中型电机模块在动作模块中的位置如图 3-20 所示,其包含的工作模式与大型电机模块相同,如图 3-21 所示,此处不再赘述。

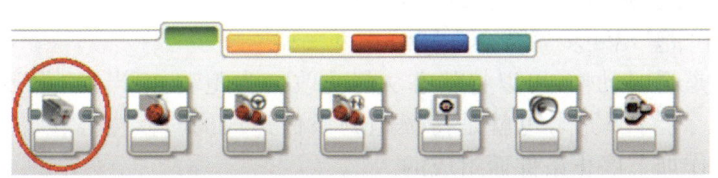

图 3-20　动作模块中中型电机模块的位置

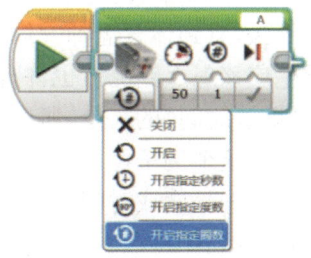

图 3-21　中型电机的工作模式

若使用大型电机搭建风扇时,出现程序运行后风扇无法运转,或者转了一下就卡住不动的情况,则需要检查使用的模块是否为大型电机,尤其是移动转向模块(图 3-22 左)和移动槽模块(图 3-23 右),这两个模块用于控制小车的运行,适用于双电机协同工作的情况,此处不作过多介绍。

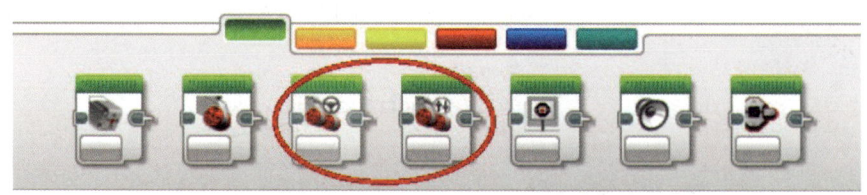

图 3-22　动作模块中移动转向模块和移动槽模块的位置

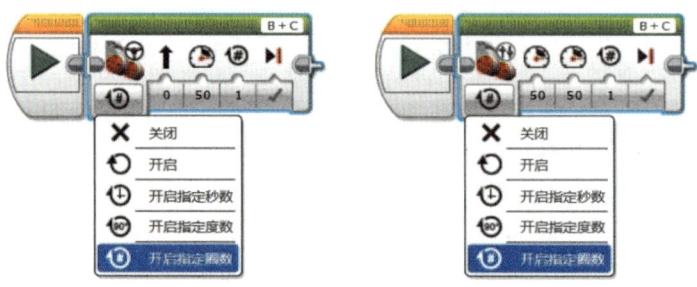

图 3-23　移动转向模块和移动槽模块工作模式

3.1.3　改造简易风扇

在设计简易风扇的过程中,应根据实际需求调整传感器的数量和类型,例如需要识别风扇的旋转角度时,可以使用陀螺仪传感器进行监测。还可对风扇结构进行个性化设计,例如利用齿轮的传动比控制加速或减速。读者在实践过程中可根据个人需求进行智能改造。

【任务小结】

本任务主要介绍了如何设计能满足基本要求的单电机风扇,并带领读者完成简易智能风扇的搭建。

【拓展任务】

动作按照持续时间分类,可以分为瞬时动作和持续动作。以跑步为例,如果体育老师要求跑 400 m,那么学生跑完 400 m 后就停止;如果体育老师要求一直跑,那么学生就会不停地跑下去,直到体育老师喊停。那么如果体育老师要求跑,却不说明要求跑步的长度或时间,学生应该怎么跑呢?也许有的学生会认为需要一直跑下去,但是对于程序而言,由于没有给出"跑步时间"的指令,所以,程序"跑"出一步后就会立即停止。

从这个例子可以看出,"跑"是瞬时动作,可以将状态从静止改变为跑动;而当为"跑"附加具体的长度或时间后,就变成了持续动作,也就是持续跑到条件达成的时候再停止。所以,持续动作可以看成由瞬时动作加上停止条件而组成的。

模块的使用也类似,所有停止条件的动作都是持续动作,例如,播放声音——等待完成、电机转动秒数、电机转动度数、电机转动圈数等；而没有加停止条件的则是瞬时动作，例如，开启电机、改变屏幕显示、改变程序块状态灯、播放声音——播放一次等。

那么如何将瞬时动作变为持续动作呢？此时只需要为瞬时动作添加一个停止条件即可，也就是告知程序：首先通过瞬时动作改变搭建模型的状态，然后一直保持该状态，直到设置的条件达成后再停止。读者可思考并尝试改变动作状态，具体的操作方法将在下一个实践任务中介绍。

实践任务 3.2　让你的风扇更智能

【任务目标】

基本目标：
1. 能够使用流程控制模块完成程序设计。
2. 能够通过等待模块为智能风扇添加开关按键。
3. 能够通过循环模块使风扇一直运行。
4. 能够通过切换模块使智能风扇自行判断工作状态。

进阶目标：
能够通过循环中止模块为智能风扇添加强行关闭按键。

【任务背景】

实践任务 3.1 中已经通过动作模块使风扇转动，并且可以添加语音、灯光、屏幕显示作为交互。但是，这种智能风扇还只停留在自运行的层面，缺少接收使用者的指令，甚至没有最基本的开关键，其运行逻辑也是最简单的形式：运行程序→转动→程序停止。这样的智能风扇远远不能满足用户需求，本任务将介绍如何通过流程控制模块给智能风扇添加判断指令，使智能风扇识别输入信号，并做出响应。

【任务实训】

3.2.1　给风扇添加开关

1. 添加风扇开关

在 EV3 的传感器中，触动传感器（图 3-24）的工作状态包含碰撞、按压或松开，与日常生活中使用的开关相同，因此通常使用触动传感器作为按键开关。

若要使程序识别触动传感器，并编写开关程序，则需要使用等待模块。等待模块在流程控制模块中的位置如图 3-25 所示。

图 3-24　触动传感器

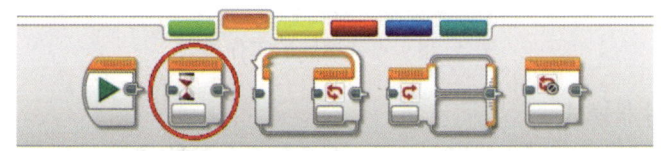

图 3-25　流程控制模块中等待模块的位置

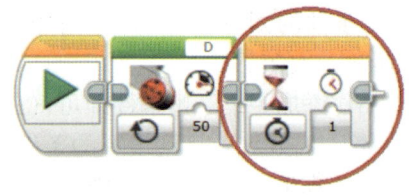

图 3-26 等待时间工作模式

图 3-26 中的等待时间工作模式表示电机开启后等待 1 s,然后运行下一个模块。因此,等待模块可以类比于 Python 中没有 else 的 if 语句:if"时间过了 1 s" then "运行下一个模块"。同理,将"时间过了 1 s"的判断条件换成其他条件,也符合等待模块的逻辑。简单地说,等待模块的功能是判断设定的条件是否达成,如果没有达成,保持之前的状态不变;如果达成,则运行下一个模块。

为了知道等待模块的设置条件,需要首先设计开关程序。最简单的开关的程序如图 3-27 所示,按一下触动传感器,电机开启,再按一下,电机关闭。注意,为了突出等待模块,此处并未添加声音、指示灯、显示模块,在了解等待模块的工作原理后,可以自行添加。

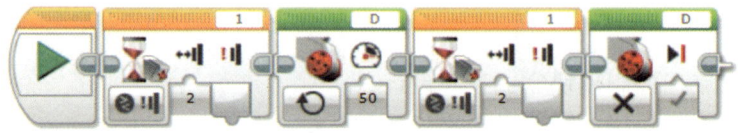

图 3-27 带开关的智能风扇

注意,图 3-27 的程序中,第一个大型电机模块的工作模式是开启,第二个大型电机模块的工作模式是关闭,两个等待模块选择的工作模式都是触动传感器—碰撞。

2. 等待模块的工作模式

点击等待模块右下角可以看到等待模块的所有工作模式,如图 3-28 所示,包括程序块按钮、颜色传感器、陀螺仪传感器、红外传感器、电机旋转、温度传感器、计时器、触动传感器、超声波传感器、能量计、NXT 声音传感器、消息传递和时间。

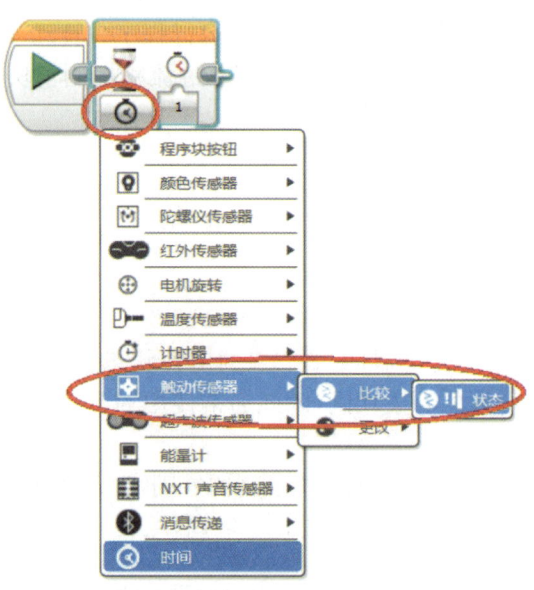

图 3-28 等待模块的工作模式

(1) 时间及计时器模式

时间模式(图 3-26)在前文中已经介绍,可以直接在参数中输入数值,调节等待时长。计时器模式(图3-29左)可以实现更进阶的功能,如比较时间长短等,该模式可以对八个计时器进行编程,调用"传感器—计时器重置"的方法(图3-29右),实现计时并判断经历时长的功能。

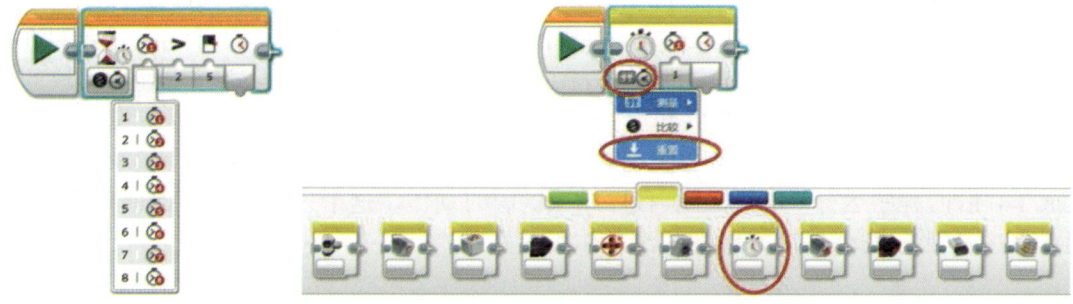

图3-29　等待模块的计时器模式及计时器重置

例如图3-30所示的程序,运行后,大型电机先正转1 s;随后重置计时器1,大型电机反转,直到计时器1经过2 s;然后大型电机正转,直至计时器1再经过3 s,也就是整个重置过程共经历了5 s。

图3-30　等待模块计时器模式的应用

那么如果没有使用计时器重置功能会怎么样呢?如图3-31所示,运行该程序,可以发现第二步大型电机反转时,只转了1 s,也就是计时器在程序开始时重置并开始计时。

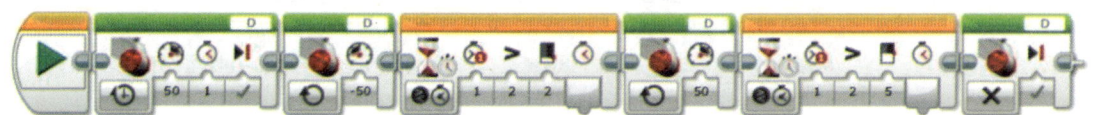

图3-31　不重置计时器

因此,可以通过计时器模式为智能风扇添加更加丰富的定时功能。

(2)其他模式

本任务还会使用等待模块中的程序块按钮、颜色传感器、触动传感器和超声波传感器模式。本书暂不涉及红外传感器、温度传感器、能量计和NXT声音传感器模式。

陀螺仪传感器、电机旋转和消息传递模式属于进阶功能,陀螺仪传感器用于识别机器人的运动数据,通过程序调节平衡;电机旋转用于读取电机的工作状态;消息传递用于处理接收到的信息。

① 触动传感器模式

在等待模块中选择"触动传感器"→"比较"→"状态",即可调用触动传感器模式,如图3-28所示。触动传感器的工作状态有0-松开、1-按压和2-碰撞,如图3-32所示。0-松开,表示触动传感器没有被按下的状态;1-按压,表示触动传感器被按下的状

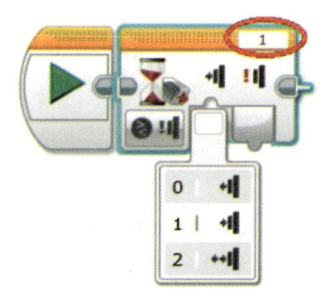

图3-32　等待模块的触动传感器模式

态;2-碰撞,表示触动传感器先被按下再弹起的过程。这里选择碰撞状态编写图 3-27 中的程序。

若出现选择按压状态后,在程序运行时,开关无法控制风扇,而在按下触动传感器后,程序直接结束的情况,则需要检查程序是否如图 3-33 所示。由于等待、大型电机开启和大型电机关闭都是瞬时动作,所以此图的程序表示,当按下触动传感器时,第一个等待模块的条件达成,程序直接运行了大型电机开启的瞬时动作,然后迅速跳到第二个等待模块进行判断。由于程序运行得非常快,此时手仍按压在触动传感器上,所以第二个等待模块的条件也达成了,随即,程序运行了电机关闭,程序结束的瞬时动作。这个过程在很短的时间内完成,因此无法看到电机运转,就好像开关没有作用一样。

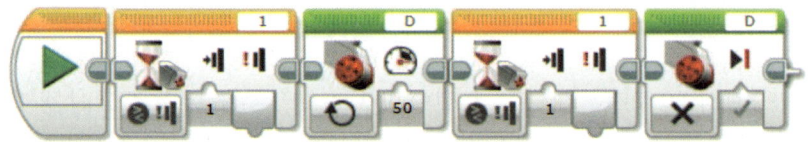

图 3-33　使用按压状态做开关

对于图 3-33 的问题,可以和图 3-27 一样,使用"2-碰撞"替换"1-按压",这样,只有当手离开触动传感器后,才达成等待模块的条件,后续程序才得以运行。但是,智能风扇不能在第一时间对按下开关做出响应,如果触动传感器松开较慢,会出现"延时",此外,当触动传感器使用较久后,触点灵敏度降低,即使选择"2-碰撞",也无法很精确地控制风扇开关。此时可以在"大型电机—开启"和第二个"等待—触动传感器—1-按压"之间,加入一个"等待—触动传感器—更改—状态",如图 3-34 所示。

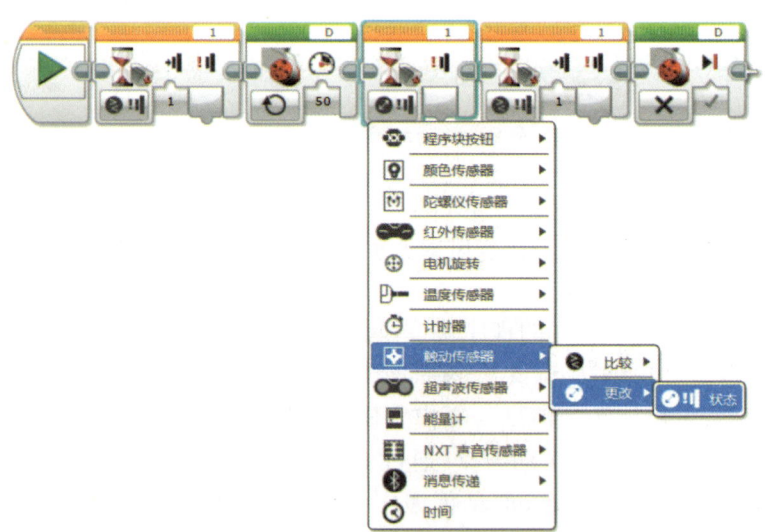

图 3-34　添加触动传感器更改状态

更改状态的判断条件是触动传感器的状态和之前是否有区别,如果有区别,则条件达成,运行下一个模块。所以,图 3-34 程序的逻辑是:首先,第一个等待模块判断触动传感器被按压,只要按压触动传感器,大型电机就立刻启动,风扇开启。然后,第二个等待模块判断触动传感器的状态是否发生改变,直到触动传感器的状态发生改变后,再运行第三个等待模块。待触动传感器再次被按下,第三个等待模块的条件才会达成,随即大型电机关闭,风扇关闭。

若此时风扇依然无法正常运行,则需检查每个等待模块中触动传感器的端口是否与触动传感器的实际端口一致,端口号在模块的右上角(图 3-32 中的圆圈)。如果端口号不一致,可以将触动传感器重新插入程序所写的端口,也可以左键点击模块的端口号,进行修改。

若想同时使用两个触动传感器控制智能风扇,则此时的程序如图 3-35 所示,其中接在端口 1 的触动传感器控制开,接在端口 2 的触动传感器控制关。两个触动传感器相互独立,使用"1-按压"状态控制即可。

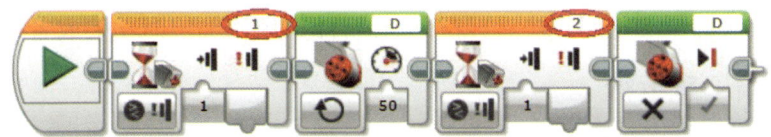

图 3-35 使用两个触动传感器作为开关

② 程序块按钮模式

程序块按钮可以编程的按钮包含除返回键以外的左键、右键、中心键、上键、下键,比触动传感器的按钮更多,那么是否也能利用程序块按钮模式进行编程,作为风扇的控制开关呢?答案是可以的。其实在项目 2 的 2.2.3 小节中就已经对等待模块中的程序块按钮模式有所介绍,并为程序块添加了按钮,读者可以自行回顾,具体使用方法与触动传感器相同,此处不再赘述。

在如图 3-36 所示的程序中,按下程序块上键或左键可以让大型电机以 50 的功率正转一圈;按下程序块下键或右键可以让大型电机以 50 的功率反转一圈;按下程序块中心键可以让大型电机以 10 的功率正转一圈。

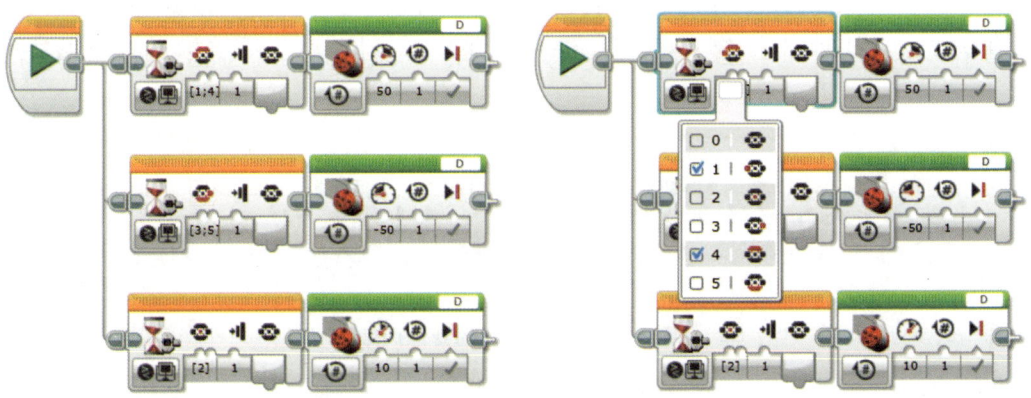

图 3-36 等待模块程序块按钮

图 3-36 中的程序使用了并列模式,每一行只能运行一次,三行程序都运行完成后才退出程序。并列模式连接线的调用方法如图 3-37 所示,具体操作步骤如下:

第一步:将需要并行的模块拖进编程画布,但不要接入程序,保持透明状态,然后单击两个模块直接的连接处,打开两个模块。

第二步:点击前一个模块的出口,拖出一条线。

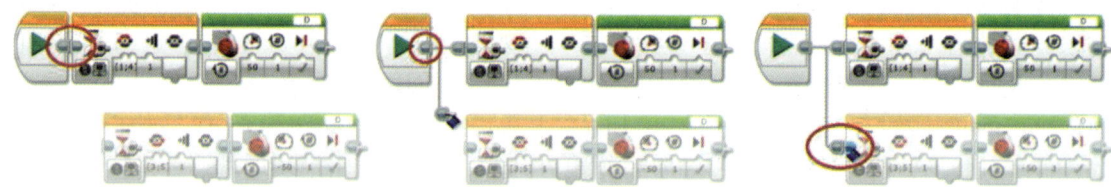

图 3-37　调出连接线

第三步：将拖出的连接线的接口靠近需要接入的模块，也就是透明模块的最左端，当透明模块的接口变成蓝色时松手，完成连接。

掌握等待模块的主要使用方法后，就可以给智能风扇添加定时功能或者按键开关了。

3.2.2　让风扇一直运行

1. 添加风扇一直运行的程序

在使用等待模块给风扇添加开关后，风扇只能运行一次，执行完所有流程后，就退出程序。那么，如何才能让风扇一直运行呢？这需要使用循环模块。循环模块在流程控制模块中的位置在等待模块右边，如图 3-38 所示。

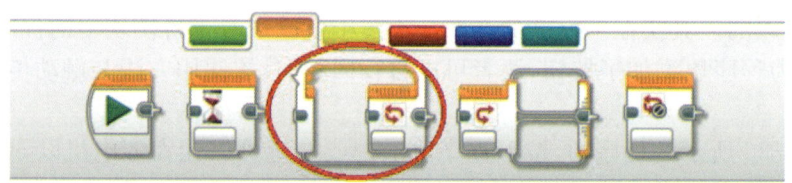

图 3-38　流程控制模块中循环模块的位置

运行图 3-39 中的程序，按下触动传感器开启，再按下关闭，循环往复，使智能风扇可以一直运转。尽管图 3-39 的程序很复杂，但它是最稳妥的程序，能够确保智能风扇正常运行。

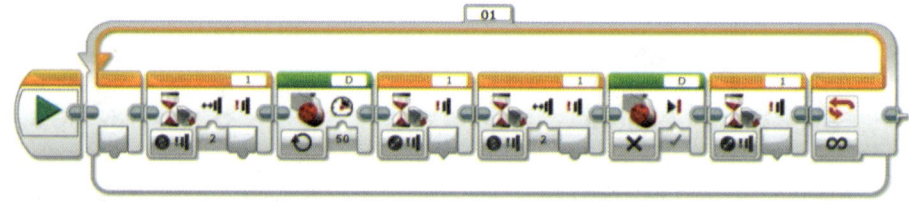

图 3-39　一直运行的智能风扇

若调用循环模块后，最多只能将循环模块放在开始模块和第一个等待模块之间，如图 3-40 所示，而无法把所有程序放进循环模块里，运行程序后，也一直没有反应，则可按照以下步骤（图 3-41），将循环模块后面的模块全部放入循环。

第一步：选中所有需要放入循环的模块。

第二步：点中最前面模块的上方，按住鼠标左键，拖进循环。

第三步：出现灰色背底时，松开鼠标左键，即可将所需模块放入循环模块。

如果需要新增模块，也可以用相同的方法。

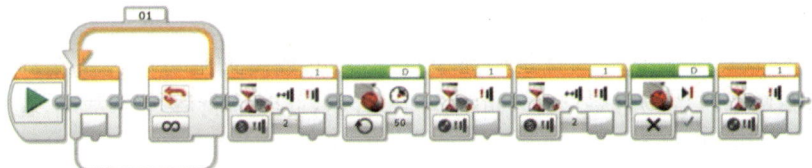

图 3-40　调用循环模块

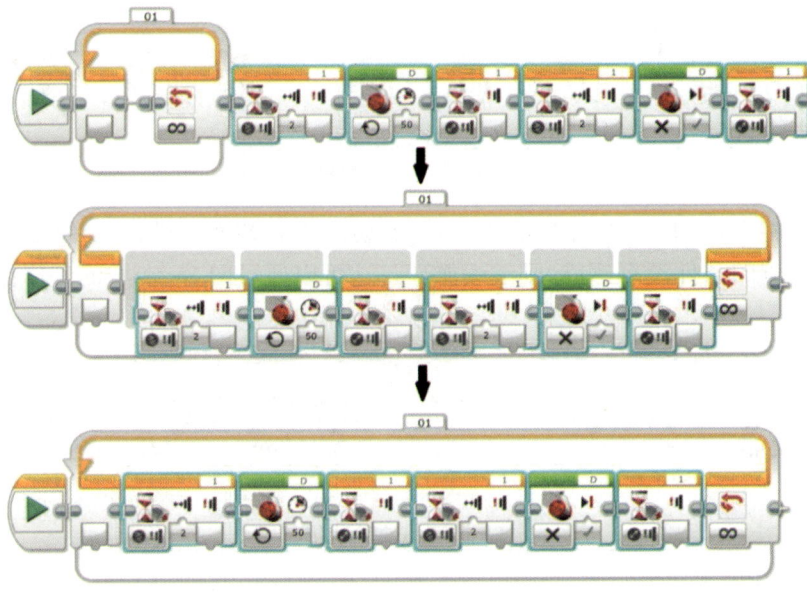

图 3-41　把模块放入循环

2. 循环模块的工作模式

通过以上步骤可以使智能风扇一直运行,那么,如何给这个循环设置条件呢?点击循环模块右下角,选择循环模块的工作模式,如图 3-42 所示。

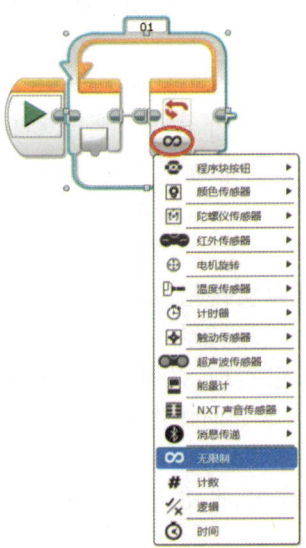

图 3-42　循环模块的工作模式

由图 3-42 可知，循环模块除了拥有等待模块的所有工作模式外，还包括无限制、计数和逻辑三种工作模式。无限制模式就是循环一直进行；计数模式则可以设置循环的次数，例如将图 3-39 的循环条件改为计数 3 次，如图 3-43 所示，此时运行程序会发现，在开关 3 次后，智能风扇控制程序结束循环。

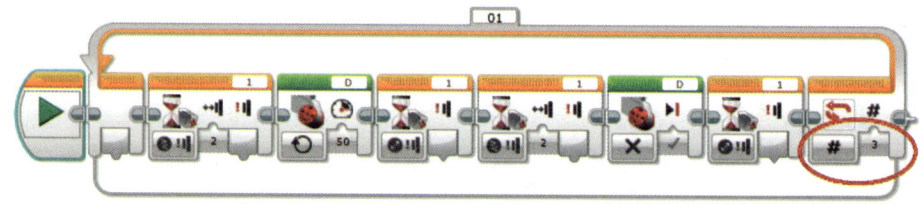

图 3-43　循环模块计数模式示例

由此可知，在 EV3 中，循环模块的逻辑是：如果设置的条件达成，则循环结束，执行下一个模块；如果设置的条件没有达成，则继续循环。这可以通过图 3-44 中的程序试验。

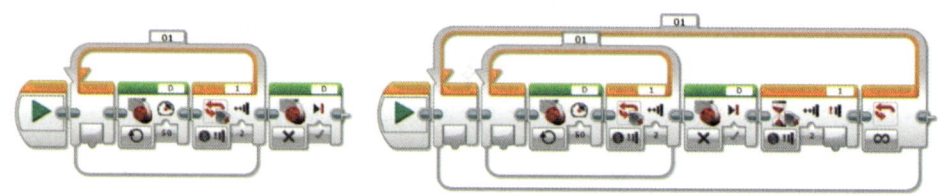

图 3-44　循环模块触动传感器

图 3-44 中，左图的程序表示，程序运行后，大型电机启动，按下触动传感器后，大型电机关闭，程序结束。这说明，此时设置的循环条件"触动传感器—碰撞"达成后，循环就结束，程序进一步执行电机关闭的指令。右图的程序则在循环中嵌套了循环，其运行效果与图 3-39 的程序效果相同。这还可以说明，触动传感器可以作为开关，控制智能风扇的启停。因此，在实际应用中，针对同一个任务，可以通过不同的流程控制模块，设计不同的逻辑思路，最后实现相同的效果。在后续课程中，读者可以开阔思路，尝试不同的方法完成任务，不断探索 EV3 的乐趣。

而在逻辑模式（图 3-45）下，当监测到值为真时，停止循环；值为伪时，进行循环。逻辑模式适用于程序具有多个判断条件的情况，使用该模式判断程序是否继续循环时，需要用到数据操作中的逻辑运算较为复杂，本书暂不作介绍。

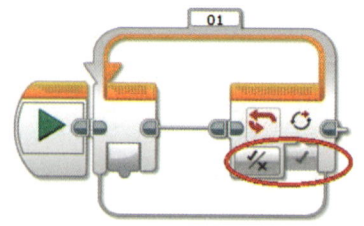

图 3-45　循环模块的逻辑模式

3. 改变循环条件

结合等待模块和循环模块，可以实现触动传感器对风扇的开关控制，并能实现：按下开关，风扇转动，再次按下开关，风扇停止，循环往复。那么，如果想实现：按下开关，风扇转动，松开开关，风扇停止，循环往复，该如何操作呢？

（1）实现方法一

实现这种风扇开关的方法有许多，此处分别展示使用等待模块（图 3-46）和循环模块（3-47）的实现方法。

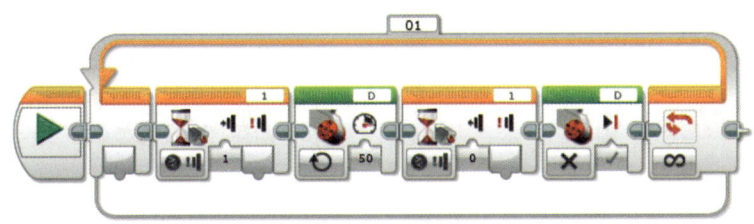

图 3-46　通过等待模块实现新任务

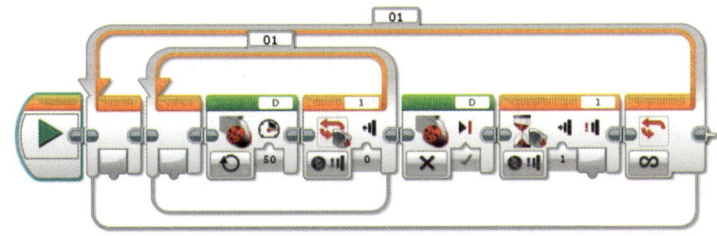

图 3-47　通过循环模块实现新任务

可以看到，图 3-46 与图 3-47 的程序只是在图 3-39 和图 3-44 的程序中对触动传感器的条件稍作修改，即将两次"碰撞"分别改为"按压"和"松开"。

（2）实现方法二

本着精益求精的工匠精神，不禁想到，这两个程序不仅复杂，其逻辑也难以梳理，那么是否能找到类似 if…else…的模块进行使用呢？这个模块为切换模块，切换模块在流程控制模块中的位置在循环模块右边，如图 3-48 所示。

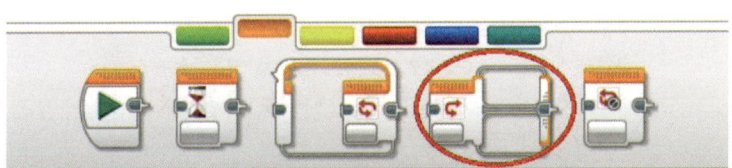

图 3-48　流程控制模块中切换模块的位置

将切换模块拖进循环模块，如图 3-49 所示，然后在上方打了"√"的框里加入"大型电机—开启"，在下方打了"×"的框里加入"大型电机—关闭"，运行程序，即可实现新任务。

图 3-49 的程序与图 3-46、图 3-47 的程序实现的效果相同，但切换模块的逻辑更清晰，程序也更简洁。切换模块适用于两种（或多种）状态可选，但只能同时存在一种状态的情况，例如触动传感器的按压和松开状态，如果监测到触动传感器被按下，则按压状态为真，反之为伪。

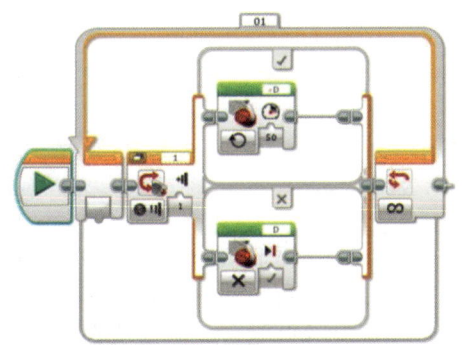

图 3-49　通过切换模块实现新任务

若想让切换模块的程序更简洁，可以更改显示方式。点击切换模块左上角的小框，可以切换平面视图与选项卡视图，二者相比较，选项卡视图（图 3-50）更加简洁明了，更适用于编写不同状态下复杂的程序。

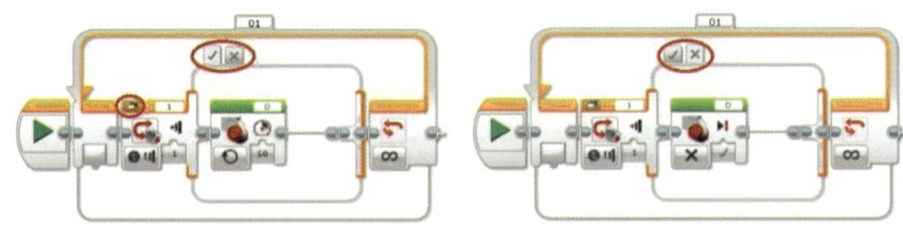

图 3-50 切换模块的选项卡视图

切换模块在需要切换超过两种状态的情况下尤其有优势,例如,若想实现:按下程序块左键,风扇正转;按下程序块右键,风扇反转;按下程序块中键,风扇关闭,循环往复。此时,使用循环模块编写程序较为复杂,不建议使用。读者可尝试使用等待模块编写程序,参考图 3-51。

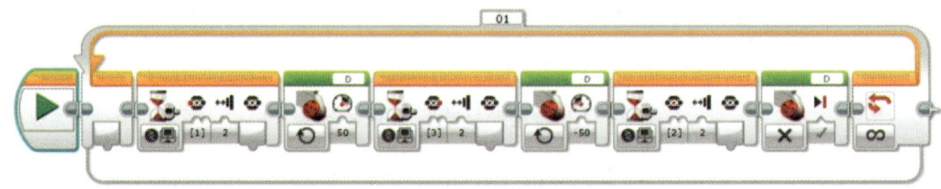

图 3-51 等待模块的程序块按钮控制

由于图 3-51 的程序使用了顺序结构,所以当程序运行时,用户必须按照左键、右键、中心键的顺序按下程序块按键,否则程序将没有响应。此时可以在循环框内设计并行语句(图 3-52)解决这个问题,具体步骤如下:

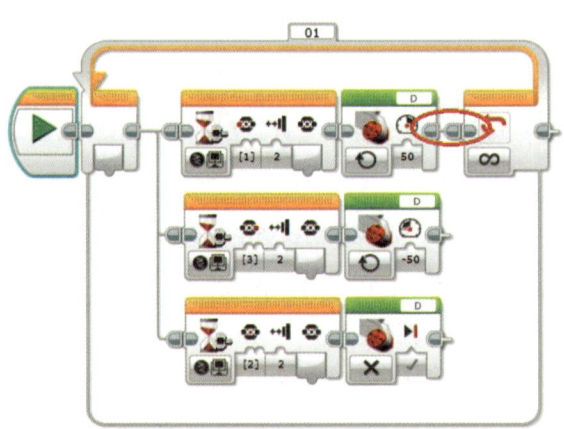

图 3-52 等待模块中程序块按钮的并行结构

第一步:选中循环框后,可以按住框周围的 8 个点调节循环框的大小。
第二步:循环框内可以看作一块编程画布,在其中编写并行程序。
第三步:只能有一个模块在右侧接入循环,并行模块可任意选择,其效果相同。
注意:只有每一行都运行完毕,循环才会从头开始。

使用并行结构以后,按下程序块的左键、右键、中心键,风扇都可以做出正确的响应,而且按下顺序是不固定的。但是根据循环框内并行结构的特点,必须三个程序块都运行完毕,才能循环,也就是说,在大型电机每完成一次全流程转动,都必须按下程序块中心键使大型电机停止转动,才能开始下一个循环。

使用切换模块,可以完美解决这个问题,感兴趣的读者可以参考图 3-53 中的程序进行编写。运行这个程序,可以无限制地通过三个按键控制风扇的转动。

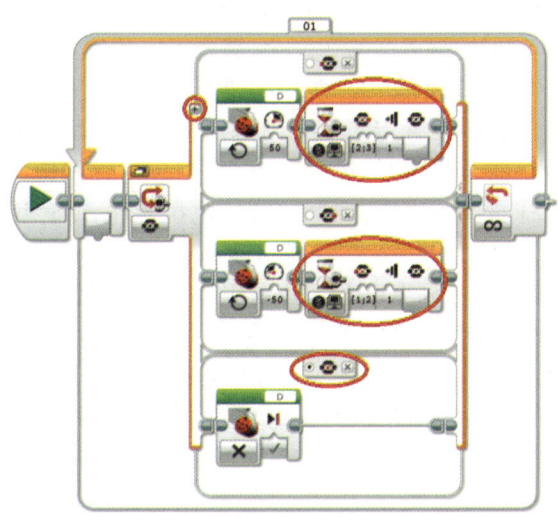

图 3-53　切换模块的程序块按钮控制

对于类似图 3-53 这种输入信号同时存在多种状态的情况,在使用切换模块时,可以选择测量和比较两种模式。其中,比较模式和图 3-49 的切换模块一样,设定一个条件后,判断条件达成为真,不达成为伪。

而在测量模式下,可以通过左上的"＋"号添加不同状态,并对其进行编程。点击状态图标可选择需要编程的状态,如果想删除某种状态,只要点击该状态后面的"×"即可。位于每个状态的前的小圆框,表示"默认情况",表示除手动编程的状态外,其他条件达成时需执行的语句,图 3-53 中将默认情况设置为"大型电机—关闭"。切换模块的多条件判断结构,类似 if... elif... else... 的语句逻辑。

另外,还需注意的是图 3-54 中的程序在"大型电机正转"和"大型电机反转"之后,分别接入"等待—程序块中心键或右键按压"和"等待—程序块中心键或左键按压"。这是由于大型电机正转、大型电机反转和大型电机关闭都是瞬时动作,如果没有条件指令,那么在执行完所有瞬时动作后会立刻进入循环,此时,由于手已经离开程序块按钮,程序识别没有按钮按下,将执行默认情况,即执行大型电机关闭。而在接入等待模块后,以"按下程序块左键,大型电机正转"为例:按下程序块左键,大型电机开始正转,如果程序块中心键或右键没有按下,则程序一直停留在"等待—程序块中心键或右键按压"的识别状态,而大型电机也就一直转动;直到按下程序块中心键或右键,程序将迅速完成循环和下一轮切换的判断,这个过程非常短暂(比松开按钮更快),此时如果按下的是程序块右键,则程序会执行大型电机反转,并停留在"等待—程序块中心键或左键按压"的识别状态。如此循环往复,实现用户自由控制。这种编写方法也可以用于编写图 3-27 的开关程序,读者可以自行尝试。

通过为风扇添加开关的案例,逐渐熟悉了等待、循环和切换模块的使用方法,这三个模块的工作模式设置类似,但适用范围略有不同。可是通过以上三种模块的使用方法介绍,却无法实现:按下程序块中心键,大型电机停止转动,并结束程序。那么,这种功能该如何实现呢? 读者可以自学本实践任务的【拓展任务】,尝试强行关闭风扇。

3.2.3 让风扇自己控制运行状态

以上对智能风扇的控制方式仅仅是按下按钮(或触动传感器),这种风扇只具有开关功能,无法自行控制运行状态。为了加强风扇的智能化,需要引入传感器。请完成以下两个任务。

任务一:按下触动传感器,启动智能风扇,随后用超声波传感器测量风扇和人的距离,当距离小于10 cm时,风扇停止转动;当距离大于等于10 cm时,风扇继续转动,超声波识别功能循环往复。

任务二:按下触动传感器,启动智能风扇,随后当颜色传感器检测到蓝色时,风扇正向转动;当检测到红色时,则反向转动;当检测到无色时,电机停止,颜色识别功能循环往复。

在这两个任务中,超声波识别和颜色识别功能都需要循环往复,因此,需要用到循环模块,且为无限循环。那么,请思考一个问题:"按下触动传感器,启动智能风扇"对应的触动传感器模块,应该写在循环模块前面、循环模块里面,还是循环模块后面?

首先调试开关的程序,第一个程序[图3-54(a)]:触动传感器模块写在循环模块前面;第二个程序[图3-54(b)]:触动传感器模块写在循环模块里面;第三个程序[图3-54(c)]:触动传感器模块写在循环模块后面。为了更好地说明问题,此处添加了条件:按压程序块左键,风扇转动,其余情况,风扇停止。

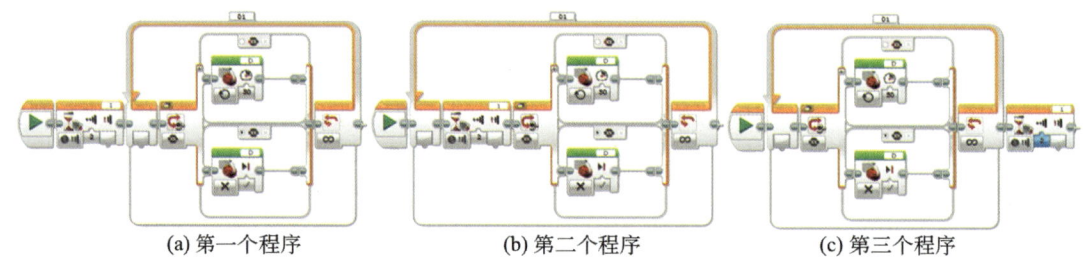

(a) 第一个程序　　　　(b) 第二个程序　　　　(c) 第三个程序

图 3-54　触动传感器的三种不同位置

第一个程序可以正常运行,触动传感器按压一次后,通过程序块按钮可以实时控制风扇的启停,说明这种顺序可以正常写出开关程序。

第二个程序,触动传感器按压后,风扇没有反应,只有在按下程序块左键的同时按压触动传感器,风扇才能启动,而松开触动传感器和程序块左键后,风扇并不会停止,只有再次按下触动传感器后,风扇才停止,风扇的响应非常迟钝。这是由于触动传感器被写在了循环模块里面,且位于切换模块之前,所以每次循环都需要先按下触动传感器,才能跳转到切换模块,判断程序块按钮的状态,也就带来了所谓的"反应迟钝"。

第三个程序的运行看似没有问题,风扇可以正常识别程序块按钮的变化,并做出响应。但是,该程序不需要按下开关,风扇就可以启动。这是由于触动传感器模块写在了循环模块之后,所以必须等循环模块运行完毕后才能运行"等待—触动传感器",开关并未使用。

综上所述,用作开关的等待模块须写在循环模块的前面。

1. 实现任务一

为了实现任务一,需要使用超声波传感器(图3-55)。超声波传感器包括超声波发射器和超声波接收器两个部分,可以用来测试距离,也可以用来监听环境的声音。

图 3-55　超声波传感器

这里使用切换模块演示超声波传感器的使用,并完成该任务。图 3-56 的程序是在图 3-55 的程序基础上,将切换模块的条件"程序块按钮"更换成"超声波传感器—比较—距离(厘米)",并将判断的条件改成"≥"和"10"。这表示,当超声波传感器检测到距离大于等于 10 cm 时,风扇启动;而当距离小于 10 cm 时,风扇停止,以实现任务要求。读者也可以尝试使用等待模块和循环模块完成该任务。

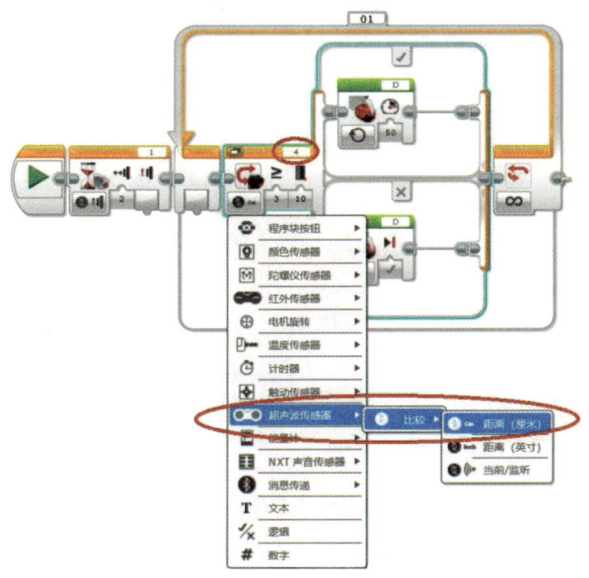

图 3-56　超声波传感器的使用

如果将任务修改为:用超声波传感器测量风扇和人的距离,当距离小于 10 cm 时,风扇停止;当距离大于等于 10 cm 且小于 20 cm 时,风扇低速转动;当距离大于等于 20 cm 时,风扇高速转动,超声波识别功能循环往复。那么,为了完成这个任务,在切换模块中需要再嵌套切换模块,参考程序如图 3-57 所示。该程序会在距离大于等于 10 cm 为真时,再进行判断距离是否大于等于 20 cm,如果为真,则执行大型电机高速转动,如果为伪,则执行大型电机低速转动。

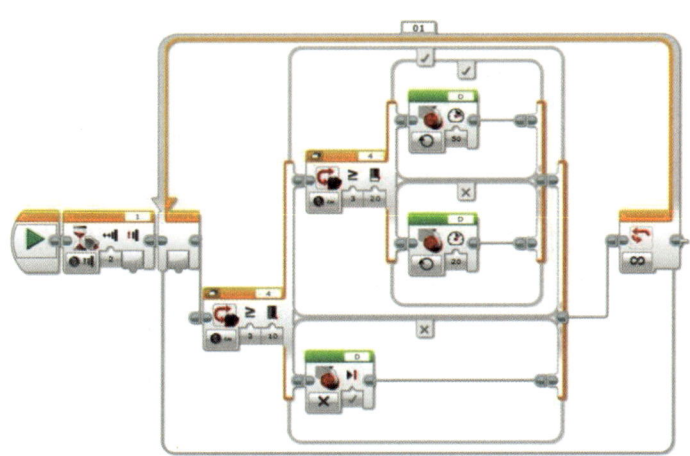

图 3-57　超声波传感器多条件监测

除特定种类的条件可以直接选择测量模式外,对于所有切换模块设置的条件,都可以通过嵌套切换模块的方法实现 if...elif...else... 的语句逻辑。

"超声波传感器—比较—距离(英寸)"和"超声波传感器—比较—距离(厘米)"的使用方法一样,区别仅仅是单位不同,此处不再赘述。

接下来,将图 3-57 程序中切换模块的条件改成"超声波传感器—比较—监听",如图 3-58 所示。程序运行后,在按下开关后,只要监测到声响,风扇就会转动一小步。这说明在监听模式下,只要外界有声响被超声波传感器监测到,就会达成条件。

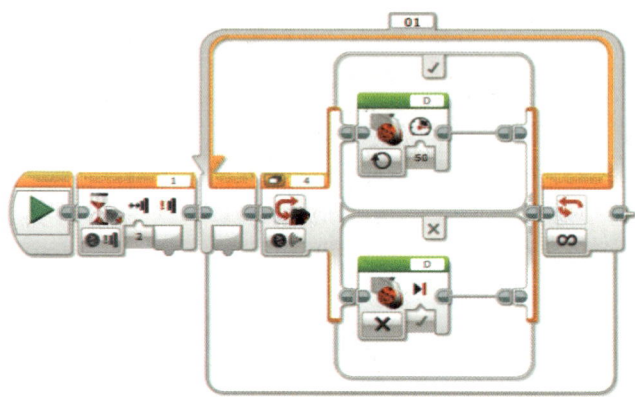

图 3-58 超声波传感器监听模式

2. 实现任务二

为了实现任务二,需要使用颜色传感器(图 3-59)。颜色传感器可以用来监测颜色、反射光线强度和环境光强度。

图 3-59 颜色传感器

这个任务需要监测三种不同的颜色,最简单的方法是使用"切换—颜色传感器—测量—颜色"的工作模式。"测量—颜色"的使用方法和"程序块按钮—测量"的使用方法类似,可以通过"＋"号添加条件,从而实现多条件同时判断。将图 3-60 程序中的颜色条件设置为蓝色、红色和无色,默认情况设置为无色,即可实现任务要求。

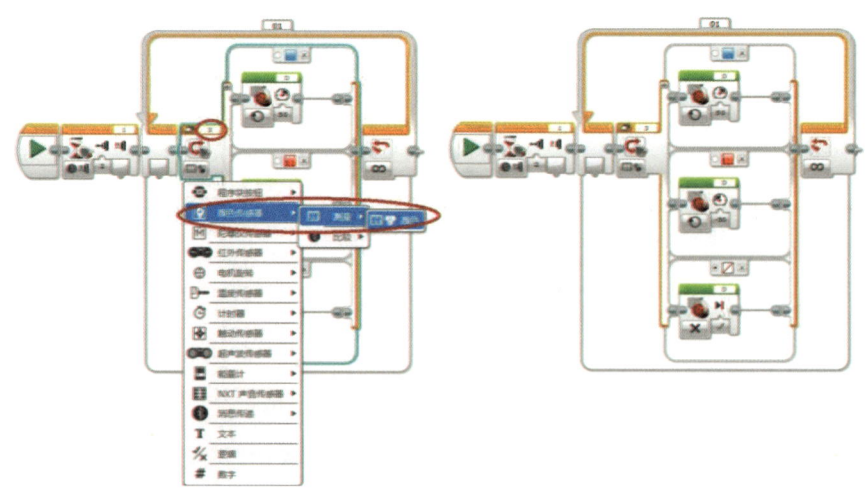

图 3-60 颜色传感器测量颜色

同样地，也可以使用"颜色传感器—比较—颜色"实现任务，如图 3-61 所示，其程序逻辑与使用超声波传感器判断多种距离情况相同，实现方法为在切换模块中嵌套切换模块。

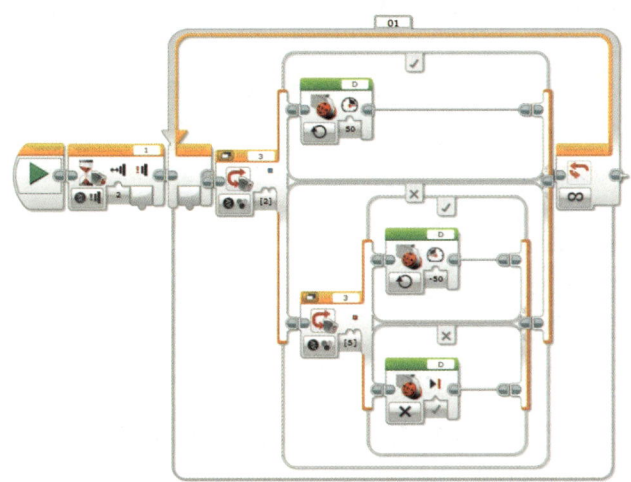

图 3-61　颜色传感器比较颜色

读者可以自行试验如何利用颜色传感器监测接收到的反射光线的强度和环境光线的强度，此处不作过多介绍，但在颜色传感器的使用方法上需注意以下事项：

（1）在颜色模式下，可以使用 EV3 盒子里的标准色块作为颜色给传感器识别。

（2）颜色传感器会经常误判红色和黄色，蓝色和绿色这两组颜色，在设计程序时，应尽量避免。

（3）色块与传感器的距离对识别结果有一定影响，如果识别颜色不准确，可以通过调节距离来改善。

（4）物体与传感器的距离也会影响颜色传感器对反射光强度的识别结果，设计程序时一定要在使用地点进行校准。

掌握颜色传感器的使用方法后，就可以使用传感器让风扇更智能了。

【任务小结】

本任务主要带领读者学习了流程控制模块的程序设计：

（1）通过等待模块，可以给智能风扇添加开关。

（2）通过循环模块，可以让智能风扇一直运行下去。

（3）通过切换模块，可以让智能风扇根据依据使用环境的变化自行调节工作状态。

【拓展任务】

在循环模块中，当无限循环状态时，程序将一直运行下去。那么，如何才能强行中止正在运行的循环呢？此时可以使用循环中断模块来实现。循环中断模块在流程控制模块中位于从右往左数第一个，如图 3-62 所示。

循环中断模块只有中断名称一个参数可以设置，如图 3-63 所示，这也就是循环的名称。单击循环中断模块正上方的白框即可修改循环名称，如图 3-64 所示。可以让多个循环共用同一个名称，但是，使用一个循环中断会中断所有同名的循环。

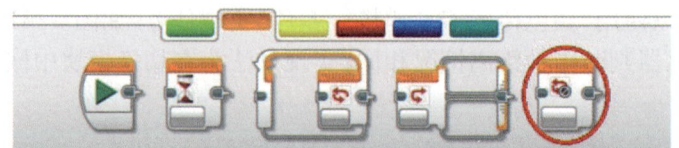

图 3-62　流程控制模块中循环中断模块的位置

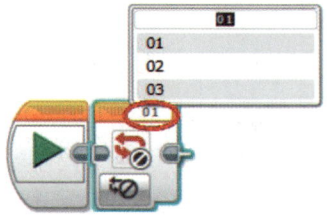

图 3-63　循环中断模块的参数

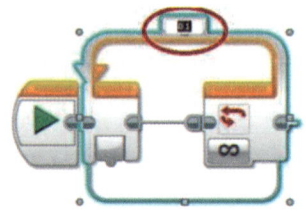

图 3-64　修改循环名称

使用循环中断模块的程序较为复杂,循环中断模块也不是本书必须掌握的模块,因此,这部分内容供感兴趣的读者自学。

在如图 3-65 所示的循环中断程序中需注意,五句并行语句有且只有一句的右侧接入了循环,并且程序中三个循环的名称须不同。这个程序实现的效果是:运行程序后,程序后重

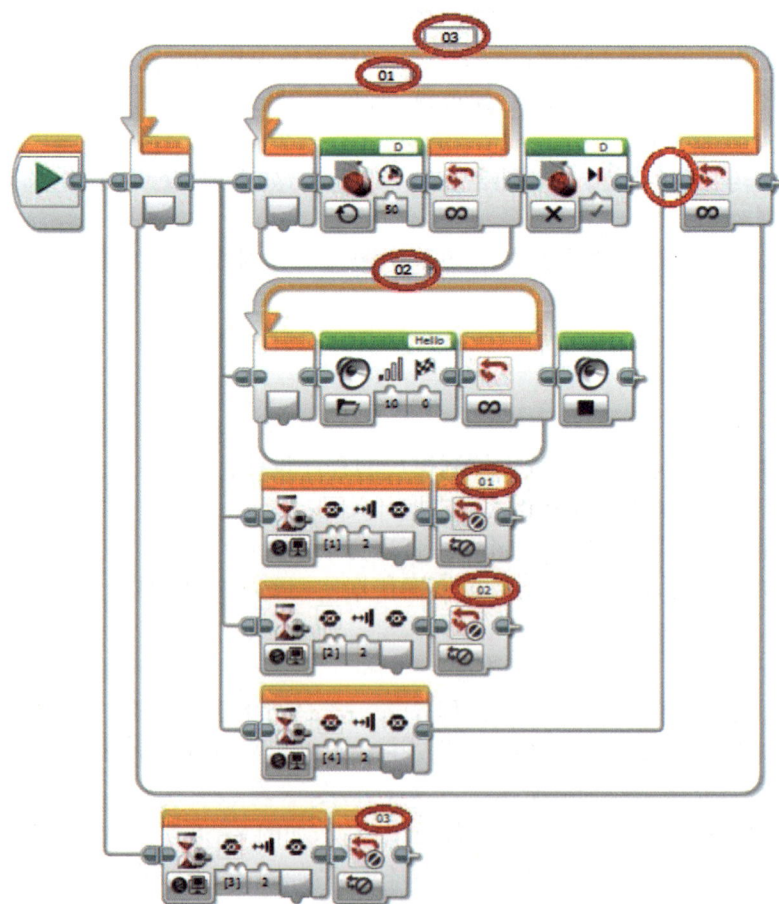

图 3-65　循环中断模块使用案例 1

复播放"Hello",大型电机转动;按下程序块左键,大型电机停止转动;按下程序块中心键,停止播放声音;这两个停止可以不分先后顺序。大型电机和声音播放都停止后,按下程序块上键复位,程序重复运行。按下程序块右键,则可以中断整个循环,并结束程序。

不难发现,所有的循环中断模块都以并行的形式写在了需要关闭的循环模块外。如果将循环中断模块写在循环模块里面,例如将关闭 03 循环的语句写进 03 循环中(图 3-66),那么,在运行该程序后,由于关闭 03 循环的语句和循环内的所有语句都是并行逻辑,所以必须运行并行语句后才能够让循环回到最初的开头。这样陷入了一个矛盾:如果想让程序循环,回到开头,就必须先中断 03 循环;而中断了 03 循环,程序也就结束了。因此,如果想让循环中断模块在不影响循环正常运行的情况下工作,必须将其与对应的循环模块以并行的形式写在一起。

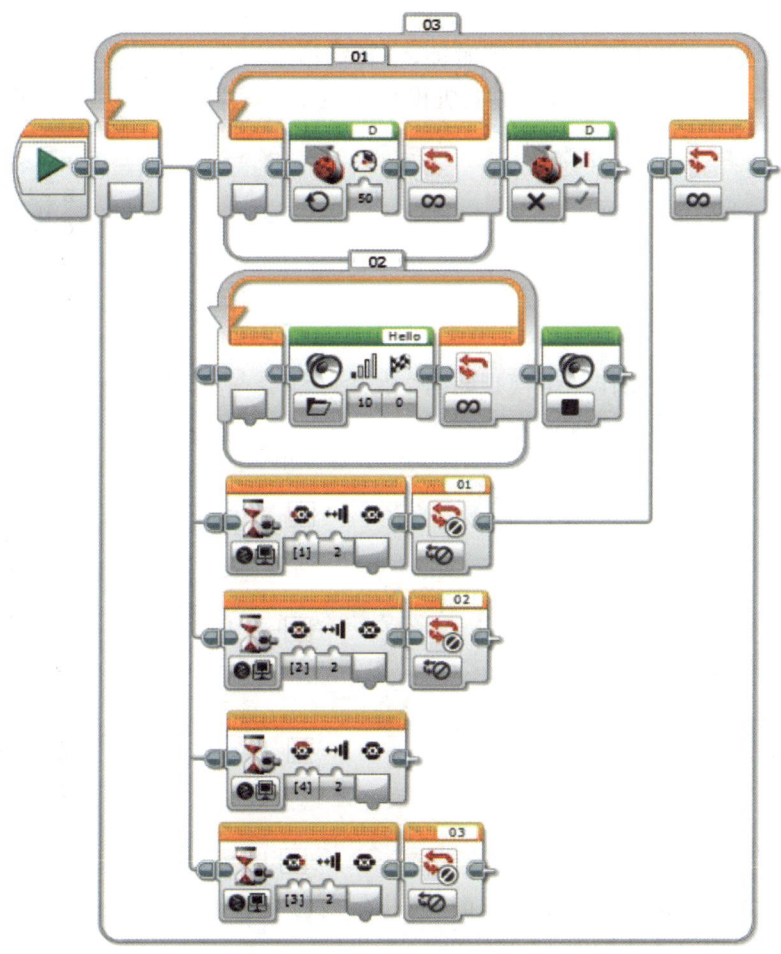

图 3-66　循环中断模块使用案例 2

此时,不仅实现了智能风扇的持续转动,还可以设置按键实现强行停止风扇的运行。

本任务借助智能风扇载体介绍了 EV3 编程的基础操作,而对于 EV3 编程复杂模块的操作,本书设计了智能摇头风扇供读者进一步学习,相应学习资料可以扫描右侧二维码获取。

智能摇头风扇

习题 3

1. 以下（　　）程序能在电机转动的同时播放声音"Start"。

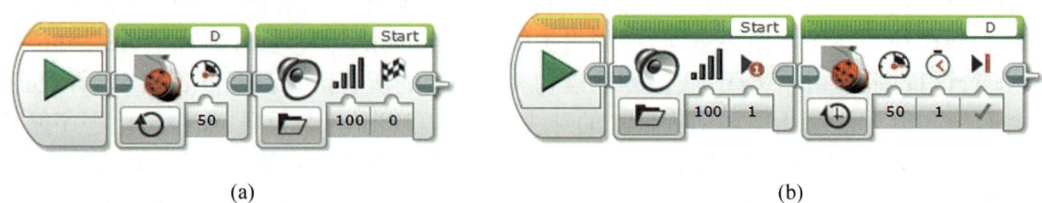

(a)　　　　　　　　　　　　　　(b)

第 1 题图

　　A.（a）　　　　B.（b）　　　　C.（a）和（b）　　　　D. 都不行

2. 如果想通过大型电机制作一个模拟时钟，指针每秒走一步，走完一圈正好一分钟，选用右图大型电机模块中的（　　）模式更合适。

　　A. 关闭
　　B. 开启
　　C. 开启指定秒数
　　D. 开启指定度数
　　E. 开启指定圈数

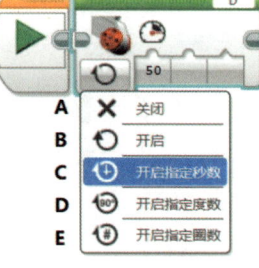

第 2 题图

3. 如果想通过大型电机制作一个模拟时钟，指针每秒走一步，走完一圈正好一分钟，则下图中转动参数的数值应该设定为（　　）。

　　A. 1　　　　B. 6　　　　C. 60　　　　D. 360

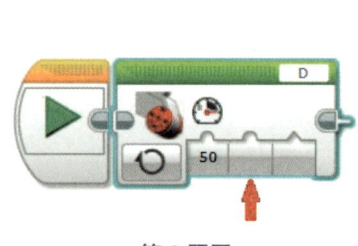　　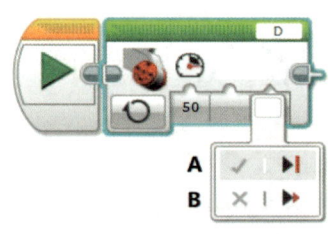　　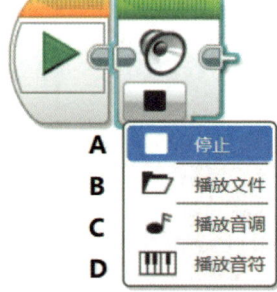

第 3 题图　　　　　　　第 4 题图　　　　　　　第 5 题图

4. 如果想通过大型电机制作一个模拟时钟，指针每秒走一步，走完一圈正好一分钟，则上图中结束时制动应该选择（　　）。

　　A. 制动　　　　　　　　　　　　B. 惯性滑行
　　C. 都可以　　　　　　　　　　　D. 都不行

5. 如果想让机器人发出声音"Stop"，需要选择上图中声音模块的（　　）模式。

　　A. 停止　　　　　　　　　　　　B. 播放文件
　　C. 播放音调　　　　　　　　　　D. 播放音符

6. 下图中的程序运行后，将出现（　　）。

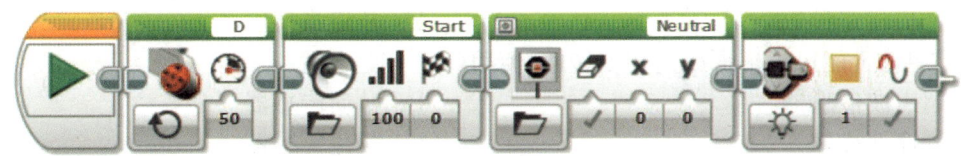

第 6 题图

A. 电机不转动，有声音"Start"，屏幕有显示，程序块状态灯不变
B. 电机转动，有声音"Start"，屏幕没有显示，程序块状态灯不变
C. 电机转动，没有声音，屏幕没有显示，程序块状态灯改变
D. 电机不转动，没有声音，屏幕有显示，程序块状态灯改变

7. 显示模块的 x 和 y 坐标可以用来设置图像的（　　）位置。
   A. 左上角　　　　B. 右上角　　　　C. 左下角　　　　D. 右下角

8. 以下（　　）程序可以让程序块状态灯变成黄色不闪烁。

A. 　　　　B.

C. 　　　　D.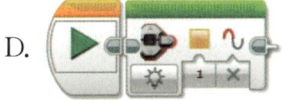

9. 以下（　　）文本可以直接使用显示模块文本模式显示。
   A. Hello　　　　B. 2022　　　　C. 你好　　　　D. 10-1

10. 下图中的程序运行后，将出现（　　）。

第 10 题图

A. 一直播放声音"Hello"，屏幕没有显示，程序一直运行
B. 一直播放声音"Hello"，屏幕有显示，程序一直运行
C. 没有声音和屏幕显示
D. 播放一次声音"Hello"，但是屏幕没有显示

11. 如果想让风扇一直运转下去，需要使用（　　）模块。
    A. 等待　　　　B. 循环　　　　C. 切换　　　　D. 循环中止

12. 如果想让切换模块实时监测外界环境，并让风扇随时做出响应，切换模块中大型电机在（　　）模式转动更合适。
    A. 开启指定圈数　　　　　　　　B. 开启

C. 开启指定秒数　　　　　　　　　　D. 开启指定度数

13. 如果想让智能风扇根据距离控制转速,使用(　　)更合适。
    A. 超声波传感器　　　　　　　　B. 触动传感器
    C. 程序块按钮　　　　　　　　　D. 颜色传感器

14. 如果制作一个声控开关,可以选择(　　)。
    A. 超声波传感器　　　　　　　　B. 触动传感器
    C. 程序块按钮　　　　　　　　　D. 颜色传感器

15. 想对程序块按钮的上、下、左、右四个键分别编写互动程序,选用(　　)模式最方便。
    A. 等待　　　　　　　　　　　　B. 切换—测量
    C. 切换—比较　　　　　　　　　D. 循环

16. 下图中的程序运行后,将出现(　　)。

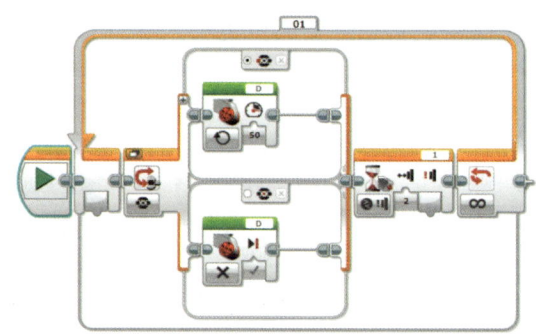

第 16 题图

    A. 大型电机不转动　　　　　　　B. 大型电机立刻转动
    C. 碰撞触动传感器后,大型电机才能转动　　D. 按住程序块左键,大型电机才能转动

17. 如何使第 16 题图的程序中大型电机停止转动?(　　)。
    A. 碰撞触动传感器
    B. 松开程序块左键
    C. 碰撞触动传感器,且按住程序块中心键不松开
    D. 碰撞触动传感器,同时按一下程序块中心键

18. 下图中程序的功能是(　　)。

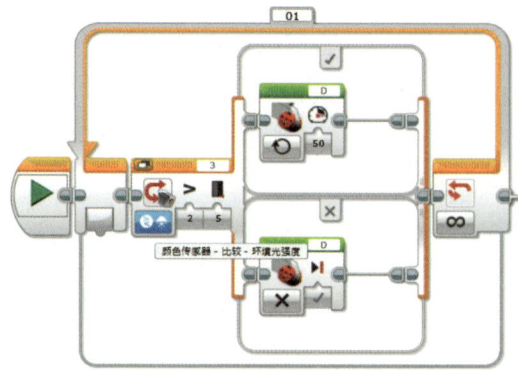

第 18 题图

A. 根据颜色控制电机是否转动　　　　B. 根据距离控制电机是否转动
C. 根据反射光强度控制电机是否转动　D. 根据环境光强度控制电机是否转动

19. 如果触动传感器接端口 1,大型电机接端口 D,触动传感器处于松开状态,则下图中的程序运行后将出现(　　)。

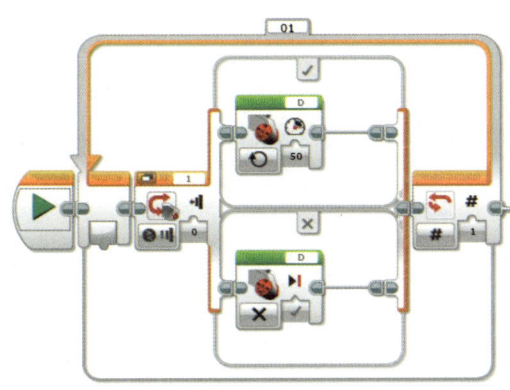

第 19 题图

A. 大型电机一直转动
B. 大型电机不转动,但是按压触动传感器后转动
C. 大型电机不转动,程序直接结束
D. 以上说法都不对

20. 以下(　　)模式最适合用于为触动传感器编写开关程序。

A. 等待—时间　　　　　　　　　　B. 等待—触动传感器—按压
C. 等待—触动传感器—碰撞　　　　D. 等待—触动传感器—松开

项目 4
智能小车设计与控制

实践任务 4.1　智能小车搭建

【任务目标】

基本目标：
1. 理解差速转向的原理。
2. 掌握智能小车移动转向和移动槽的原理及使用方法。

进阶目标：
1. 能够搭建出智能小车的机械硬件。
2. 利用程序驱动智能小车实现直行、转弯等动作。

【任务背景】

汽车已经成为日常生活中不可缺少的交通工具，汽车驾驶也成为许多人的必备生活技能。家用汽车的转向功能基本都是在前轮上，所以司机可以通过控制方向盘，引导汽车进行转向操作。如果驱动放在前轮，则称为前驱；如果放在后轮，则称为后驱。

叉车将载重货物放在前面，要求其行进速度相对较慢，前后轮距离短，所以后轮转向更便于准确放置货物。而汽车行进速度相对较快，前后轮距离长，而且驾驶员坐在前座，所以前轮转向更便于掌握方向。

如果小车车轮不具备转向功能，还能实现转向吗？例如坦克和挖掘机，它们所有的轮子都被履带包裹起来，没有自由的转向功能。这种具有履带结构的机器依靠左、右轮的速度差来实现转向功能。以挖掘机为例，当左轮速度大于右轮速度时，挖掘机将向右转向。这种通过控制左右两个驱动轮的转速实现转向的方式称为差速转向，如图 4-1 所示。车辆在拐弯

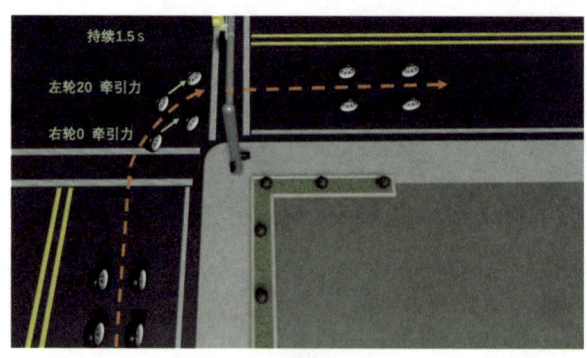

图 4-1　差速转向示意图

时车轮的轨线是圆弧,当向右转向时,圆弧的中心点在右侧,在相同时间内,左轮走的弧线比右轮更长,为了平衡这个差异,就需要使右轮速度慢,而左轮速度快,以不同的转速弥补距离的差异。

当小车的左、右轮牵引力相同,即左、右轮速度保持一致时,小车呈直线行驶;当两轮的速度不一致时,小车就会偏向。若差速及持续时间达到一定数值,小车可实现不同形式的转向运动。差速转向的数学模型如图 4-2 所示。

对于圆周运动,有线速度 $v = r \times \omega$。在图 4-2 中,由梯形中位线的几何关系可以得到,线速度 $v_c = \frac{v_1 + v_2}{2}$;角速度 $\omega_1 = \omega_2$;轮间距 $L = \frac{v_2}{\omega_2} - \frac{v_1}{\omega_1}$;角速度 $\omega_c = \frac{v_2 - v_1}{L}$。

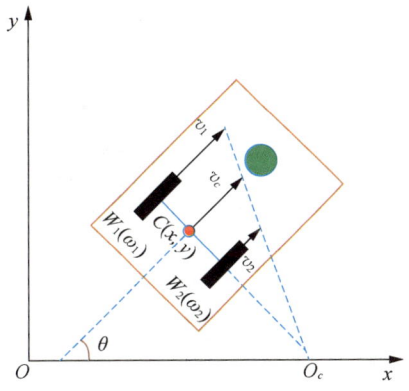

图 4-2 差速转向的数学模型

由此可得,中心点的转弯半径 $r = \frac{v_c}{\omega_c} = \frac{L}{2} \cdot \frac{v_2 + v_1}{v_2 - v_1}$。因此,转弯半径与轮间距、两轮的速度有关。

根据转弯半径公式可知,在轮间距一定的情况下(图 4-3):当 $v_1 > v_2$ 时,实际向右转弯;当 $v_1 = v_2$ 时,实际直行;当 $v_1 < v_2$ 时,实际向左转弯;当 $v_1 = -v_2$,即两轮速度大小一样,但是方向相反的情况下,小车会以两轮正中间为中心,原地旋转,转弯半径为两轮间距的一半。

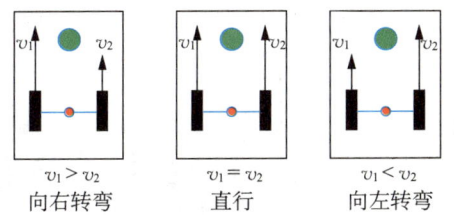

图 4-3 两轮不同速度下的运行情况

那么如果一侧的车轮前进,另一个车轮不转,小车的转弯半径会如何呢?
本任务将介绍如何利用 EV3 程序块,实现智能小车的运动控制。

4.1.1 电机工作原理

智能小车的两个前轮是由左电机和右电机两个大型电机来驱动,如图 4-4 所示。

因此,控制小车的运动有三种方法。
(1)将两个单独的大型电机模块并联,利用这种双任务同时执行的方式控制小车的运动,如图 4-5 所示。
(2)利用移动转向模块控制小车的运动,如图 4-6 所示。

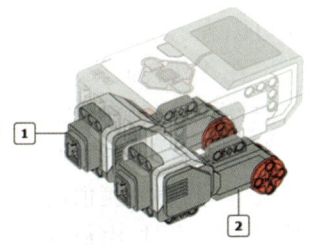

1 左电机
2 右电机

图 4-4 左电机和右电机

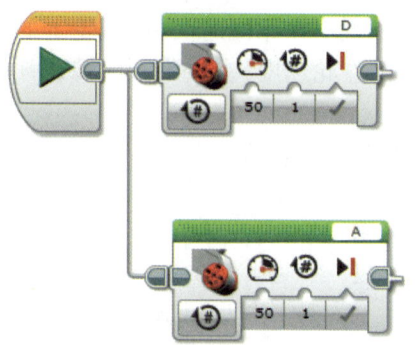

图 4-5　并联两个大型电机模块

图 4-6　移动转向模块

移动转向模块可以控制两个大型伺服电机，它是控制机器人移动的典型模块。移动转向模块不断调整每个电机的动作，自动保持两个电机同步，它可以通过电机的旋转传感器保证小车沿直线运动，也可以通过模块的转向控制功能控制机器人转向。

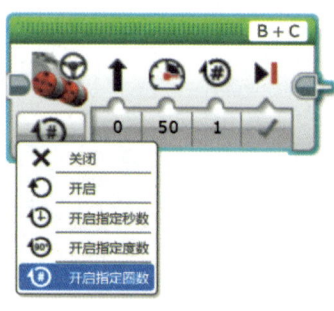

图 4-7　移动转向模块的工作模式

点击移动转向模块的模式选择器可以发现，移动转向模块有五种工作模式（图 4-7）：关闭、开启、开启指定秒数、开启指定度数和开启指定圈数。前两种工作模式分别表示两个电机同时停止转动或者开始转动。后三种模式可以在程序运行下一个模块之前分别让电机运行指定的秒数、度数和圈数，这三种工作模式没有本质区别，可以相互转换。例如，电机转动一圈和转动 360°等效。

值得注意的是，在开启模式下，电机开启运行并立即执行程序中的下一个模块，因此，若开启模式下的移动转向模块后直接接入程序中断模块（图 4-8 左），或不接入任何其他模块（图 4-8 右），电机都不会转动。

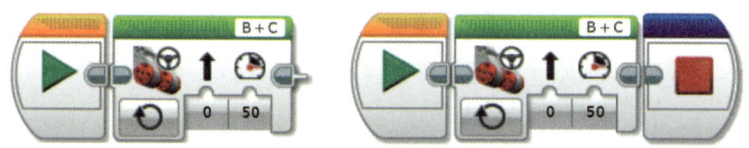

图 4-8　电机不会转动的两种情况

在移动转向模块中，黑色粗箭头（图 4-9）代表转向参数。可以通过拖动滑块或者直接输入数值两种方式设定，可设置范围为 −100~100。转向参数表示左、右轮的速度差，进而还可以表示小车的转弯半径。

在移动转向模块中，仪表盘图形（图 4-10）代表功率参数，用于控制电机的转动速度，同样可以通过拖动滑块或者直接输入数值两种方式设定，可设置范围为 −100~100。当数值为正值时，电机顺时针转动（图 4-11 左）；当数值为负值时，电机逆时针转动（图 4-11 右）。当数值为 100（或 −100）时，电机以最快的速度转动；当数值为 0 时，电机停止转动。

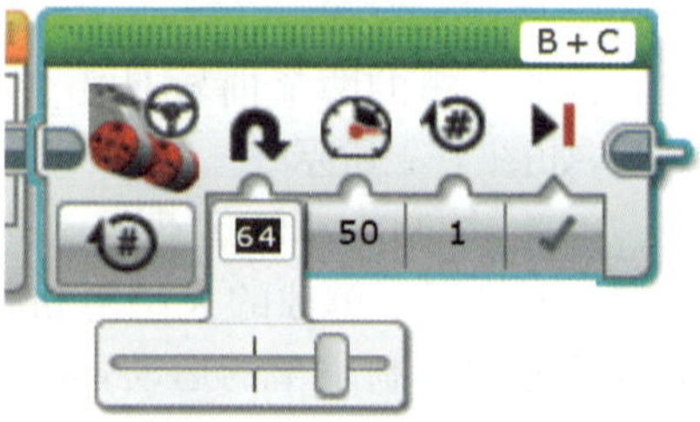

图 4-9　移动转向模块转向参数的调节

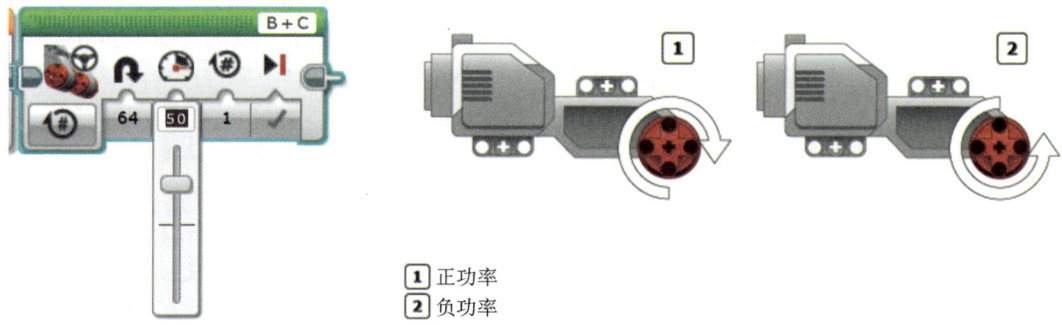

图 4-10 移动转向模块功率参数的调节

图 4-11 正功率电机转向和负功率电机转向

1 正功率
2 负功率

可以使用反转电机模块更改电机的旋转方向。反转电机方向后,正、负功率级别的效果也与之前相反。

图 4-12 中的模块选择了开启指定圈数模式,设定的圈数和功率都作用在转速较快的车轮上。模块右上角字母表示电机端口,加号左右两侧分别表示左电机和右电机。如果左、右电机端口没有正确连接,而是交换了位置,那么转向参数与实际电机运动相反。

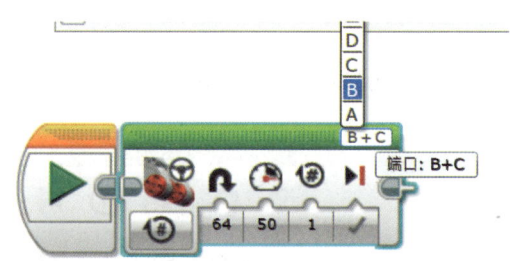

图 4-12 电机端口的连接

例如,如图 4-13 所示,当转向参数设定为 0 时,左、右轮的速度差为 0,即左、右轮的转动速度与方向均相同。此时,若设定功率为 50,那么左、右轮的功率均为 50,小车向前行驶;若设定功率为 -50,那么左、右轮的功率均为 -50,小车向后行驶,即倒车。

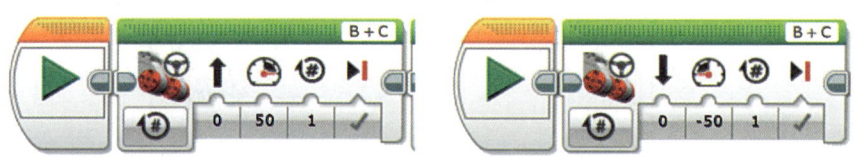

图 4-13 转向参数设置为 0 的情况

如图 4-14 所示,当转向参数设定为 50 时,若功率设定为 50,则表示左轮的功率为 50,右轮的功率为 0,小车向右前转弯,转弯半径为前轮间距;若功率设定为 -50,则表示左轮的功率为 -50,右轮的功率为 0,小车向右后转弯,转弯半径为前轮间距。由此可知,当转向参数为 50 时,小车向右转弯,此时设定的功率作用在小车左轮上。

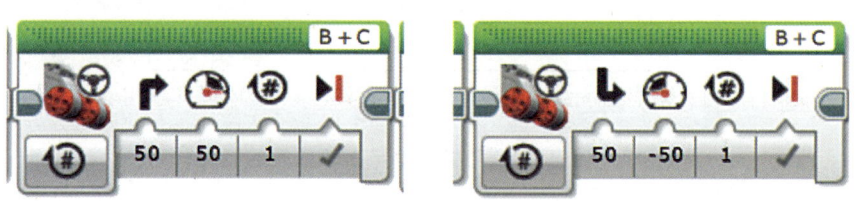

图 4-14 转向参数设置为 50 的情况

那么,请读者思考一下,当转向参数设置为-50时,如图4-15所示,小车将如何运动呢?(提示:小车分别向左前转弯;向左后转弯。由此看出,当转弯指数为-50时,小车向左转弯,转弯半径为前轮间距。此时设定的功率作用在小车右轮上。)

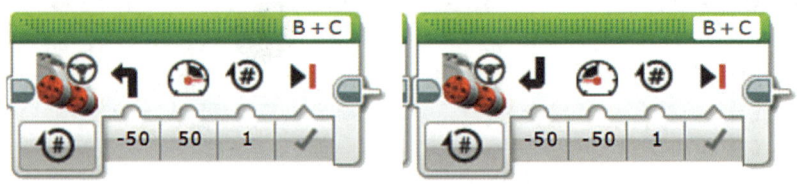

图 4-15　转向参数设置为-50 的情况

又如,如图4-16所示,当转向参数设置为100时,若功率设定为50,则表示左轮的功率为50,右轮的功率为-50,小车向右前转弯。左、右轮的速度差最大,小车的转弯半径最小,为前轮间距的一半。此时小车的运动可以看作以前轮间距的中点为圆心,以前轮间距的一半为半径,沿顺时针方向做圆周运动,类似于陀螺的自旋运动。若功率设定为-50,则表示左轮的功率为-50,右轮的功率为50,小车以前轮间距的中点为圆心,以前轮间距的一半为半径,沿逆时针方向做圆周运动。

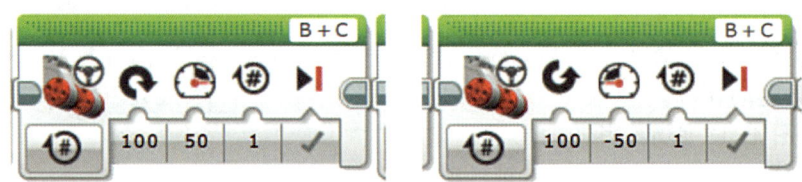

图 4-16　转向参数设置为 100 的情况

综上,转向参数、电机功率与小车速度的变化关系如图4-17所示。图中设定的最大电机功率为50,可以自行调整。

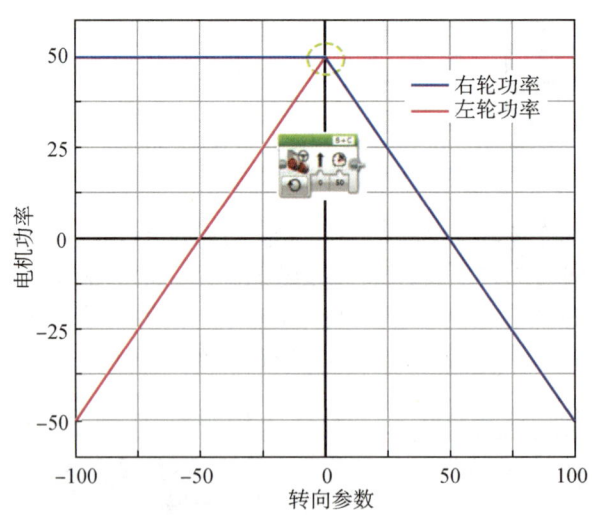

图 4-17　转向参数、电机功率与小车速度的变化关系

注意,在移动转向模块中,当选取开启指定圈数模式,转向参数设定为50,圈数设定为1

时，小车的车头将转动 90°。当选取开启指定圈数模式，转向参数设定为 100，圈数设定为 0.5 时，小车的车头同样将转动 90°。请思考两个问题：在这两种情况下，小车的运动存在什么不同？如何使用开启指定度数模式实现同样的效果？

（3）利用移动槽模块控制小车的运动，如图 4-18 所示。

图 4-18　移动槽模块

移动槽模块与移动转向模块类似，图 4-18 中，左边仪表盘表示左电机的功率，右边仪表盘表示右电机的功率。每个电机都有一个功率参数，小车的运动方向取决于如何设置两个电机的功率参数。如果二者数值相同，符号也相同，小车将直线前进；如果二者数值不同，小车将会转弯，转弯半径的大小取决于两个功率值有多大的差异。如果两个数值大小相等，符号相反，小车将在原地旋转。

那么，请思考如图 4-19 所示的四种情况，小车将如何运动？

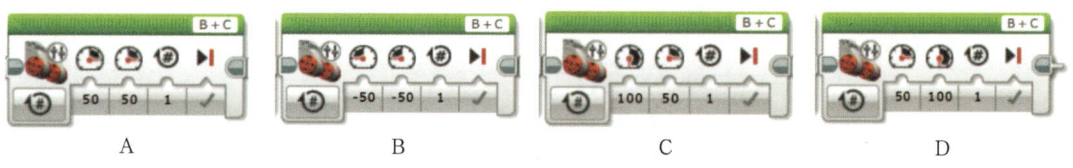

　A　　　　　　　　　B　　　　　　　　　C　　　　　　　　　D

图 4-19　移动槽模块的四种设置

在图 4-19 中，图 A 中左右电机的功率都设置为 50，表示左右电机功率相同，转动速度相同，方向也相同，因此小车向前做直线运动；图 B 中左右电机的功率都设置为 -50，与图 A 相比，此时表示左右电机的转动速度和方向相同，负号代表电机向后转，因此小车向后做直线运动；图 C 中左电机的功率设置为 100，右电机的功率设置为 50，都向前运动，但是左轮转速快，右轮转速慢，因此小车将向右前方转弯；图 D 为交换了图 C 中的左右电机功率的情况，因此小车的运动将向左前方转弯。

至此，本小节介绍了如何使用移动槽模块，根据左右电机的转动速度和方向来判断小车的运动情况，读者可填写表 4-1 进行巩固练习。

表 4-1 参考答案

表 4-1　使用移动槽模块判断小车运动情况

序号	移动槽左右电机参数设置	小车的运动情况
1	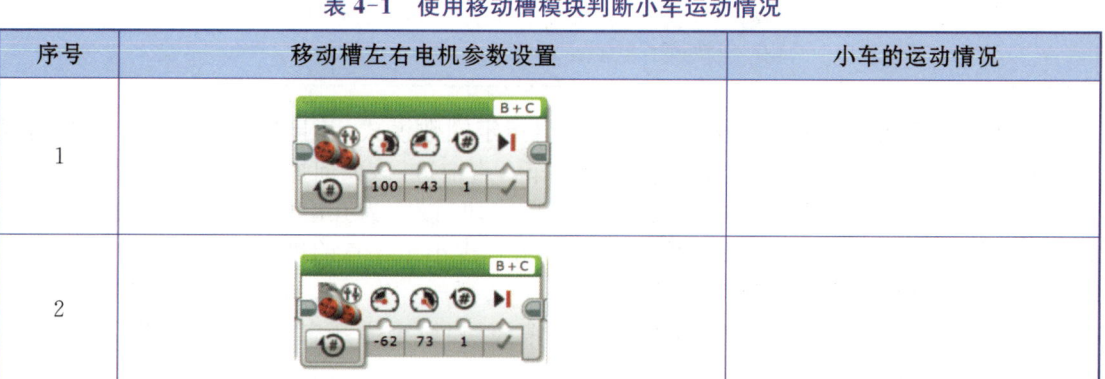	
2		

(续表)

序号	移动槽左右电机参数设置	小车的运动情况
3	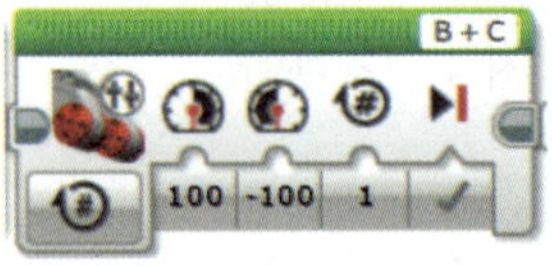 B+C　100　-100　1	
4	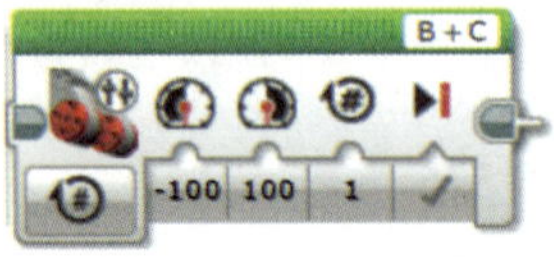 B+C　-100　100　1	
5	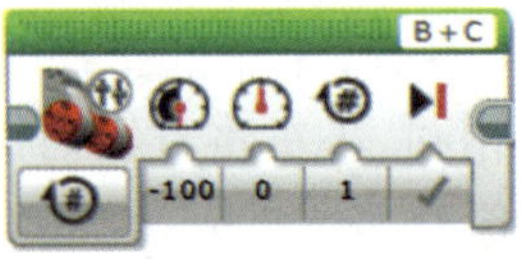 B+C　-100　0　1	
6	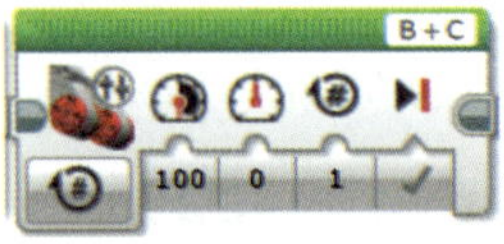 B+C　100　0　1	
7	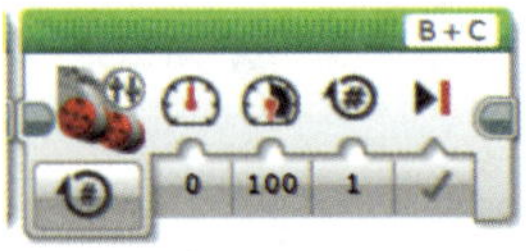 B+C　0　100　1	
8	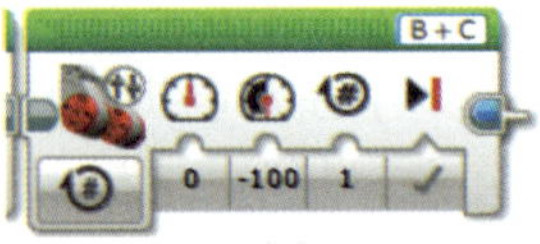 B+C　0　-100　1	
9	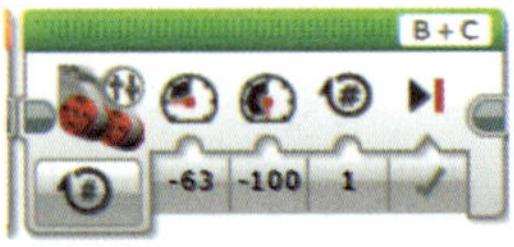 B+C　-63　-100　1	
10	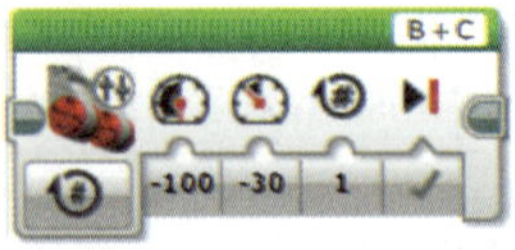 B+C　-100　-30　1	

上述三种方法中列举的示例均设定了开启指定圈数模式,并且指定为一圈。这种情况下,电机转动一圈后就会停止转动。若需要小车一直前进,该如何操作呢?

如图4-20所示,将移动转向模块(或移动槽模块)设定为开启模式,并将其放入一个循环模块中,循环模块设定为无限制循环模式,即可实现小车一直前进。

若想进一步使小车实现洒水车的功能——一边播放音乐一边前进,又该如何操作呢?

如图4-21所示,将移动转向模块(或移动槽模块)设定为开启模式,并在其后接入声音模块,即可实现所需功能。

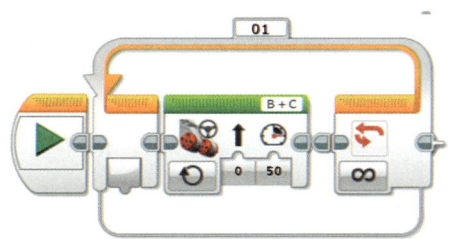

图 4-20　移动转向模块与循环模块的组合

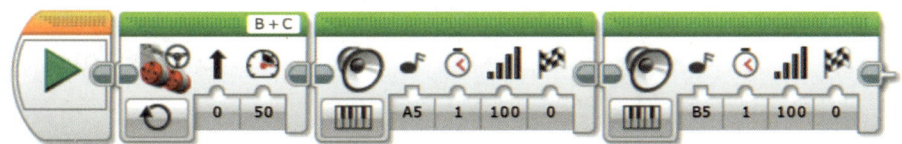

图 4-21　移动转向模块与声音模块的组合

掌握上述原理及操作方法后,读者就可以搭建智能小车,并根据个人需求使其运行。

4.1.2　搭建步骤

智能小车搭建步骤
1
2
3
4
5
6
7
8

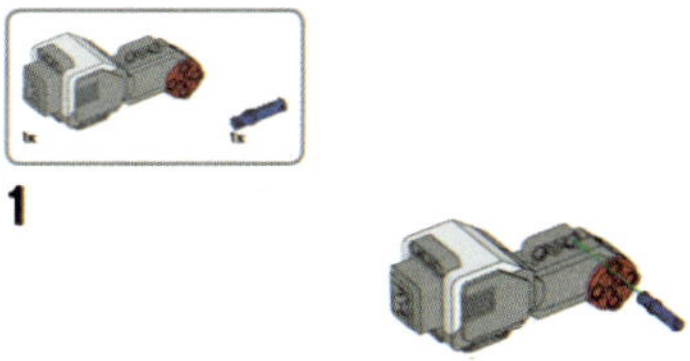

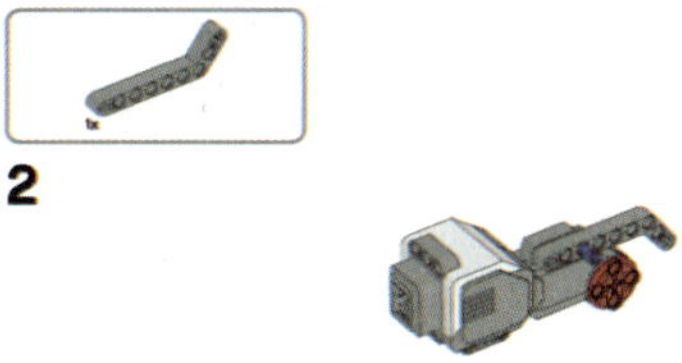

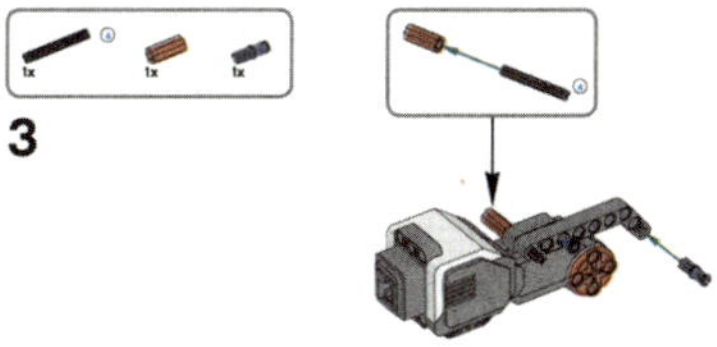

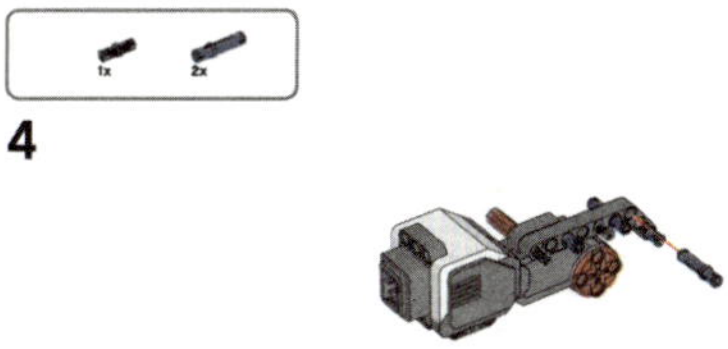

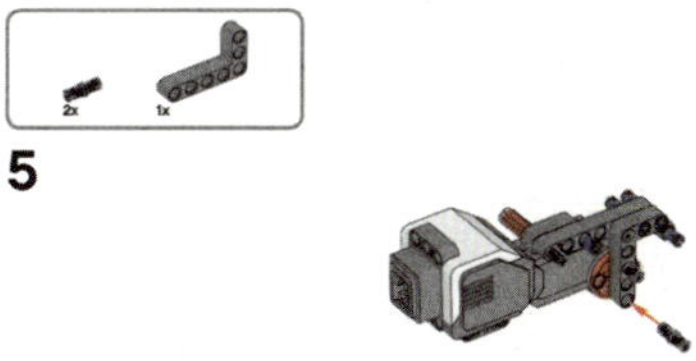

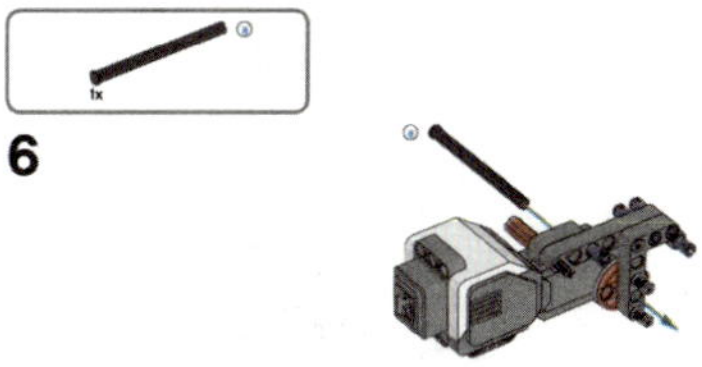

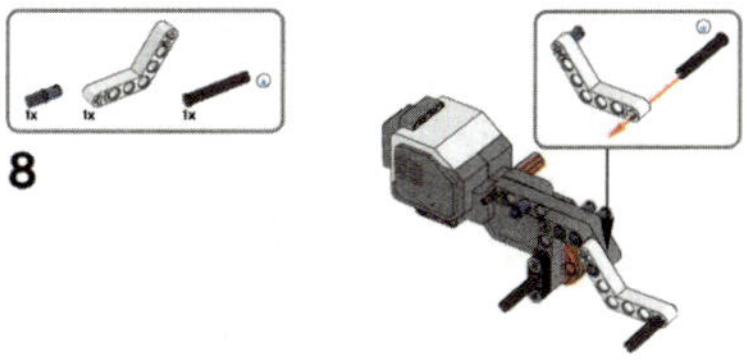

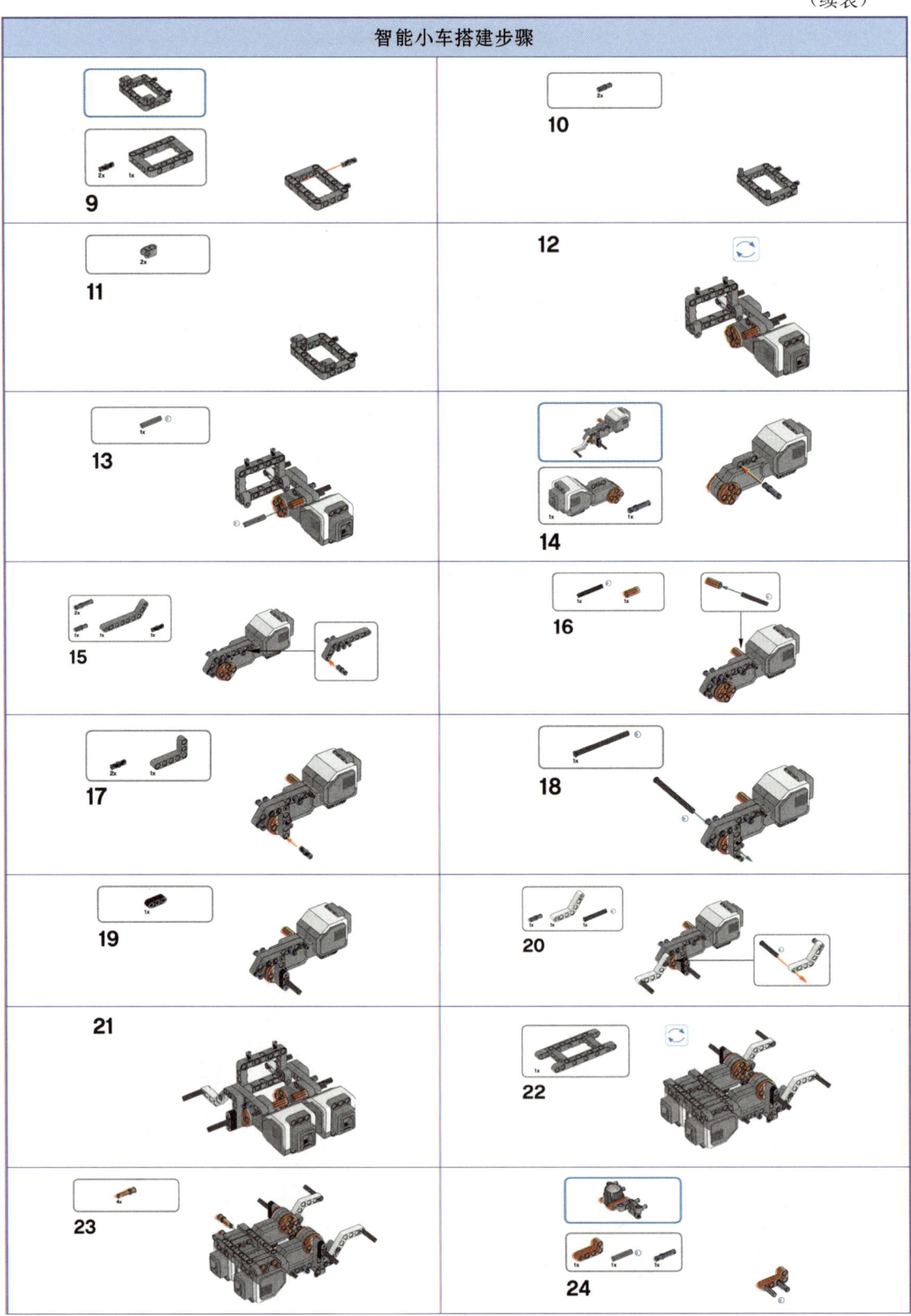

（续表）

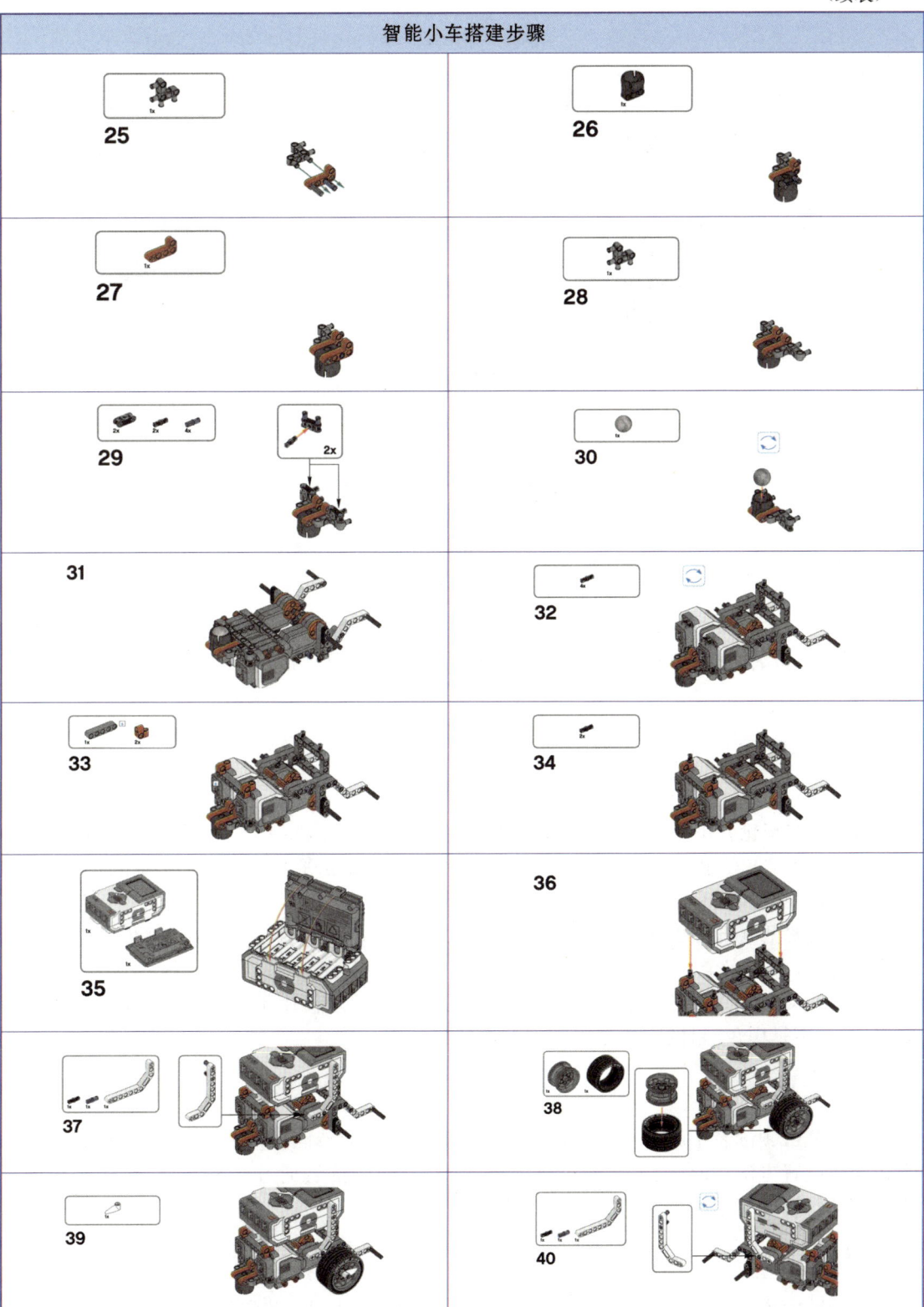

(续表)

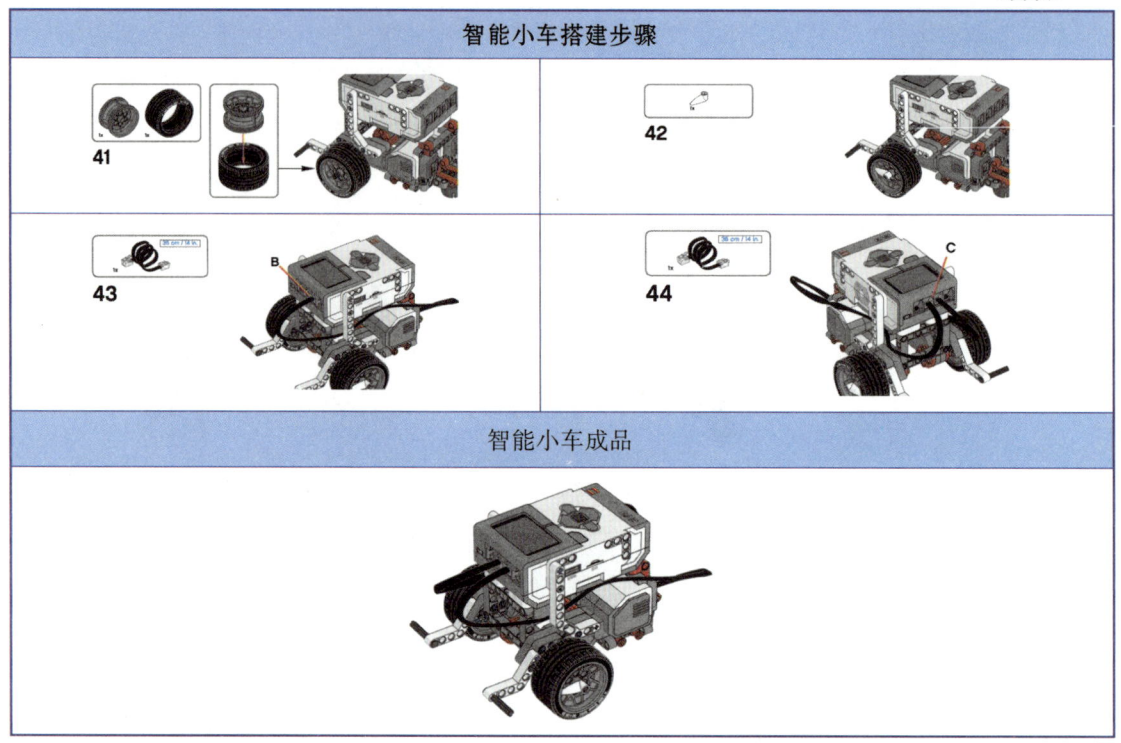

接下来，读者可以自行尝试通过调节移动转向模块或移动槽模块的参数，让自己的小车动起来吧！

4.1.3 搭建要点

在搭建过程中，需要注意以下三点。

（1）左右车轮并不对称，二者除轮轴的形状不同之外，最重要的区别是一边为十字轴，一边为圆形轴，在实际安装过程中，要求十字轴朝外，目的是将车轮固定在一定的位置上，防止车轮在高速运转过程中左摇右摆。

（2）在大型电机安装过程中，左右两侧的大型电机是镜像对称结构，其所对应的零件均应镜像对称，并不完全一致。

（3）在大型电机的安装过程中，插入大型电机十字孔应使用带末端的十字轴，其颜色为深灰色，并不是黑色，目的同样是固定大型电机的位置。

【任务小结】

本任务带领读者了解了差速转向的原理，学习了移动转向模块和移动槽模块的相关功能和参数设置方法，并介绍了智能小车的搭建步骤；鼓励读者通过调整参数，探索实现小车前进、后退、转向等多种运动模式的可能性。

【拓展任务】

移动转向模块和移动槽模块都可以实现小车的前进、后退、转向等运动模式。请读者踢跃尝试,如果让小车做长距离直线运动,选择哪种模块可以使小车的运动更直、更稳定? 并通过查阅资料,给出相关解释。

实践任务 4.2 科目二测试

【任务目标】

基本目标:
根据科目二倒车入库、侧方停车及根据曲线行驶的要求拆解出小车的运动步骤。
进阶目标:
根据拆解出的运动步骤利用程序块驱动智能小车,实现倒车入库、侧方停车及曲线行驶。

【任务背景】

机动车科目二考试又称小路考,是机动车驾驶证考核的一部分,是场地驾驶技能考试科目的简称,小车 C1、C2 考试项目包括倒车入库、侧方停车、坡道定点停车和起步、直角转弯、曲线行驶(俗称"S"弯)五项。本任务主要介绍如何使智能小车完成倒车入库、侧方停车、曲线行驶及靠边停车。

4.2.1 倒车入库

倒车入库要求智能小车全程不压线,且不允许原地旋转,模拟真实倒车入库的曲线轨迹。其路线示意如图 4-22 所示。

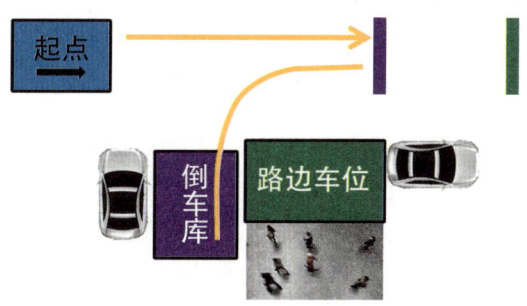

图 4-22 科目二倒车入库路线示意

由图可知,小车的倒车入库运动可以拆解为以下四个阶段。

1. 从起始位置向前直行,在蓝色位置停止

为实现小车的直线行驶可以选择移动槽模块,并设置两个电机功率相同,例如图 4-23 中将其设置为 50、50。同时选择开启指定秒数模式来控制电机的运转时间,此时需要根据实际提供的倒车入库图纸,不断测试小车从起始位置到蓝色位置电机所需运转的时间,然后设置相应数值,使小车可以恰

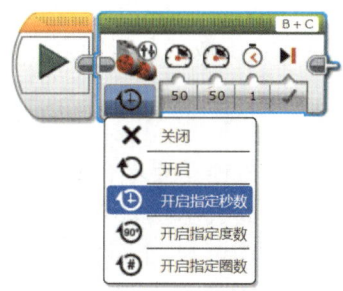

图 4-23 倒车入库程序块 1

好停在蓝色位置。注意,不同的功率需要的时间不同。

2. 停止一段时间后,小车直线后退

在图 4-23 的移动槽模块后接入一个等待模块,实现小车停止一定时间,等待时间可以自行设置。然后再接入一个移动槽模块,让小车后退一段距离。注意,两个电机的功率都应设置为负值,功率大小可以自由选择,但必须相同。例如图 4-24 中将电机功率设置为 −50、−50,等待时间设置为 0.25 s。

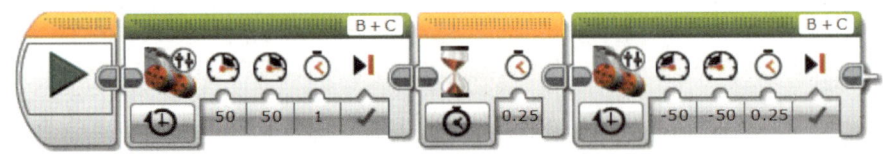

图 4-24　倒车入库程序块 2

3. 小车向右后转弯,直至车身与倒车库边线平行

在图 4-24 的程序块后接入一个移动槽模块,实现向右后方转弯,此时要求左轮的转动速度大于右轮,例如图 4-25 中将电机功率设置为 −50、−25,时间设置为恰好可以使小车车身与倒车库边线平行。

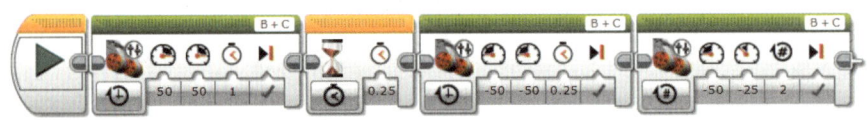

图 4-25　倒车入库程序块 3

4. 小车直线后退,直至整个车身停放在倒车库内

在图 4-25 的程序块后接入一个移动槽模块,设置两个电机功率为负值,但是数值应较小,使倒车时车速较慢,进入倒车库时更方便平稳,例如图 4-26 中将电机功率设置为 −25、−25。

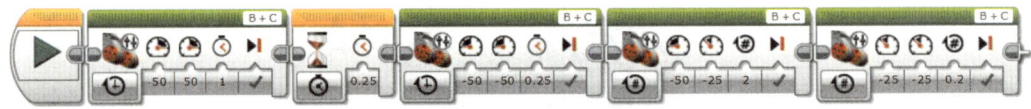

图 4-26　倒车入库程序块 4

特别需要注意的是,在实际情况中,通常需要根据实际提供的倒车入库图纸,调试每个阶段的参数,使小车恰好停在倒车库内。另外,如果使用移动转向模块代替移动槽模块,使用圈数、度数代替时间,也可以实现相同的效果,读者可以动手试一试。

4.2.2　侧方停车

侧方停车要求智能小车全程不压线,且不允许原地旋转,模拟真实侧方停车的曲线轨迹。其路线示意如图 4-27 所示。

由图可知,小车的侧方停车运动可以拆解为以下四个阶段。

1. 从起始位置向前直行,在绿色位置停止

为实现小车的直线行驶可以选择移动转向模块,例如图 4-28 中将转向参数设置为 0,功

率参数设置为 50,表示两个电机的功率为 50、50,以相同速度向前转动,此时小车将向前直行。可以选择开启指定圈数模式来控制电机运转的圈数,但仍然需要根据实际提供的倒车入库图纸,不断测试小车从起始位置到绿色位置电机所需运转的圈数,然后设置相应数值,使小车可以恰好停在绿色位置。

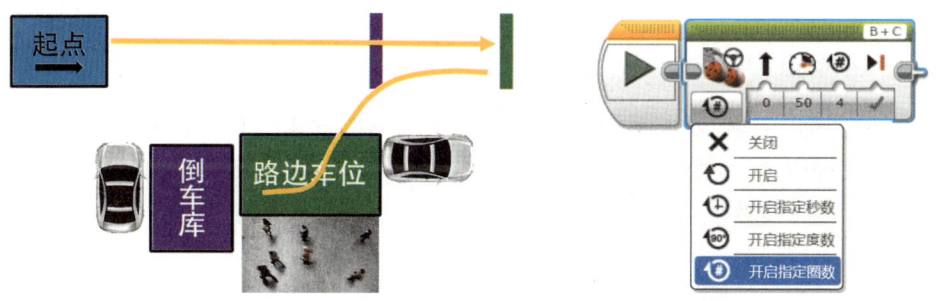

图 4-27　科目二侧方停车路线示意　　　图 4-28　科目二侧方停车程序块 1

2. 停止一段时间后,小车直线后退

在图 4-28 的模块后接入一个等待模块,实现小车停顿一定时间,等待时间可以自行设置。然后再接入一个移动转向模块,让小车后退一段距离。注意,转向参数应设置为 0,两个电机的功率都应设置为负值,功率大小可以自由选择。例如图 4-29 中将其设置为 -25,表示两个电机的功率为 -25、-25,以相同速度向后转动,此时小车将直线后退,同时将圈数设置为 1。

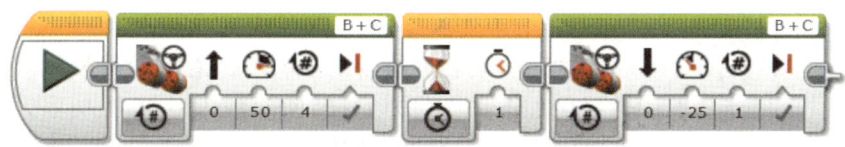

图 4-29　科目二侧方停车程序块 2

3. 小车向右后方转弯,直至小车车尾开始进入车位

在图 4-29 的程序块后接入一个移动转向模块,实现右后转弯,此时要求左轮的转动速度大于右轮,例如图 4-30 中设置转向参数为 20,功率为 -25,圈数为恰好可以使小车车尾开始进入车位。

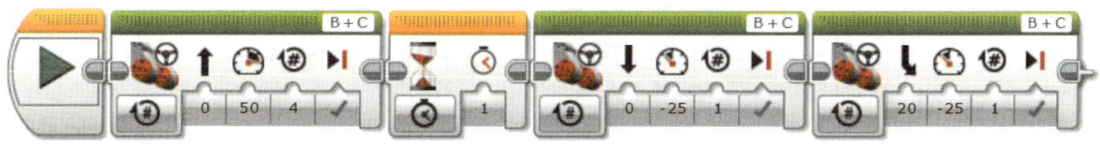

图 4-30　科目二侧方停车程序块 3

4. 小车尾部进入车库一段距离后,向左后方转弯,直至整个小车在车位内

在图 4-30 的程序块后接入一个移动转向模块,设置转向参数与电机功率,但数值应较小,使左后转弯的速度较慢、较平稳,直至整个小车进入车位,且车身与车位基本平行。例如图 4-31 中,设置转向参数为 -20,功率为 -25。

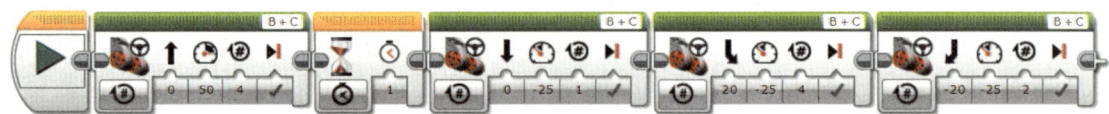

图 4-31　科目二侧方停车程序块 4

4.2.3　曲线行驶

曲线行驶俗称"S"弯,要求车辆在规定宽度的 S 形路面上行驶,车辆全程不允许驶出边缘线,车轮不允许压线,且小车中途不能熄火或停车后原地转弯,模拟真实行车的曲线轨迹。其路线示意如图 4-32 所示。

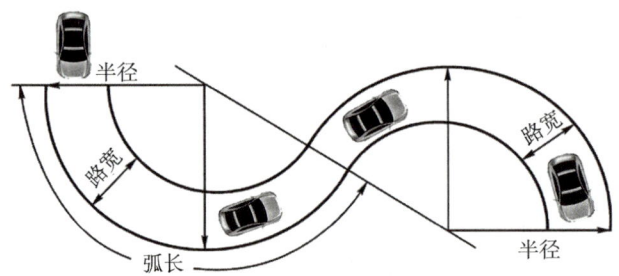

图 4-32　科目二曲线行驶路线示意

由图可知,小车的曲线行驶运动可以拆解为以下四个阶段。

1. 小车进入弯道前,降低车速

使用移动转向模块,选择开启指定圈数模式,设置相应参数。例如图 4-33 中设置转向参数为 0,电机功率为 10,圈数为 1,实现小车正对弯道并缓慢驶入。

图 4-33　科目二曲线行驶程序块 1

2. 沿道路右侧进入第一个弯道,保持匀低速行驶,向左前方转弯

在图 4-33 的模块后接入一个移动转向模块,例如图 4-34 中设置转向参数为 −10,电机功率为 25,圈数为 4。仍然需要根据实际路线图纸,不断调整参数,让小车平稳经过第一个圆弧。

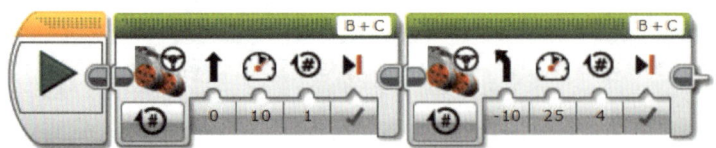

图 4-34　科目二曲线行驶程序块 2

3. 进入第二个弯道交接处,向右前方转弯

在图 4-34 的模块后接入一个移动转向模块,例如图 4-35 中设置转向参数为 10,电机功率为 25,圈数为 4,仍然需要根据实际路线图纸,不断调整参数,让小车平稳经过第二个圆弧。

4. 小车直线驶出弯道

在图 4-35 的程序块后接入一个移动转向模块,例如图 4-36 中设置转向参数为 0,电机功率为10,圈数为1,使小车以直线缓慢驶出弯道。

图 4-35　科目二曲线行驶程序块 3

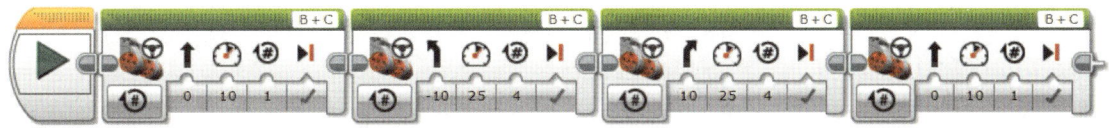

图 4-36　科目二曲线行驶程序块 4

回顾上述过程可以发现,只依靠移动转向模块进行曲线行驶,是很难完美完成的。另外,在真实场景下,弯道可能并不是两个完美的圆弧,而是不规则的曲线,那么在这种情况下,是否可以借助其他模块,使小车应对各种曲线行驶的场景呢?

4.2.4　靠边停车

靠边停车全程要求小车尽可能靠近红线,但不能压线,车身要停正在车位内,且不允许原地旋转,模拟真实行车的曲线轨迹。其路线示意如图 4-37 所示。

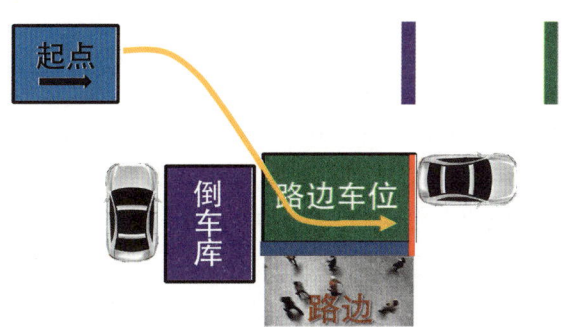

图 4-37　科目二靠边停车路线示意

由图可知,小车的靠边停车运动可以拆解为以下三个阶段。

1. 从起始位置向前行驶,缓慢向右转弯至合适方位

使用移动转向模块,如图 4-38 所示,先设置转向参数为30,功率为50,这表示左右两个电机中,左电机达到最大功率50,而右电机的功率小于左电机,小车向右转弯。这里选择开启指定度数模式,控制电机运转的度数(圈数和度数可以互相换算,1圈等效于360°)。此时仍然需要根据实际提供的图纸,不断测试电机运转的度数,使小车右转到合适的方位。

2. 逐渐向路边行驶到贴近路边

在图 4-48 的程序块后接入一个移动转向模块,让小车

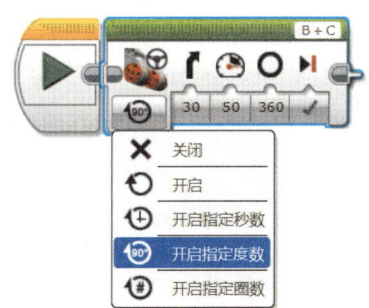

图 4-38　科目二靠边停车程序块 1

直行一段距离。图 4-39 中设置转向参数为 0,电机功率为 50,这表示两个电机的功率为 50、50,以相同速度向前转动,小车将直线前行。此处设置电机运转度数为 1 080 进行测试,但仍然需要根据实际提供的图纸,设置合理的参数,直至小车行驶到贴近路边。

图 4-39　科目二靠边停车程序块 2

3. 缓慢左前方转弯直至停在车位内部

在图 4-39 的程序块后接入一个移动转向模块,实现左前转弯,此时要求右轮的转动速度大于左轮,例如图 4-40 中设置转向参数为 -30,功率为 50,并将度数设置为 360 进行测试,此时需要根据实际提供的图纸,不断调整参数,直至小车停在车位内,且车身与边缘线基本平行。

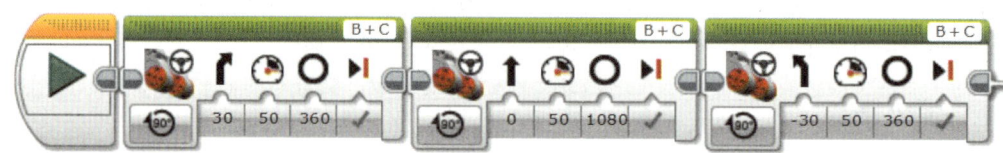

图 4-40　科目二靠边停车程序块 3

4.2.5　注意要点

当左右车轮的电机功率相同时,理论上,小车应该直线行驶,但在实际操作中,由于零件被多次使用,每个电机的磨损程度不一致,此时小车可能出现走斜线的情况。这是两个电机的实际功率不一致,从而导致两个车轮存在速度差的缘故。为了修正由于零件自身磨损带来的误差,需要调整转向参数或两个电机的功率差。

【任务小结】

本任务带领读者了解了科目二的基本测试要求,学习了使用移动转向模块和移动槽模块实现小车的倒车入库、侧方停车、曲线行驶和靠边停车。

【拓展任务】

有读者认为,实验中每次调试电机转动的时间、圈数、度数是一件麻烦事,那么是否可以通过添加其他模块,实现更加智能化、自动化的倒车入库呢?这里提供一个样例程序(图 4-41)供读者参考,读者也可以发挥聪明才智,自行设计并展示。

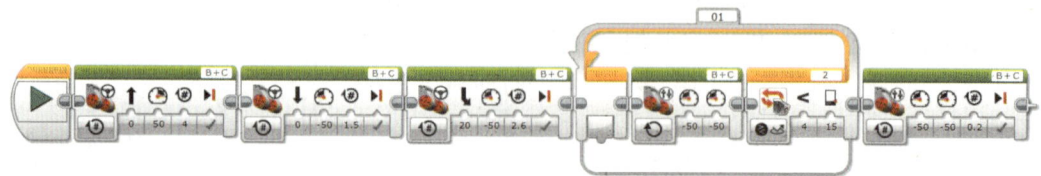

图 4-41　智能倒车入库程序样例

习题 4

1. 利用移动槽模块能使小车的转弯半径最小,最小值是(　　)。
   A. 1/4 轮距　　　　B. 1/2 轮距　　　　C. 轮距　　　　D. 2 倍轮距
2. 下图科目二倒车入库智能小车实验中,步骤错误的是(　　)。
   A. 从起始位置向前出发,在蓝色位置处停止运动
   B. 停止一下后,小车开始直线后退一段距离
   C. 小车开始向左后转弯,直至车身与车库边线平行
   D. 小车直线后退一段距离,直至小车整个车身停放在车库内

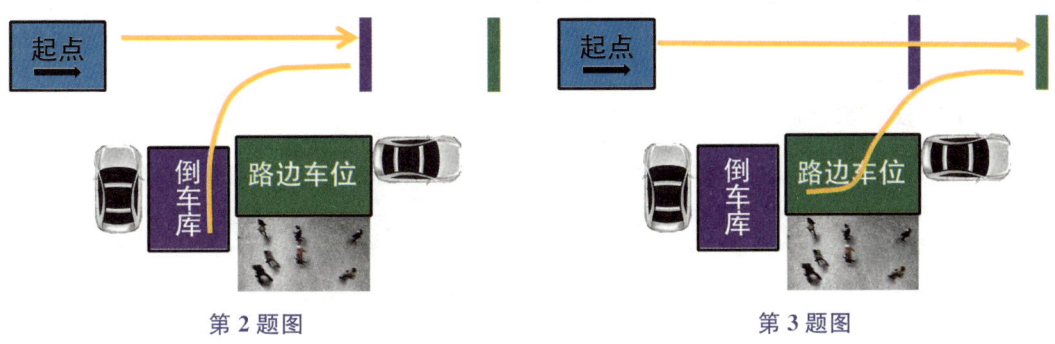

第 2 题图　　　　　　　　　　第 3 题图

3. 上图科目二侧方停车智能小车实验中,步骤错误的是(　　)。
   A. 从起始位置向前出发,在绿色位置处停止运动
   B. 停止几秒钟后,小车开始直线后退一段距离
   C. 小车开始向右后转弯,直至小车车尾开始进入车位
   D. 当小车尾部进入车库一段距离后,调整方向,使小车向右后转弯,直至小车车身与车位边线基本平行,整个小车在车位内部
4. 下图科目二曲线行驶智能小车实验中,步骤错误的是(　　)。

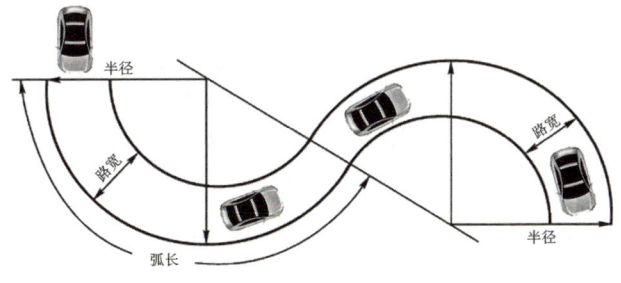

第 4 题图

   A. 进入弯道前,降低车速驶入 S 形路道
   B. 进入第一个弯道,车辆沿道路的右侧进入弯道,快速向左前方转弯
   C. 两个弯道交接处,改为向右前方转弯
   D. 出弯道时,小车直线行驶
5. 下图靠边停车智能小车实验中,下列步骤错误的是(　　)。

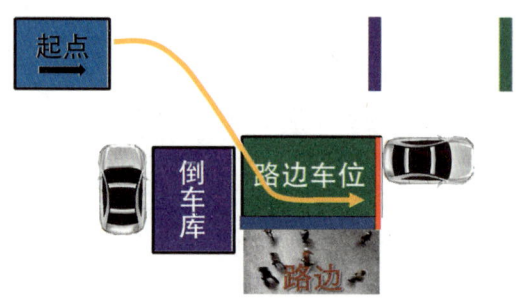

第 5 题图

  A. 从起始位置向前出发，缓慢左转弯到合适的方向
  B. 逐渐向路边行驶到贴近路边
  C. 缓慢左前方转弯直至停在车位内部
6. 下图中的程序块，可以实现的功能是（ ）。

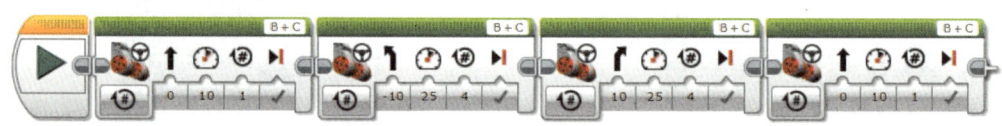

第 6 题图

  A. 倒车入库   B. 侧方停车   C. 曲线行驶   D. 靠边停车
7. 下图中的程序块，可以实现的功能是（ ）。

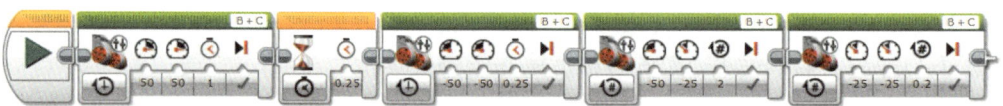

第 7 题图

  A. 倒车入库   B. 侧方停车   C. 曲线行驶   D. 靠边停车
8. 下图中的程序块，可以实现的功能是（ ）。

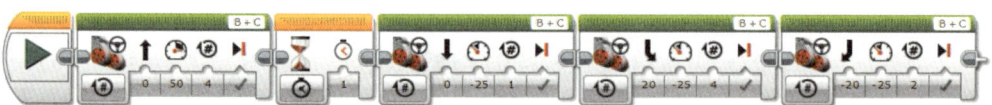

第 8 题图

  A. 倒车入库   B. 侧方停车   C. 曲线行驶   D. 靠边停车
9. 下图中的程序块，可以实现的功能是（ ）。

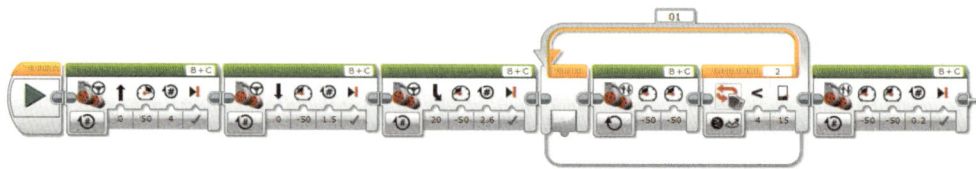

第 9 题图

A. 倒车入库　　　　B. 侧方停车　　　　C. 曲线行驶　　　　D. 靠边停车

10. 在实验中发现，使用右图中的移动槽模块设置，但小车并未直线行驶，而是略微向左前方偏转。出现这种情况的可能原因及解决方案是_____。

第 10 题图

11. 对于没有轮子转向功能的挖掘机，如何实现转向？（　　）

A. 轮轴转向　　　　B. 人工转向　　　　C. 差速转向　　　　D. 无法转向

12. 根据右图中的转向模型，下列转弯半径公式中正确的是（　　）。

A. $r = L\dfrac{v_2+v_1}{v_2-v_1}$

B. $r = \dfrac{L}{2}\dfrac{v_2+v_1}{v_2-v_1}$

C. $r = \dfrac{L}{2}\dfrac{v_2}{v_2-v_1}$

D. $r = \dfrac{L}{2}\dfrac{v_1}{v_2-v_1}$

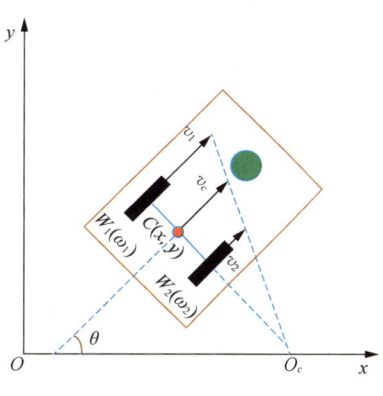

第 12 题图

13. 若左右车轮的转动方向和大小如下图所示，则下列对小车的运动叙述正确的是（　　）。

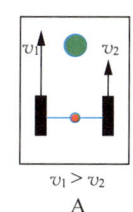 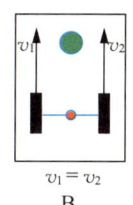 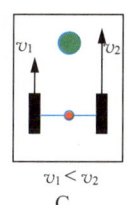 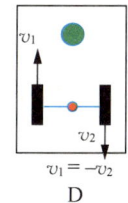

$v_1 > v_2$　　　　　$v_1 = v_2$　　　　　$v_1 < v_2$　　　　　$v_1 = -v_2$
　　A　　　　　　　　B　　　　　　　　C　　　　　　　　D

第 13 题图

A. 向左转弯　　　　B. 静止不动　　　　C. 向左转弯　　　　D. 向后倒退

14. 智能小车的两个前轮是由两个大型电机来驱动的，那么应该如何控制小车的运动呢？

A. _____；

B. _____；

C. _____。

15. 王同学想让大型电机以 50 的功率持续转动，右图中的程序是否正确？（　　）

A. 是　　　　　　　B. 否　　　　　　　C. 不确定

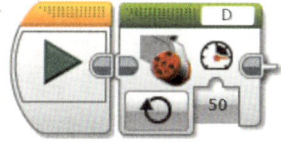

第 15 题图

16. 黄同学想让大型电机转动 3 圈，下列程序中错误的是（　　）。

A.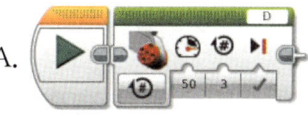

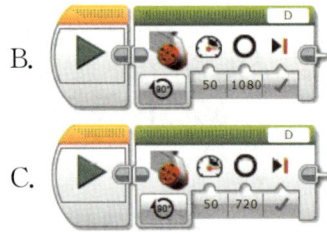

17. 在大型电机编程模块中,下列参数不能调整为负数的是(　　)。
    A. 功率　　　　　　B. 秒数　　　　　　C. 度数　　　　　　D. 圈数
18. (判断题)点击移动转向模块的模式选择器可以发现,移动转向模块有5种工作模式,分别是:关闭、开启、开启指定秒数、开启指定度数和开启指定圈数。(　　)
19. 下列移动转向模块的参数设置对应向右后方倒车的是(　　)。

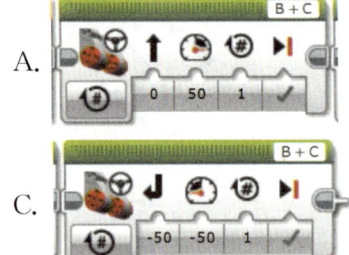
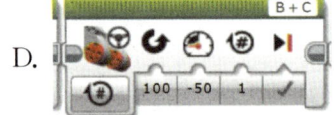
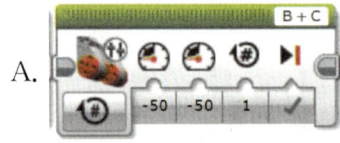

20. 下列移动槽模块的参数设置对应向右后方倒车的是(　　)。

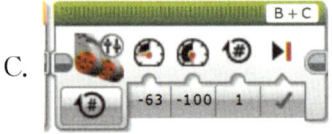
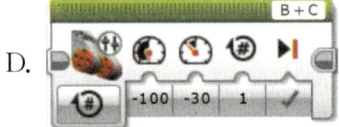

项目 5

智能小车巡线

实践任务 5.1　单光感巡线

【任务目标】

基本目标：
1. 掌握基于单个颜色传感器巡线的原理。
2. 能够使用动作模块、切换模块、循环模块编写简单的单光感巡线程序。

进阶目标：
1. 根据智能小车巡线的实况调试程序的参数。
2. 通过参数调试优化程序，使智能小车沿着不同路径或同一路径不同方向巡线。

【任务背景】

近年来，随着特种机器人的出现和完善，越来越多的高危作业逐渐被机器人取代。其中，巡线机器人可以代替人们进入复杂环境或危险场景，帮助人们完成任务，例如对输电线及其线路走廊自主巡检、地面远程无线监控、后台巡检作业管理与分析诊断等。

巡线机器人是一种以移动机器人作为载体，以可见光摄像机、红外热成像仪及其他检测仪器作为载荷系统，以机器视觉—电磁场—GPS—GIS 的多场信息融合作为机器人自主移动与自主巡检的导航系统，以嵌入式计算机作为控制系统的软硬件开发平台的工业机器人。巡线机器人事先不用输入很明确的路线，它可以根据自己行走路线的环境及时调整，自主性大幅提升。本任务将以 EV3 智能小车作为载体，以单个颜色传感器作为载荷系统，利用移动转向模块、切换模块、循环模块、数学模块，并结合颜色传感器检测到的反射光强度编写多种巡线程序，最终实现智能小车的单光感自主巡线。

【任务实训】

5.1.1　单光感巡线原理

颜色传感器主要包含三种工作模式：颜色识别模式、反射光强度模式和环境光强度模式。当颜色传感器工作在反射光强度模式下时，它的 LED 灯发射出一束红光，红光经被测物体表面反射回传感器接收端，用户即可从 EV3 程序块或计算机查看具体的反射光强度值，因此反射光强度模式有利于实现智能小车巡线。

简单的巡线程序是一个用切换模块决定机器人前进方向的程序，主要操作为：将切换模块设置为"颜色传感器—比较—反射光强度"模式，根据颜色传感器检测的反射光强度值调整转向,让智能小车沿着轨迹线边缘行驶。本任务将以如图 5-1 所示的地图为例,介绍巡线的原理。其中黑线的宽度为 1.5 cm。颜色传感器安装在车头前中间位置,且指向地面,如图 5-2 所示。

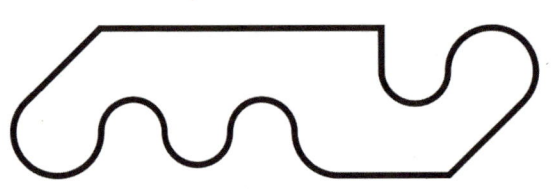

图 5-1 测试用的黑线地图　　　　图 5-2 巡线时颜色传感器的安装位置

当颜色传感器工作在反射光强度模式下时,其读取的是传感器下方红色圆形光斑区域内反射光的强度值,当传感器发出的红色光斑全部照在白色区域时,反射光强度最高,读数最大;当光斑全部照在黑线上时,反射光强度最低,读数最小;而光斑部分面积照在黑线上、部分照在白色区域上时,反射光强度读数介于最大值和最小值之间,例如图 5-3 显示了当颜色传感器距离地面高度为 1 cm 时,在打开日光灯的教室中,光斑落在不同区域上反射光强度的读数。由此可见,反射光强度的数值取决于传感器"看到"了多少黑线。智能小车在前进过程中,会利用传感器读数的大小判断自己与黑线边缘的位置关系。若红色光斑一半面积落在白色区域、一半面积落在黑线上,则表示此时颜色传感器正好对准黑线的边缘,这种情况是智能小车需要保持的理想情况。智能小车进而利用判断出的位置关系做出相应的运动反应,如果红色光斑的大部分面积甚至完全落在黑线上,智能小车就应向左转,回到黑线的边缘;如果红色光斑大部分面积甚至完全落在白色区域,智能小车就应向右转,也回到黑线的边缘,此过程又称为单光感巡线,其流程图如图 5-4 所示。

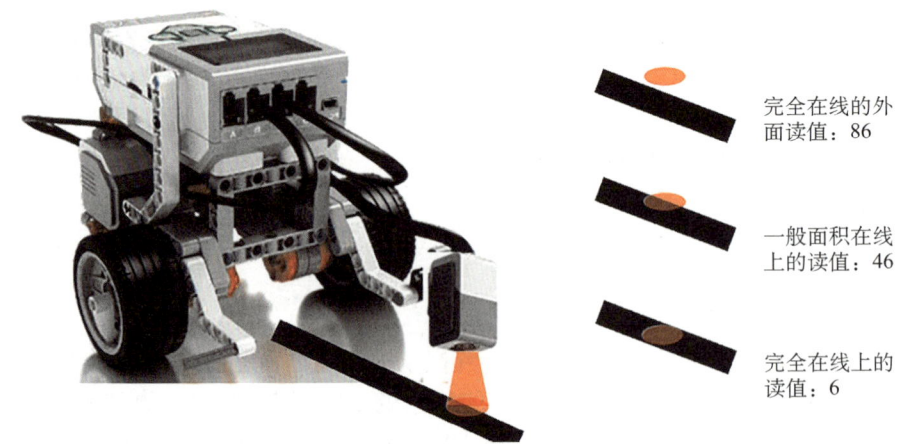

图 5-3 光斑在黑线附近不同的位置

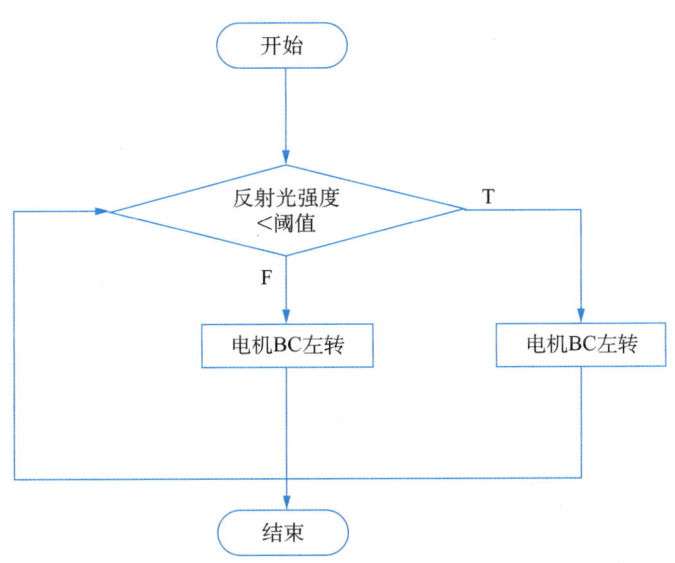

图 5-4　单光感巡线的流程图

5.1.2　巡线程序设计理念

基于图 5-4，巡线程序可以采用一个切换模块，并使其在两个移动转向模块间做选择，其中一个移动转向模块使智能小车转向左侧，而另一个移动转向模块使小车转向右侧。完整的程序如图 5-5 所示，具体步骤如下：

（1）创建一个新的项目，命名为 chapter6。

（2）创建一个新的程序，命名为 Xun Xian01。

（3）在程序中添加一个循环模块。

（4）将一个切换模块拖入循环模块，并将切换模块的模式设置为"颜色传感器—比较—反射光强度"，检查切换模块右上角的端口 3 是否为传感器实际连接的端口。

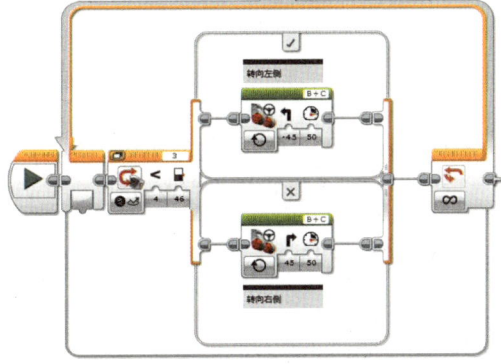

图 5-5　完整的巡线程序 Xun Xian01

（5）向切换模块的各条分支拖拽一个移动转向模块。

此时，整个切换模块被放置于一个循环模块中，使程序持续运行，直至操作人员将其人为停止。切换模块读取颜色传感器的反射光强度值后，与设定的阈值进行比较，根据比较结果决定运行哪一个移动转向模块。当比较的结果为真时，运行上面分支的移动转向模块使小车转向左侧；当比较的结果为伪时，运行下面分支的移动转向模块使小车转向右侧。

接下来，需要确定每个模块的参数设置，以实现良好且稳定的巡线效果。

5.1.3　参数设置：阈值的选取

通过分析可知，要让智能小车沿着黑线的边缘前进，就需要知道颜色传感器恰好在黑线边缘时,即传感器所发出的红色光斑恰好一半面积落在白色区域、一半面积落在黑线上时颜色传感器的反射光强度。以图 5-3 为例,选取 46 作为阈值时,若光斑超过一半面积落在黑线上,则检测到的反射光强度读数小于 46,切换模块的比较结果为真,程序将运行图 5-5 中上面那条分支的移动转向模块(向左转);相应地,若光斑超过一半面积落在了白色区域上,则检测到的反射光强度读数大于 46,切换模块的比较结果为伪,程序将运行下面那条分支的移动转向模块(向右转)。注意,此处的阈值并不适用于所有智能小车,程序阈值与安装的传感器类型及其安装位置、室内光线、测试图纸有关。因此,阈值设置需要根据以下步骤完成:

(1) 将智能小车放置在测试图纸上,按下程序块按键进入应用程序界面,如图 5-6 所示。

图 5-6　应用程序界面

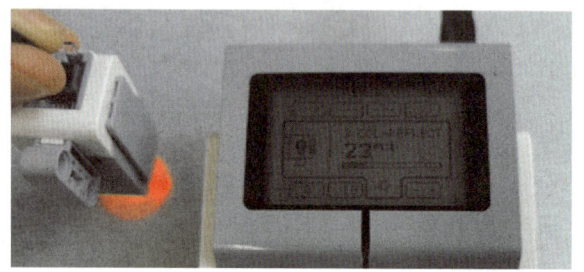
图 5-7　颜色传感器读取的反射光强度数值

(2) 按下程序块中心键进入 Port View 界面,并按下右键寻找颜色传感器读取的反射光强度数值,如图 5-7 所示。

(3) 使光斑完全落在白色区域,读取并记录当前的数值 A,这是反射光强度的最大值。

(4) 使光斑完全落在黑线上,读取并记录当前的数值 B,这是反射光强度的最小值。

(5) 计算最大值 A 和最小值 B 的平均值 C。公式:$C=(A+B)/2$。

通过以上步骤获得的数值 C 即是应设置的合理阈值。

5.1.4　参数设置:移动转向模块的功率和转向参数

移动转向模块中功率和转向参数控制智能小车前进的速度和转向角度,对智能小车的巡线效果有明显影响。若转向参数过小,则当小车遇到曲线或者直角时无法快速回到黑线边缘,这可能导致小车脱离黑线而在白色区域转圈;若转向参数过大,则可能导致小车频繁地左右摆动(甚至可能在黑线两侧不断地来回摆动)而前进缓慢。若设置的功率过大,则小车前进的速度过快,将导致智能小车很难及时对黑线的方向变化做出响应。例如,小车容易在如图 5-1 所示的地图中,冲过黑色圆弧边缘线,而进入被围住的白色区域内。在巡线程序 Xun Xian01 中,将功率设置为 50,转向参数设置为 −45 和 45 时,可以使小车较为平稳地巡完全程。移动转向模块参数设置的具体步骤如下:

(1) 选择图 5-5 中上面那条(真)分支的移动转向模块,将模式设置为开启,将功率参数设置为 50,转向参数设置为 −45。

(2) 选择图 5-5 中下面那条(伪)分支的移动转向模块,将模式设置为开启,将功率参数设置为 50,转向参数设置为 45。

截至目前,一个简单的基于单个颜色传感器的巡线程序就完成了,读者可以下载并运行程序,查看程序的运行效果,观察智能小车的移动速度和摆动幅度,还可以尝试通过调整两个移动转向模块的参数来提高小车的运行速度。

5.1.5 程序升级:让你的小车更平滑地巡线

通过观察可以发现,当运行巡线程序 Xun Xian01 时,智能小车会不断调整方向,即使在直线路段,小车也会不断剧烈地左右摆动着前进,这无疑增加了巡线时间,降低了巡线速率。针对这种现象,可以在程序 Xun Xian01 的基础上,增加一个移动转向模块,使智能小车的运动更为平滑,即使用三个移动模块分别控制小车左转、直行和右转。

当一个切换模块工作在"颜色传感器—比较—反射光强度"模式下时,它只能根据传感器的读数在两种情况分支中做出选择。因此,要实现小车能够在三种情况分支中进行选择,则需要使用两个切换模块。第一个切换模块决定小车是否左转,第二个切换模块决定小车直行或右转,此时完整的程序如图 5-8 所示,具体步骤如下:

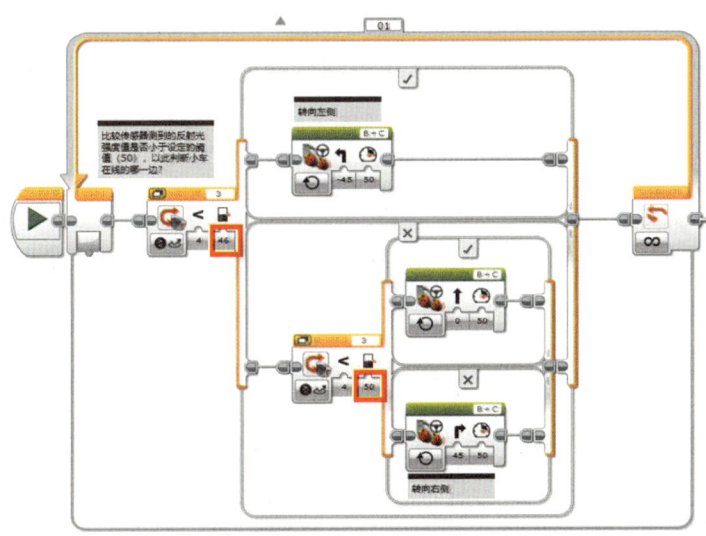

图 5-8 具有三种情况分支的巡线程序 Xun Xian02

(1) 在原有程序 Xun Xian01(图 5-5)的切换模块下面那条分支中添加一个新的切换模块,并将其放在该分支中原有移动转向模块的左侧。

(2) 将新添加的切换模块设置为"颜色传感器—比较—反射光强度",并将位于其右侧的程序原有的移动转向模块拖拽至新切换模块的下面那条分支中。

(3) 在新切换模块上面那条分支中添加一个新的移动转向模块,并将此移动转向模块设置为开启模式,功率设置为 50。完成后将该巡线程序命名为 Xun Xian02。

同样地,接下来需要为两个切换模块设定合适的阈值,可以看到,在图 5-8 的程序中,切换模块的阈值分别为 46、50。而在程序 Xun Xian01(图 5-5)中,采用反射光强度最大值(86)和最小值(6)的平均值(46)作为单一的阈值。另外,也可以对平均值(46)与最大值(86)、平均值(46)与最小值(6)的中点(26)再取平均,将分别得到的 66、26 作为两个新的阈值,结合图 5-3 可知,这两个新的阈值分别与传感器光斑小部分面积落在黑线上(66)和大部分面积落在黑线上(26)的读数非常接近。这两个新的阈值可能不适用于所有小车,需要利用取平均公式自行计算合理的阈值。

智能小车的动作与颜色传感器读数之间的关系见表 5-1。

表 5-1　颜色传感器读数范围与程序动作对应的关系

颜色传感器的读数范围	程序动作
6～25	左转
26～66	直行
67～86	右转

根据表 5-1 完善图 5-8 的巡线程序,具体步骤如下:

(1) 选中从左往右数第一个切换模块,将阈值改为 26,使智能小车在传感器读数小于 26 时左转。

(2) 选中从左往右数第二个切换模块,将阈值设置为 66,使智能小车在传感器读数小于 66 时直行,大于 66 时右转。

至此,完善后的巡线程序 Xun Xian02 如图 5-9 所示。读者可以下载并运行程序 Xun Xian02,观察小车的运行效果,并尝试用不同的阈值、功率和转向参数进行实验。

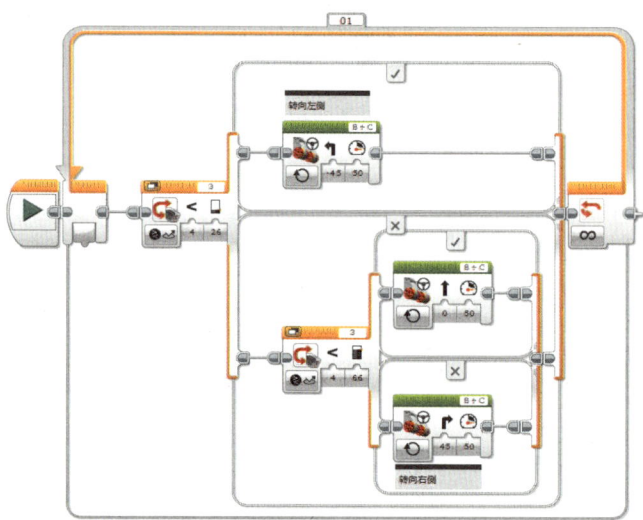

图 5-9　设置阈值后完善的巡线程序 Xun Xian02

5.1.6　常见问题及注意要点

在本实践任务中,智能小车可能会出现以下问题:

(1) 若无论智能小车在地图(图 5-1)的哪块区域,小车总是向左转弯。这一方面可能是由于颜色传感器实际连接的端口与程序中切换模块右上角设置的端口不一致,而使切换模块误以为颜色传感器监测到的反射光强度为 0,从而导致智能小车一直向左转。另一方面,可能是由于连接程序块与左电机的数据线松动,程序实际上并未控制左电机,这等效于右电机的功率大于左电机的功率,从而导致智能小车向左转。

(2) 颜色传感器距离地面太远,将导致颜色传感器的光斑直径大于黑线宽度,从而使传感器监测到的反射光强度的最大值和最小值都比较小,而且十分接近。这种情况下,程序无法根据传感器的读数正确分辨小车在黑线附近的位置。

(3) 颜色传感器紧贴地面,将导致颜色传感器监测的反射光强度读数始终为 0,而使智能小车总是向左转弯。
(4) 颜色传感器并未安装在车头中间位置,将导致小车容易脱离黑线轨迹,从而很难巡完全程。

【任务小结】

本任务主要带领读者学习了基于单个颜色传感器的巡线程序:
(1) 利用单个切换模块与两个移动转向模块,实现了具有两种情况分支的单光感巡线。
(2) 利用两个切换模块的嵌套三个移动转向模块,实现了具有三种情况分支的单光感巡线。

【拓展任务】

图 5-9 的程序中需要使用两个切换模块,那么是否可以利用两个颜色传感器实现与图 5-9 的程序相同的效果呢?利用两个颜色传感器实现巡线的方法称为双光感巡线,双光感程序在机器人大赛中十分常见,读者可以自行尝试编写小车的双光感巡线程序,同时可以扫描二维码获取相关参考。

智能小车
双光感巡线

实践任务 5.2 比 例 巡 线

【任务目标】

基本目标:
1. 掌握比例巡线原理。
2. 掌握基于单个颜色传感器的比例巡线的程序编写及参数调试。

进阶目标:
1. 根据智能小车巡线实况,对比例巡线程序中的参数进行粗调和细调,实现平稳地巡线。
2. 能够通过参数调试,使智能小车沿不同路径或同一路径不同方向巡线。

【任务背景】

在实践任务 5.1 中,巡线程序 Xun Xian02 使用嵌套切换模块在三个移动转向模块中做出选择,分别控制智能小车左转、直行、右转。由于传感器比较模式下的切换模块只能提供两种情况分支,即传感器读数是否在设定的阈值范围内。如果想使 Xun Xian02 程序实现能在 5 种情况分支中做出选择,则需要四个嵌套的切换模块,可以想象,这将是一个十分臃肿的程序!

数字模式下的切换模块,可以有效解决多情况分支时巡线程序体积臃肿的问题。一个数字模式下的切换模块可以提供 N 种情况分支。实际上,无须为每一个传感器的读数都创建一个情况分支,操作关键是将检测到的传感器读数范围分组,这种方式在编程中称为分级。例如,在 Xun Xian02 中,就将传感器读数分为了三个小组:一组使智能小车左转,一组使智能小车直行,一组使智能小车右转。

在计算分级的过程中,反射光强度的最小值、最大值和级数非常重要。例如,在 Xun Xian02 中,颜色传感器发出的光斑完全落在黑线上时获得的最小读数为 6,完全落在白色区域上时获得的最大值为 86,那么此时反射光强度的读数范围为 6~86(图 5-10),传感器无法检测到超出该范围的数据。

图 5-10　Xun Xian0 实际的取值范围

分级第一步:将整个取值范围起始位置左移至 0 点,使整个取值范围从 0 开始,如图 5-11 所示。在 Xun Xian02 中,具体操作为用实际取值范围减最小值(6)。这一步骤是确保后续步骤正确性的关键。

图 5-11　从 0 开始的取值范围

分级第二步:根据情况分支总数(即级总数)分级。利用公式:$A=$(反射光强最大值－反射光强最小值)/情况分支总数。例如,在 Xun Xian02 中,需要把取值范围分成三级。为便于理解,将每一级的级数表示为 bin 0、bin 1、bin 2,如图 5-12 所示。此时的取值范围长度为 80,由于 $80\div3=26.666$,而级数之间的边界无须精确到小数,因此将 26.666 取整为 27。

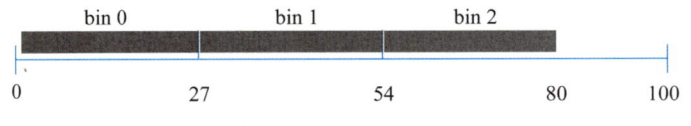

图 5-12　将取值范围分为三级

分级第三步:根据当前读数计算级数。利用公式:$B=$(传感器读数－反射光强最小值)/A,得到一个十进制的结果,将这个结果用数据线传递给切换模块时,向下取整,即为最接近的整数,这就是级数。例如,在 Xun Xian02 中,当检测到的反射光强度读数为 50 时,$(50-6)\div27=1.629$,将 1.629 向下取整为 1,即当前读数所在的级数为 1,小车直行。

Xun Xian02 中的颜色传感器读数范围、级数及对应的动作见表 5-2。

表 5-2　程序的行为取决于颜色传感器的读数

颜色传感器读数范围	情况分支数(级数)	程序动作
6~32	0	左转
33~59	1	直行
60~86	2	右转

基于上述分级方法,可以通过以下步骤重新编写程序 Xun Xian02,为其"瘦身",完整的

程序如图 5-13 所示，具体步骤如下：

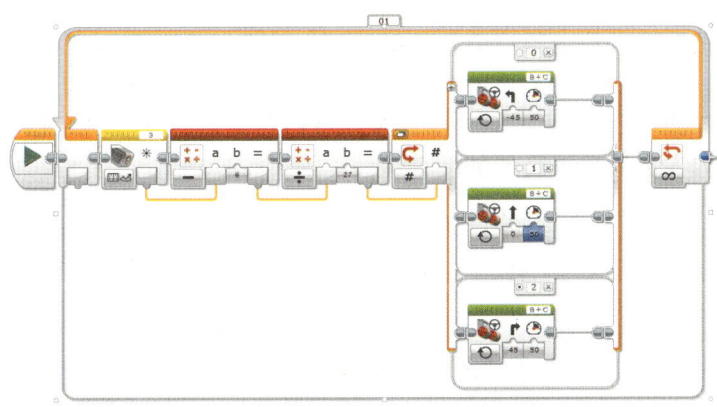

图 5-13 根据分级级数移动的巡线程序 new Xun Xian02

（1）创新一个新的程序，命名为 new Xun Xian02。
（2）在程序中添加一个循环模块。
（3）将一个颜色传感器模块拖入循环模块，并设置为"测量—反射光强度"模式，用于读取智能小车在行进过程中的反射光强度值。
（4）将一个数学模块 1 拖入循环模块，放置在传感器模块右侧，并设置为"减"模式。
（5）从颜色传感器数据输出端口引出一条数据线连接到数学模块 1 的端口 a，并在其端口 b 输入反射光强度最小值 6。
（6）将一个数学模块 2 拖入循环模块，并设置为"除"模式，从数学模块 1 的结果输出端口引出一条数据线连接到数学模块 2 的端口 a，并在其端口 b 输入 27。
（7）将一个切换模块拖入向循环模块，并设置为"数字"模式，创建 0、1、2 三个情况分支，再向各条分支拖拽一个移动转向模块。
（8）从数学模块 2 的结果输出端口引出一条数据线连接到切换模块的数字接收端口。

可以将反射光强度范围分成很多级，并为每一级创建一个情况分支和相应的移动转向模块，提高程序调整智能小车转向的能力。但是，级数过多，程序结构将不可避免地变得臃肿，而且修改更麻烦；级数过少，又难以实现不同反射光强度下对小车转向的精准控制。针对这种情况，可以使用比例巡线突破瓶颈。

【任务实训】

5.2.1 比例巡线原理

巡线程序中基于传感器读数来调整转向的方法称为控制算法。实践任务 5.1 中的 Xun Xian02 和上述 new Xun Xian02 中，程序基于传感器的读数在三种情况（左转、直行或右转）中选择其一执行。因此，这两个程序所用到的控制算法又称为三态控制器。这种方法的主要问题是，不论智能小车经过急弯还是平缓的弯道，都只能使用固定的转向参数量。

如果程序能够根据线的形状确定转向参数，对于平滑的曲线使用较小的转向参数，对于尖锐的曲线使用较大的转向参数，那么程序能够更快速地响应线条的方向变化，而且还能使小车在直线路段更加平稳地行驶，巡线效果将得到显著提升。这种方法称为比例控制器，其核心在于转向参数与小车到边缘线的距离成正比。距离越远，对应的转向参数越大；距离越短，对应的转向参数越小。

比例控制器根据输入值与目标值的差值（即误差值）来改变控制变量。在本任务的巡线案例中，控制变量是转向参数；输入值是来自颜色传感器的反射光强度读数；目标值是颜色传感器的光斑一半面积照在黑线上、一半面积照在白色区域时的反射光强度读数。

误差值与转向参数的计算公式如下：

$$误差值 = 输入值 - 目标值 \tag{1}$$

$$转向参数 = 误差值 \times 增益值 \tag{2}$$

增益值的作用是放大或缩小误差值的变化，它决定了误差值的变化速度。较大的增益值（大于1）会提高小车的转向响应速度，但是，小车转向时左右摆动的幅度整体偏大；较小的增益值（小于1）会降低小车的转向响应速度，这意味着小车可能对急弯的响应不够迅速，但在较为柔和的弯道上运行时左右摆动幅度较小，可以节省巡线时间。因此，需要通过观察小车的实际巡线效果，不断调试增益值的大小，以实现最佳巡线效果，这个方法称为调整控制器。

将式(1)、式(2)合并后可得：

$$转向参数 = (输入值 - 目标值) \times 增益值 \tag{3}$$

式(3)可以用数学模块的 ADV 模式编译，可以设置数学模块的端口 a：输入值，也即是颜色传感器的反射光强度读数；端口 b：目标值，根据实际情况计算所得；端口 c：增益值，由实验者设定。

若希望小车沿着轨迹的外侧边缘、逆时针方向巡线，即小车在检测到白色时左转，检测到黑色时右转。因此式(3)中的转向参数还需乘以 -1。若希望小车沿着轨迹内侧边缘、顺时针方向巡线，该方法同样适用，其他巡线方式则不适用。

5.2.2 巡线程序设计理念

基于上述比例巡线的原理，可以编写智能小车的比例巡线程序，如图 5-14 所示，具体步骤如下：

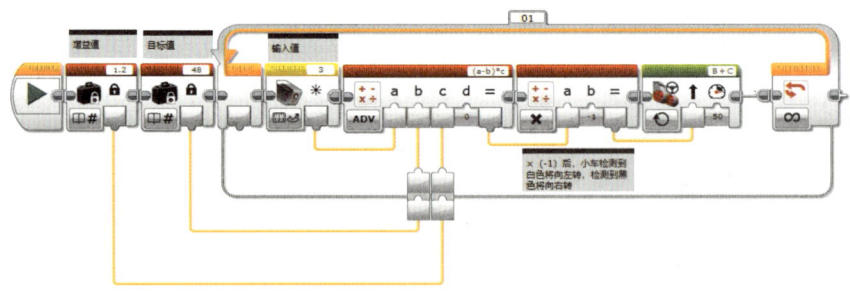

图 5-14 完整的比例巡线程序 Xun Xian03

(1) 创新一个新的程序，命名为 Xun Xian03。
(2) 将两个常量模块拖入在程序，一个输入增益值，一个输入目标值。
(3) 在程序中添加一个循环模块，放置在常量模块后。
(4) 将一个颜色传感器模块拖入循环模块，并设置为"测量—反射光强度"模式，用于读取智能小车在行进过程中的反射光强度值。

(5) 将一个数学模块 1 拖入循环模块,放置在颜色传感器模块右侧,并设置为"ADV"模式。

(6) 从颜色传感器数据输出端口引出一条数据线连接到数学模块 1 的端口 a,从代表目标值的常量模块输出端口引出一条数据线连接到端口 b,从代表增益值的常量模块输出端口引出一条数据线连接到端口 c。

(7) 将一个数学模块 2 拖入循环模块,放置在数学模块 1 的右侧,并设置为"×"模式。从数学模块 1 的输出端引出一条数据线连接到数学模块 2 的端口 a,并在端口 b 输入数字"-1"。

(8) 从数学模块 2 的输出端引出一条数据线连接到移动转向模块的转向参数接收端。

5.2.3 参数设置:目标值

根据图 5-14 的程序,可以测得当颜色传感器的光斑全照在白色区域或黑线上时所对应的反射光强度值,并可以计算出当光斑一半落在白色区域、一半落在黑线上时所对应的反射光强度值,即目标值。在本任务例程中,小车的目标值为 46(其他不同程序需要重新测定),这种情况下,光斑落在不同位置时所对应的误差值如图 5-15 所示。

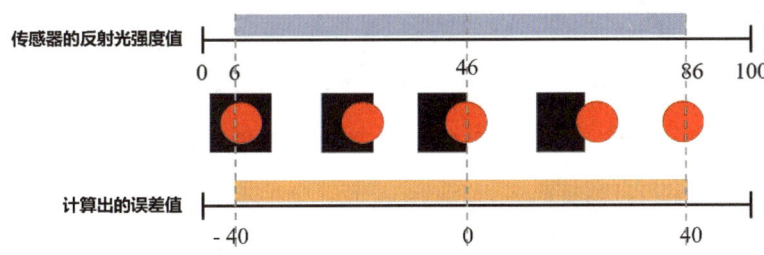

图 5-15 不同反射光强度值对应的误差值

5.2.4 参数设置:增益值

图 5-15 所示的误差范围为[-40,40],但大量实验表明,若直接采用 40 作为转向参数,小车很难通过急弯,无法成功巡线,需要增大转向参数。因此,考虑采用误差值乘以增益值的方法,成比例地调控转向参数。当增益值大于 1 时,将成倍放大转向参数;当增益值小于 1 时,将成倍缩小转向参数。通过实验观察发现,针对本项目的巡线地图(图 5-1),当最大转向参数在 45~50 范围内时,巡线成功的概率较大,由此,可以首先尝试将增益值设定为 1.2,此时的转向参数为 48,如图 5-16 所示。

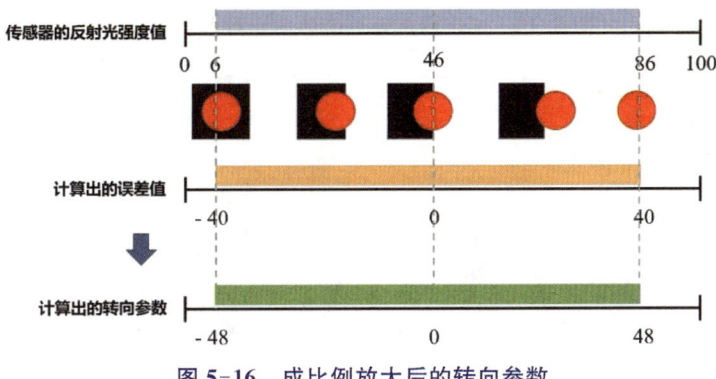

图 5-16 成比例放大后的转向参数

5.2.5 参数设置：移动转向模块的功率

通常，在测试程序能否正常运行时，将智能小车行进的功率设定为50。这可以避免小车因速度过快，受惯性影响而脱轨。在确认程序无误后，可以逐渐增大功率，提升巡线速度。

至此，一段完整的比例巡线程序编写完成。

5.2.6 常见问题及注意要点

本实践任务中，在确保传感器、电机均能正常工作且接口正确的情况下，智能小车可能会出现以下问题：

（1）若出现当小车通过"S"弯时，冲过弯道，进入黑线围住的白色区域，例如图5-17中的情况，该图表示小车本该右转时，由于惯性或地面摩擦等因素的影响，而未能及时右转而冲过黑线，进一步导致完全脱轨。此时应该增大程序中右转的转向参数，并减小左转的转向参数。

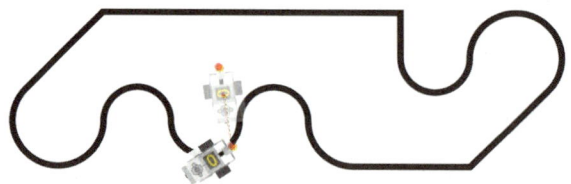

图 5-17 小车冲过"S"弯进入黑线内部

而转向参数的增大可以通过增大目标值来实现。当目标值增大为50时，对应的误差范围和转向参数如图5-18所示，将图中计算出的转向参数继续乘以-1，则输入移动转向模块中的转向参数范围为[-43.2, 52.8]，从而增大了右转的转向参数，减小了左转的转向参数。

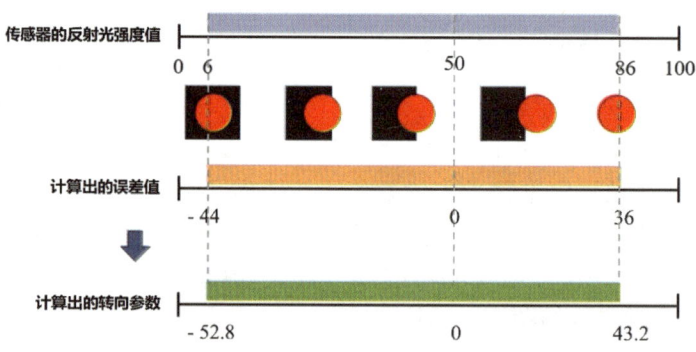

图 5-18 修正目标值后的转向参数取值范围

（2）若出现小车通过"S"弯时，逐渐偏离黑线，例如图5-19所示的问题，则可考虑通过减小目标值来解决。

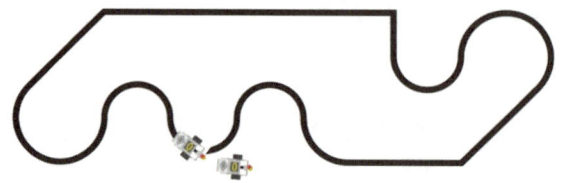

图 5-19 小车偏离黑线至外侧白色区域

通过改变目标值大小来调节转向参数是一种快速粗调转向参数的方法。除增大或减小目标值外，还可通过将图 5-14 程序中公式(a—b)×c 修正为(a—b)×c±d 来实现程序的精细调节，其中 d 为实验者自行设定的常数。

【任务小结】

本任务带领读者学习了基于单个颜色传感器的比例巡线原理，并利用循环模块、颜色传感器模块、数学模块、移动转向模块编写比例巡线程序，同时掌握了程序参数的调试方法，以使小车可以沿路线平稳行驶。

【拓展任务】

请读者尝试编写使智能小车沿着轨迹线内侧、顺时针方向巡线的程序，并根据实际巡线效果调试程序参数，包括目标值、增益值、功率和额外的常数，使小车能够循环地沿着轨迹线行进。同时归纳总结能使小车成功巡线的目标值范围、增益值范围和功率值范围。

实践任务 5.3　PID 巡 线

【任务目标】

基本目标：
1. 能够掌握 PID 巡线原理。
2. 能够掌握基于单个颜色传感器的 PID 巡线的程序编写及参数调试。

进阶目标：
1. 能够根据智能小车巡线实况，对比例 PID 程序中的参数进行粗调和细调，实现平稳地巡线。
2. 能够通过参数调试，使智能小车沿不同路径或同一路径不同方向上巡线。

【任务背景】

在实践任务 2 介绍的比例巡线程序中，转向参数与误差值成正比。随着小车逐渐远离黑线，误差值增大，转向参数随之变大，小车便能快速回归至黑线附近。然而，比例巡线程序只是对当前颜色传感器离开黑线边缘的距离做出了响应，并不能关注到自己的行驶轨迹如何变化，也不能关注到小车是否在向某个方向逐渐偏离。这是因为在比例巡线程序中的输入值为每个时刻小车检测到的瞬时反射光强度，相应地，误差值也是瞬时的，程序并没有记住以往的误差值，因此，程序不能反映出每个瞬时误差的累积效应，进而也无法预测曲线的变化趋势。

比例—积分—微分（PID）控制算法的发展历史至今已大约 100 年，具有算法简单、鲁棒性好和可靠性高的特点，是一种常见且有用的方法。它可以控制包括机器人在内的所有机械类型，目前被广泛应用于工业控制，例如船舶航行、打印机、乐器等。本任务将介绍 PID 巡线原理，在深刻理解原理的基础上，进一步编写 PID 巡线程序，实现高质量、快速、平稳地巡线。最后，经过 PID 巡线项目的实训过程，尝试利用 PID 原理解决关于机器人的各种任务和挑战。

【任务实训】

5.3.1 PID 巡线原理

PID 控制是指根据给定值和实际输出值构成控制偏差,将偏差的比例、积分和微分通过线性组合构成控制量,对被控对象进行控制,即:

$$最终控制量＝比例控制量＋积分控制量＋微分控制量$$

其中,各个控制量的作用如下:

(1) 比例控制量:能即时成比例地反应控制系统的偏差信号,偏差一旦产生,控制器立即产生控制作用以减小误差。当系统偏差为零时,控制作用也为零。例如,在本项目实践任务 5.2 的比例巡线程序中,若颜色传感器的光斑距离黑线较远,则表示小车偏离黑线较远,产生的误差值较大,此时控制器会输出一个较大的转向参数,促使小车快速回归至黑线附近;若光斑恰好一半落在黑线上,一半落在白色区域,则表示产生的偏差为零,此时控制器输出的转向参数为 0,小车将直行。

(2) 积分控制量:能对误差进行记忆,主要用于消除静差,提高系统的无差度。积分控制量作用的强度依赖于积分时间常数,时间常数越大,积分控制产生的作用越强,反之则越弱。此项的引入可以解决比例巡线中不能用大增益值的问题。

(3) 微分控制量:能反映偏差信号的变化趋势(即变化速率),并能在偏差信号值变得太大之前,在系统中引入一个有效的早期修正信号,从而加快系统的动作速度,减少调节时间。

综上可知,从时间角度来看,比例是对系统的当前误差进行控制,积分则针对系统误差的"历史",微分则反映了系统误差的变化趋势。三者的组合,完美地兼顾了误差的"过去、现在、未来"的变化。

5.3.2 巡线程序设计理念

基于上述 PID 巡线的原理,可以根据以下步骤编写智能小车的 PID 巡线程序。

1. 查看智能小车靠近和越过黑线时的反射光强度变化

为了编写 PID 巡线程序,我们首先需要仔细查看智能小车靠近和越过黑线时颜色传感器的反射光强度值是如何变化的,并且将这些强度值存储到一个文件中,最后通过画图软件将变化趋势展示出来。此过程有助于我们理解 PID 巡线的原理,主要包含以下步骤:

(1) 创建一个新的项目,命名为 PID Xun Xian。

(2) 在该项目下创建一个新的程序,命名为 PID 01。

(3) 向 PID 01 中程序画布中拖入如图 5-20(a)所示的程序块,紧接着选中除开始模块外的所有程序块,创建如图 5-21(b)所示的 Data 模块,并设置参数。

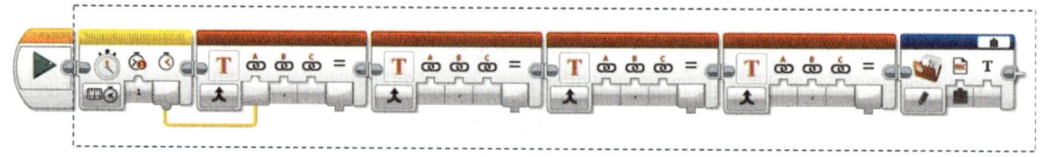

(a) 创建 Data 模块所需的原始程序块

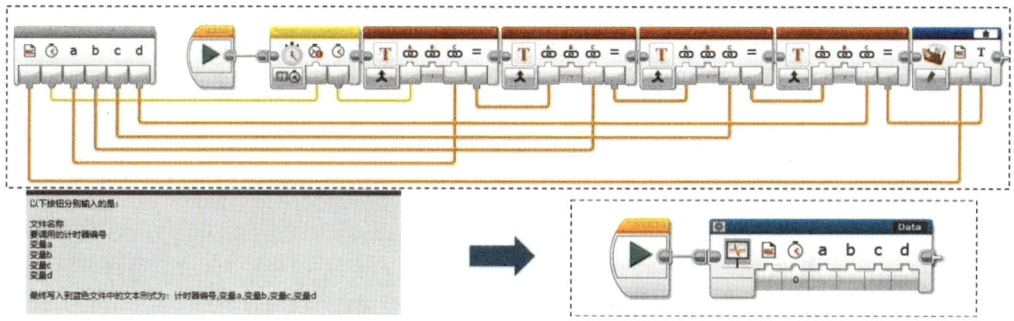

(b) 设置 Data 模块的各输入端参数

图 5-20 创建 Data 模块

（4）完成 Data 模块的创建后，采用如图 5-21 所示的程序记录小车从起始位置到跨越黑线过程中，不同位置的颜色传感器所对应的反射光强度值，并将数据存储在 LightTestData 文件中。注意，小车被放置在距离黑线约 10 cm 处，如图 5-22 所示。此外，在程序中，将移动转向模块的功率设定为 10，让小车缓慢通过黑线；将循环模块中跳出循环的条件设定为"电机旋转 1 圈"，以确保小车能从起始位置跨越黑线。

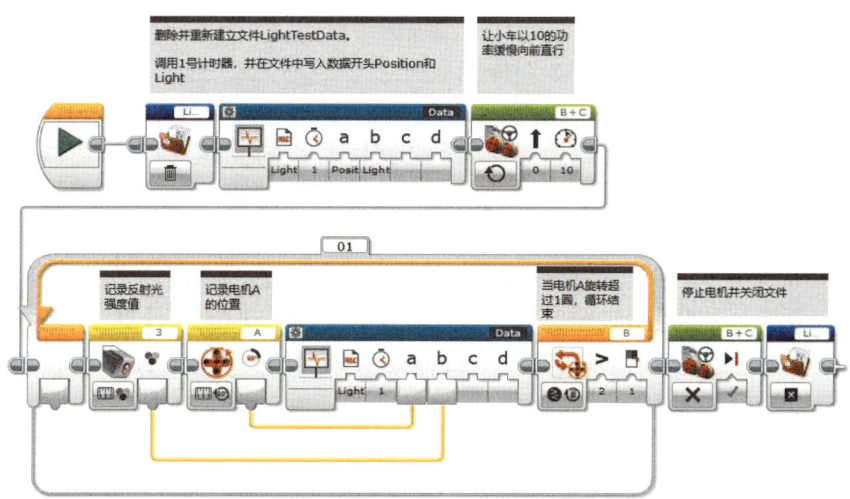

图 5-21 检测并记录小车跨过黑线时反射光强度值的程序 PID 01

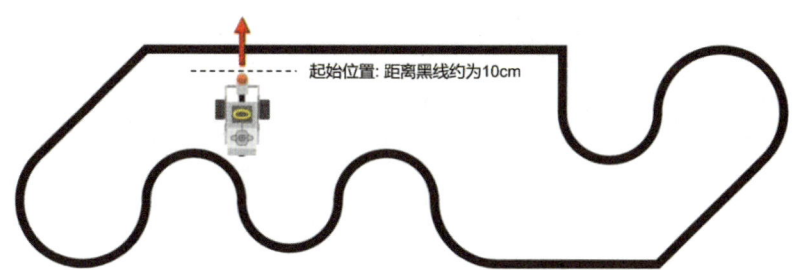

图 5-22 程序 PID 01 运行前，小车放置的起始位置和行进方向

（5）运行程序 PID 01。小车将缓慢向前移动，并在颜色传感器完全越过黑线后停止。程序 PID 01 运行结束后，将数据文件 LightTestData 上传至计算机中。利用相关软件，

如 Excel 或 Origin，画出电机 B 旋转角度（即小车具体位置的一种表述）和颜色传感器的反射光强度值，由此得到小车靠近和远离黑线时的反射光强度值的变化情况，如图 5-23 所示。

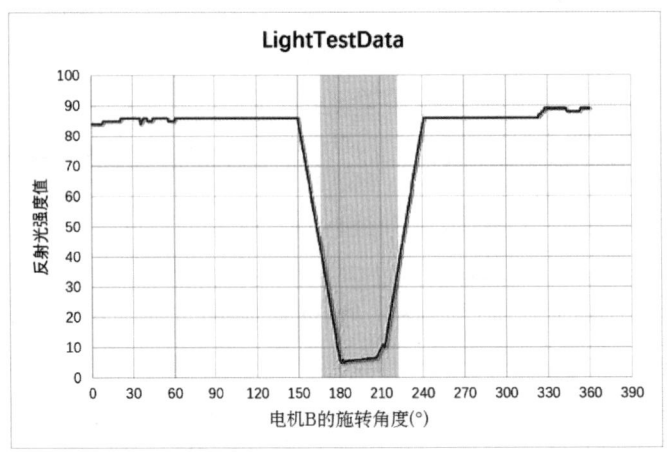

图 5-23　智能小车移动并越过黑线时的反射光强度读数

2. 根据反射光强度的变化趋势确定比例控制量的目标值

从图 5-23 可知，小车上的传感器未到达黑线的边缘时，传感器的读数约为 86，当传感器的光斑完全在黑线上方时，读数约为 6。当传感器的光斑落在黑线的边缘时，读数介于 86 和 6 之间，并呈线性分布，因此，可以通过读数来判断传感器与边缘线的距离，此时二者成正比。

同时，图 5-23 中的曲线还表现出左右对称的特征，正因如此，在正式巡线过程中，并不会将传感器放置在黑线的正中心处。这是因为当传感器正好在黑线中心点时，程序无法判断小车前进方向的变化趋势。例如，如果传感器在黑线正上方时的读数为 6，那么当传感器读数增大为 20 时，程序无法告诉传感器应该偏移至黑线中心的右侧还是左侧。

基于以上分析，可以调用数据文件中的最大值 86 和最小值 6，计算出二者的平均值为 46，并将图 5-23 划分为良好区域、白色一侧不良区域、黑色一侧不良区域和灾难区域，如图 5-24 所示。此外，为了简化后续讨论，将 x 轴上的零点左移至原传感器读数为 46 时所对应的 x 值处。

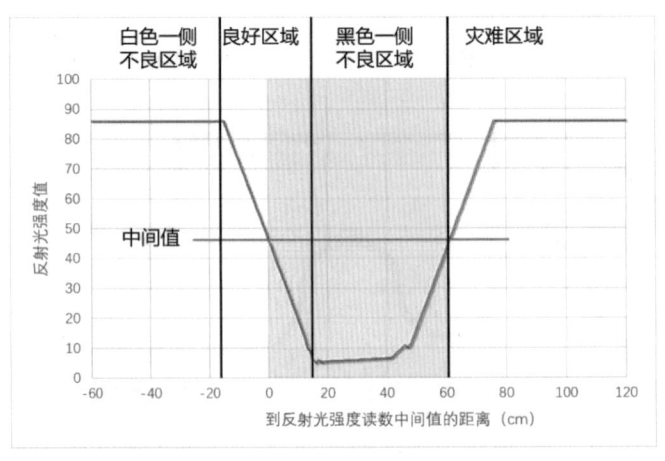

图 5-24　靠近黑线边缘时的传感器读数

（1）当传感器读数处于图 5-24 中的良好区域时，若程序选取此区域内的中间值为目标值，且需保持传感器到中间值位置的距离为 0，即小车处于良好区域的中间位置。那么，在这个区域内，传感器的读数与距离成比例。只要传感器位于距离边缘线约 7 cm 处，其读数就能很好地反映当前传感器与目标值位置之间的距离，而且比例控制量也能利用读数指示小车应该如何前进。

（2）当传感器读数处于图 5-24 中白色一侧不良区域时，表示传感器的当前位置与中间值位置的距离大于 7 cm，距离边缘线较远。一旦小车进入这个区域，通过传感器的读数可以知道此时小车距离黑线太远，但无法给出精确的距离，例如，无论与黑线相距 20 cm 还是 10 cm，传感器的读数都相同。

在以下三种情况中，小车可能会进入白色一侧不良区域：

① 当黑线向左弯曲，传感器开始越过黑线时，若程序使用的转向参数太大，即向左转的角度过大，则小车会向左移动得太远。

② 当黑线向右弯曲，传感器开始远离黑线时，若程序使用的转向参数太小，即向右转的角度过小，则小车在回到正常巡线状态之前已经离黑线过远。

③ 当小车在黑线边缘附近时，在比例控制部分选取的增益值过大，导致转向参数过大，从而使小车以锯齿形路径向前行进，且左右摆动幅度过大，这也可能使小车远离黑线。

进入白色一侧不良区域的小车，可能会在原地旋转，若小车能再一次接近黑线（在良好区域内），则可能恢复正常工作状态继续巡线；若小车距离黑线太远，则可能在白色区域内无休止地原地旋转。

（3）当传感器读数处于黑色一侧不良区域时，这个区域根据传感器当前位置与中间值位置的距离分为 7～12 cm 与大于 12 cm 两个部分。当处于 7～12 cm 时，小车依然能基本维持正常巡线。当大于 12 cm 时，传感器读数逐渐增大，程序认为小车正逐渐靠近良好区域内的中间值位置，即靠近边缘线，但是实际情况却是逐渐远离边缘线。

在以下三种情况中，小车可能会进入黑色一侧不良区域：

① 当黑线向右弯曲时，若程序使用的转向参数太大，即向右转的角度过大，则小车会因向右补偿的角度过大而进入黑色一侧不良区域。

② 当黑线向左弯曲时，若程序使用的转向参数太小，即向左转的角度过小，则小车会因向左补偿的角度过小而进入黑色一侧不良区域。

③ 当使用的增益值过大时，小车在行进过程中左右摆动幅度过大，这也可能使小车进入黑色一侧不良区域。

（4）当传感器读数处于灾难区域时，表示小车在巡线边缘的另一侧。一旦小车进入此区域，程序将引导小车向错误的方向前进。这种情况下，小车将无法恢复正常巡线状态，它将在原地旋转或者开始在相反的方向上巡线。

综上可见，选择传感器读数的最大值和最小值的中间值作为目标值是合理的，这样的设置可以使小车保持在良好区域的中间位置，此时的程序也能给予小车良好的指引。实际上，实验结果表明，稍微增大目标值，例如，将 46 提升至 48，使小车沿着良好区域中心偏左侧向前行进，有利于提升小车巡线的完成率。这是因为尽管增大目标值可能使小车进入白色一侧不良区域，但能降低小车进入灾难区域的概率，进而提升小车在不良区域恢复至正常巡线状态的概率。当然，最佳的目标值取决于实际测试路径和巡线的方向。

3. 编写PID巡线程序的第一部分：校准程序

不同的路线、传感器、机器人的机械结构和照明条件，所适用的目标值往往是不同的。接下来，创建一个校准程序PID 02，用于采集颜色传感器读数的最大值和最小值，并将这两个数值保存到文件中。在程序中从文件中读取数值后，即可通过计算目标值来改变巡线条件。

PID 02程序如图5-25所示。程序PID 02运行后，首先给予两个变量max（最大值）和min（最小值）初始值，紧接着小车开始缓慢向前移动，同时程序执行到循环模块，即颜色传感器在小车前进的同时开始读取当前的反射光强度值；然后，数据操作模块对比当前存储的max值和当前的传感器读数，若当前max值小于当前读数，则将当前读数写入max变量，max值得到更新，随后数学操作模块比当前存储的min值和当前的传感器读数，若当前min值大于当前读数，则将当前读数写入min变量，min值得到更新；当电机B向前运行一圈后，循环结束，电机B和C都停止转动（小车停止前进），这时，程序块的屏幕上将显示最新的max和min数值，与此同时，程序已经执行到橙色的等待模块（也即程序正等待着按下左键或中心键），若数据合理，则按下中心键，程序执行切换模块中的分支2，即程序会删除旧的LightTestData文件，并将更新后的max和min值写入文件中，若数据不合理，则按下左键，程序执行切换模块中的分支1，即程序结束且不保存任何数据。

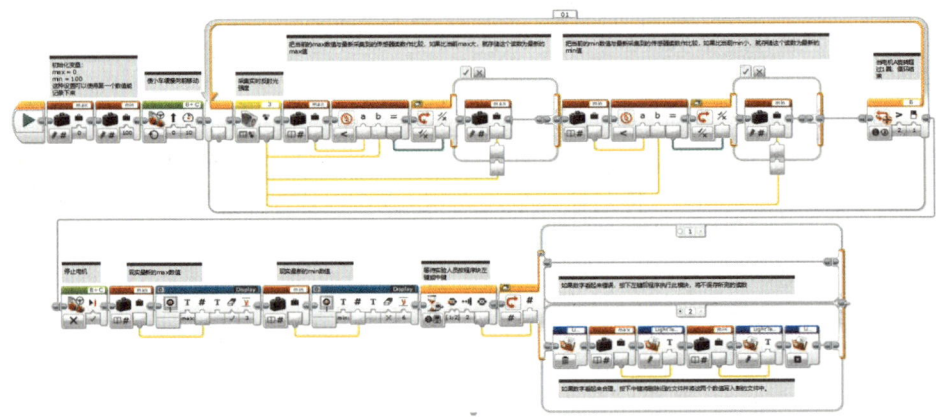

图5-25 采集并保存反射光强度最大值和最小值的程序PID 02

注意，在图5-25的PID 02程序中，将变量max和min的初始值分别设为0和100。这是因为这两个数值分别代表实际反射光强度值的上限和下限，因此，程序第一次进入循环时，读数几乎总是介于0~100。一般来说，这两个变量随后都会被更新。

4. 标准化传感器读数和目标值

虽然通过PID 02程序可以获得不同巡线路径、不同照明条件的反射光最大值和最小值，但这里依然面临在一次巡线过程中，如果路径不同，小车无法调整反馈行为的问题。例如，在第一张地图中运行程序PID 02后，获得的最大值和最小值分别是5和65；在第二张地图中运行程序PID 02后，获得的最大值和最小值分别是15和55。尽管中间值都为35，但因取值范围不同，程序也应对两张地图产生不同的反应。比如，当传感器的读数为55时，对于第一张地图，小车仍然处于线边缘的附近，而对于第二张地图，小车已经严重偏离黑线边缘，此时程序施加给小车的转向参数应大于第一种情况。

为解决这个问题需要将数据归一化处理,将原始数据转化到相同的数据范围,这一过程称为标准化传感器读数和目标值。标准化数据公式如下:

$$标准化读数 = \frac{100 \times (传感器读数 - 最小值)}{(最大值 - 最小值)}$$

利用颜色传感器模块和数学模块标准化传感器读数的程序如图 5-26 所示。数学模块中的结果即为标准化后的读数,介于 0～100。在上例的两张地图中,中间值 35 都将被标准化为 50,而实际读数 55 在第一张地图中被标准化为 83,在第二张地图中被标准化为 100。因此,依据标准化读数 83 和 100,在第二张地图中,程序将对小车施加更大的转向参数。

注意,以上四步均为编写 PID 巡线的准备工作。实验者通常需要先运行 PID 程序第一部分(图 5-25),获取最大值和最小值并存储在 LightTestData 文件中,这样 PID 巡线程序运行后才能调取反射光强度的最大值和最小值。

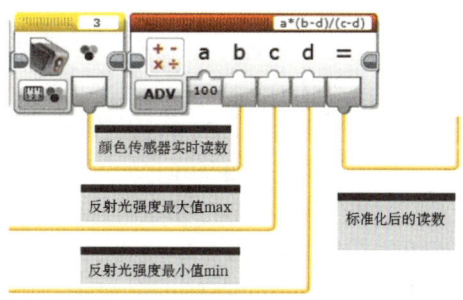

图 5-26　标准化颜色传感器读数的程序片段

5. 编写 PID 巡线程序第二部分:普适的比例控制项

基于图 5-14 的比例巡线程序,可以对其进行以下修改来增强 PID 巡线程序比例控制项的普适性。

(1) 将图 5-14 中的两个常量(增益和目标值)变为四个变量:增益 Kp(比例增益)、目标值 Target(用于保存标准化目标值)、功率 Power(用于控制小车的速度)、方向 Direction(设置为 1 或 -1,取决于计算出的转向参数是否需要负号)。

(2) 增加文件读写模块,从 LightTestData 文件中分别读取最大值 max 和最小值 min,并将这两个数据输入标准化读数公式中。

(3) 添加数学模块标准化传感器的读数。图 5-27 展示了 PID 巡线程序比例控制部分。但值得指出的是,此时程序的比例控制部分与图 5-14 并无实质区别。PID 巡线程序还需要通过微分控制和积分控制来提升可靠性。

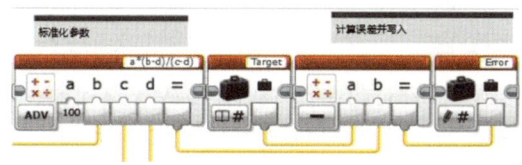 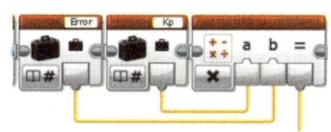

图 5-27　PID 巡线程序的比例控制部分

6. 添加 PID 巡线程序第三部分:微分控制项

在比例巡线过程中,小车沿直线巡线时所需的增益较小,沿急弯巡线时所需的增益较大,因此在一个包含了直线和弯道的复杂地图中,单纯的比例巡线程序常常面临能处理急弯但又会在直线段引起很大振荡的状况。在计算转向参数的公式中添加微分项,有助于巡线程序处理线路方向突然变化的难题。

微分项测量的是误差值的变化,可以用以下公式表述:

$$微分 = 误差 - 上一个误差$$

当小车运行在直线路段时,传感器读数的变化较小,相邻误差之间的变化也很小,即微分很小;当小车运行至转角或弯道时,不论小车冲过或远离黑线,传感器的读数都会突然增大,相邻误差之间的变化也会突然增大,即微分突然增大。基于此,在向转参数计算公式中添加微分项的修正公式如下:

$$转向参数=比例增益×误差+微分增益×导数$$

因此为了在程序中添加微分项,需要用到变量:比例增益 Kp、微分增益 Kd、误差 Error、前一个误差 LastError、导数 Derivation。在程序开始的部分,要把 Kd 初始化为一个数值,把 LastError 初始化为 0,程序运行后,需更新 Kd 和 LastError 并保存,程序如图 5-28 所示。添加了微分项的转向参数计算公式的程序如图 5-29 所示。

由此可见,小车行驶在直线路段时,微分项对修正后的转向参数调制作用较小,但行驶至转角或弯道时,微分项的调制作用就变得明显起来。这种作用的大小由比例增益决定,其当其增大时的效果是使小车在转弯处获得一个较大的转向参数,驱动小车尽快转向正确的前进方向。

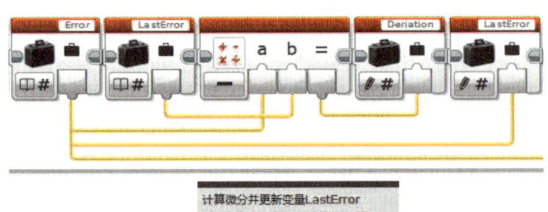

图 5-28 计算微分的程序

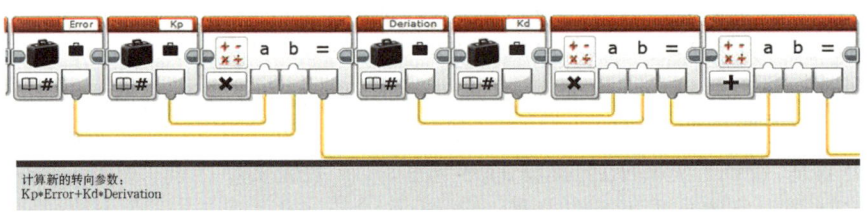

图 5-29 向转向参数中添加微分项

7. 添加 PID 巡线程序第四部分:积分控制项

对于包含比例控制项和微分控制项的程序,仍然存在一个缺点:例如,当误差 Error 为 0 时,计算出的转向参数也为 0,这意味着小车直行。这个判断结论对于处于正确位置的小车是成立的。但实际上,一些外在因素(如小车机械结构不平衡、两个车轮直径有较小差异或车轮电机内部磨损不同等)可能导致小车在转向参数为 0 时也没有完全严格地笔直前行。例如,若小车的左轮磨损程度更严重,即使转向参数为 0,小车在前行的过程中也会逐渐向左侧偏移,误差会逐渐增大,但由于连续两个误差之间的变化依然很小,微分项将无法对其做出修正。此时比例控制项虽然会调整转向参数,将轻轻地小车推回至边缘线,但随后小车仍然会向左偏移,然后又被推回至边缘线,小车将持续地在线的边缘振荡前进。在这种情况下,巡线程序需要补偿由外在因素引起的恒定误差。向巡线程序转向参数计算公式中添加积分项,可以很好地解决这个问题。

积分项能衡量偏移量,因此可以根据积分结果对小车的偏移做出修正。积分项将程序运行中所有的误差累加起来,由于一些误差是正值,一些误差是负值,累加后二者可以相互抵消,累加的误差总和应该为 0。

直接累加误差是计算积分的方法之一,但这种方法对之前的误差值和当前的误差值的"态度"是一样的。例如,当小车巡弯道时,积分项会累计一些较大的误差,积分也会变大。因此,除非积分项在另一个方向上也累计了相同大小的误差,否则小车通过弯道后,即便巡直线,程序的积分项仍然较大,也会影响最终的转向参数。

为了解决上述问题,可以在每次进入循环累积新的误差之前,先缩小积分,再用时间的推移来消除过去误差的影响。在 PID 巡线程序中,用前一个积分和当前误差值计算新的积分,公式如下:

$$新的积分 = 0.5 \times 前一个积分 + 误差值$$

当误差较大时,新的积分仍然会迅速增加;当误差较小且变化不大时,新的积分最终也会变得很小。于是,转向参数计算公式最终被修正为:

$$转向参数 = 比例增益 \times 误差 + 微分增益 \times 导数 + 积分增益 \times 积分$$

因此为了在程序中添加积分项,需要用到变量积分 Integral、积分增益 Ki,计算积分的部分程序如图 5-30 所示。

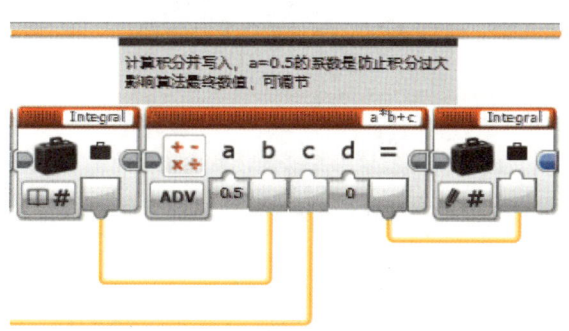

图 5-30 积分计算公式对应的程序

综上,完整的 PID 巡线程序如图 5-31 所示。

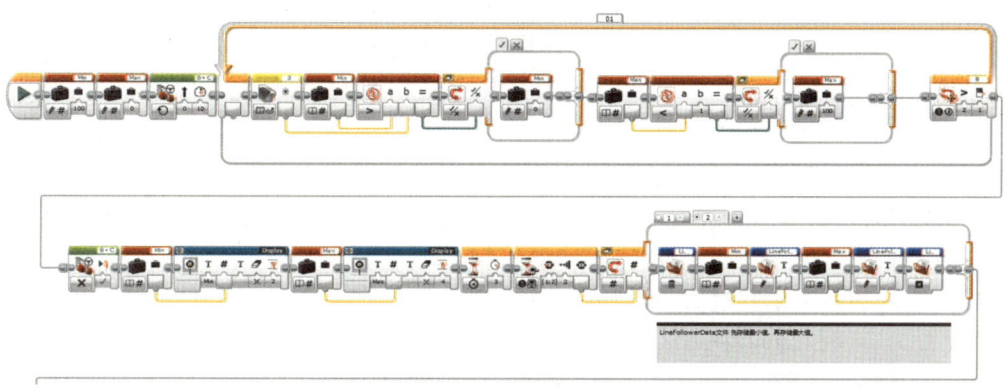

(a)测试并存储最小反射光强度与最大反射光强度的程序块

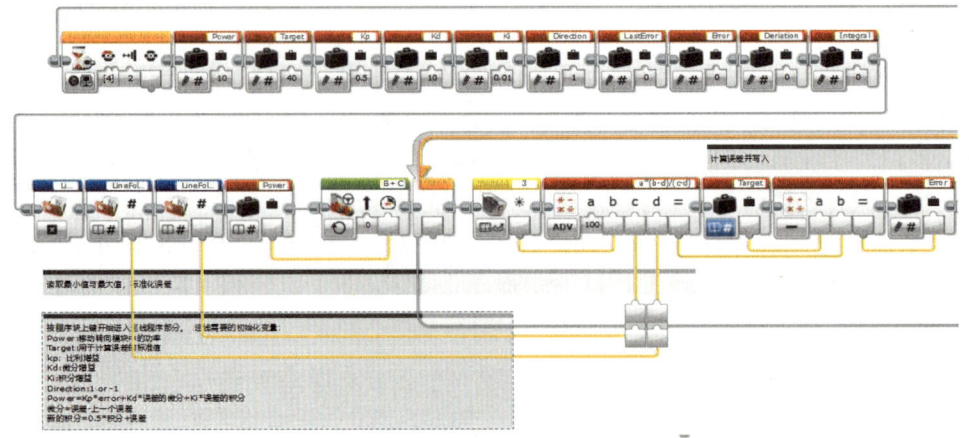

(b) 标准化读数和计算误差的程序块

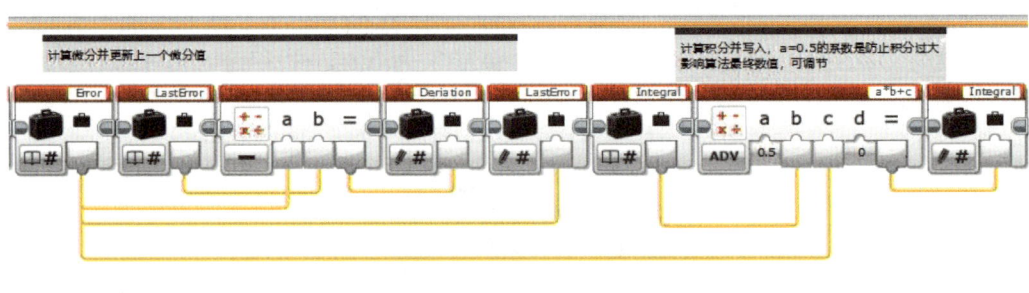

(c) 计算微分和积分的程序块

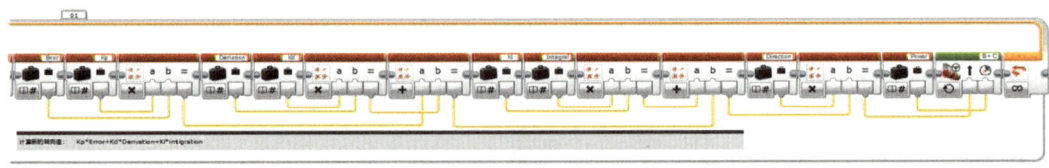

(d) 计算转向参数并输入移动转向模块的程序块

图 5-31　完整的 PID 巡线程序

5.3.3　常见问题及注意要点

运行 PID 巡线程序时,在调试参数的过程中应该注意以下问题:

(1) 功率的初始值不宜过大,可以先将其设置为 50,在其他参数调试得较为合适的情况下再逐步提升。

(2) Kp 的初始值不宜过大,可以先将其设置为 1;Kd 和 Ki 的初始值均设置为 0。当把目标值设置为 50 时,转向参数的变化范围为 $-50\sim50$。

(3) 先用直线段进行巡线测试。若当前的 Kp 值使小车在巡线过程中总是剧烈地左右摇摆,则可逐次减小 Kp,每次减小 0.05,直到小车能够平稳(或摆动幅度很小)地沿着直线前进。

(4) 若小车不会经常偏移至某一侧,则 Ki 可以保持为 0。否则,可以逐次增加 Ki,每次增加 0.01,直到小车不会经常往左侧或右侧偏移。注意,Ki 增大到 0.05 以上就会使小车左右摆动幅度显著增大。

(5) 在 Kp、Ki 调试完成后,将小车置于曲线段处,逐步提高功率,直至小车无法成功转弯。

(6) 调试 Kd 值时,可尝试每次增加 1,直到小车能够完整地巡线。

【任务小结】

本任务带领读者在基于 PID 巡线原理的基础上,完成了基于单个颜色传感器的 PID 巡线程序的编写。

【拓展任务】

基于以上 PID 巡线原理和 PID 巡线程序,请读者挑战将小车放在不同的地图上,微调程序中的各个参数,使小车能够完整地、平稳地、快速地巡线。

习题 5

1. 单光感巡线应该使用以下哪种传感器?( )

A.  B.  C.  D.

2. 利用颜色传感器实现巡线时,传感器的哪种工作模式不可用?( )
   A. 颜色识别模式　　　　　　　　　　B. 反射光强度模式
   C. 环境光强度模式　　　　　　　　　D. 都不可用

3. 在基于反射光强度模式的单光感巡线程序中,用下列哪个程序块来判断颜色传感器当前检测到的反射光强度值大小最佳?( )

A.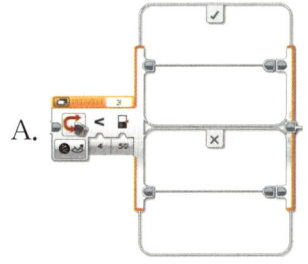

B.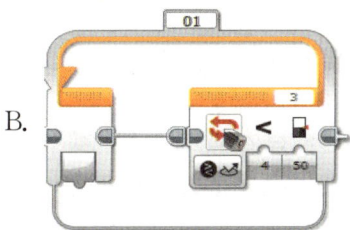

C.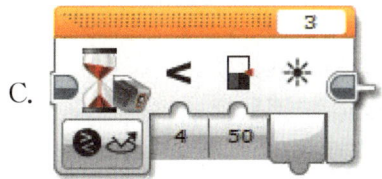

D.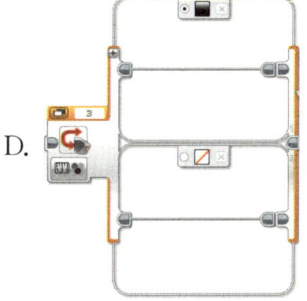

4. 在单光感巡线程序中,下列说法中正确的是( )。

A. 切换模块中输入的反射光强度阈值可以任意设定

B. 开始调试程序时,最好将小车行进的初始功率设定为 50

C. 测试场地的照明条件不影响程序的运行效果

D. 以上说法都正确

5. 在编写单光感巡线程序前,应该用下图中的(　　)查看颜色传感器的反射光强度值。

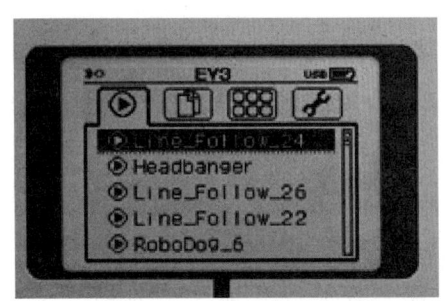

第 5 题图

A. 从左边开始数,第一个选项卡　　　　B. 从左边开始数,第二个选项卡

C. 从左边开始数,第三个选项卡　　　　D. 从左边开始数,第四个选项卡

6. 搭建单光感巡线小车模型时,传感器最好装在小车车头前方的(　　)。

A. 左侧　　　　B. 右侧　　　　C. 中间　　　　D. 随意安装

7. 对于单光感巡线程序,若小车在行进过程中左右摆动的幅度过大,应该(　　)转向值。

A. 尝试大幅增大　　　　　　　　B. 尝试大幅减小

C. 尝试稍微增大　　　　　　　　D. 尝试稍微减小

8. 颜色传感器检测到的反射光强度取值范围为 15～30,这可能是由于(　　)。

A. 环境昏暗　　　　　　　　　　B. 颜色传感器距离地面过高

C. 颜色传感器斜射到地面　　　　D. 以上都有可能

9. 在巡线小车模型搭建中,下列关于颜色传感器的安装说法中正确的是(　　)。

A. 颜色传感器应连接在程序块的字母"A、B、C、D"接口上

B. 颜色传感器应紧贴地面

C. 颜色传感器在程序块上的接口应该与切换程序块中设置的接口一致

D. 颜色传感器距离地面应该超过 5 cm

10. 下列哪种方法可以优化单光感巡线程序?(　　)

A. 将小车的功率设为 100　　　　B. 将两态控制变成三态控制

C. 将转向参数设置 100　　　　　D. 以上都有可能

11. 在巡线程序中,用于控制电机行走的移动转向模块最好设置为(　　)。

A. 开启模式　　　　　　　　　　B. 开启指定秒数模式

C. 开启指定度数模式　　　　　　D. 开启指定圈数模式

12. 在比例巡线程序中,应该使用颜色传感器的(　　)工作模式。

A. 颜色　　　　B. 反射光强度　　　　C. 环境光强度　　　　D. 以上都可以

13. 若小车颜色传感器检测到的反射光强度为 10～82,则在编写比例巡线程序时,初始目标值最好设定为(　　)。

A. 10　　　　　　B. 82　　　　　　C. 46　　　　　　D. 100
14. 在测试比例巡线程序时发现,小车向前行进时车身左右摆动幅度过大,应该(　　)。
    A. 增大增益值　　B. 减小增益值　　C. 增大目标值　　D. 减小目标值
15. 关于比例巡线程序,下列说法中正确是(　　)。
    A. 颜色光传感器检测的是当前位置处的反射光强度
    B. 同样的比例巡线程序适用于不同的地图
    C. 同样的比例巡线程序适用于不同的照明条件
    D. 以上不正确
16. 在测试比例巡线程序时发现,小车总是容易偏离急弯道至地图外侧区域,此时调试程序参数的最佳方法是(　　)。
    A. 改变目标值　　　　　　　　　　B. 减小增益值
    C. 增大移动转向模块的功率　　　　D. 以上调试无差别
17. PID控制算法,包含哪几个部分?(　　)
    A. 比例控制项　　　　　　　　　　B. 积分控制项
    C. 微分控制项　　　　　　　　　　D. 以上都是
18. 在基于PID控制原理的巡线程序中,积分控制项的作用是(　　)。
    A. 补偿当前误差值的影响　　　　　B. 补偿过去误差值的影响
    C. 预测前方曲线的变化方向　　　　D. 以上都是
19. 在基于PID控制原理的巡线程序中,微分控制项的作用是(　　)。
    A. 补偿过去误差值的影响　　　　　B. 补偿当前误差值的影响
    C. 预测前方曲线的变化方向　　　　D. 以上都是
20. 在基于PID控制原理的巡线程序中,比例控制项的作用是(　　)。
    A. 补偿过去误差值的影响　　　　　B. 补偿当前误差值的影响
    C. 预测前方曲线的变化方向　　　　D. 以上都是
21. 在测试PID巡线程序时发现,小车在巡直线路段也总是偏移向一侧,此时应该(　　)。
    A. 改变比例控制项　　　　　　　　B. 改变微分控制项
    C. 改变积分控制项　　　　　　　　D. 以上都不可以

项目 6

智能小车探险

实践任务 6.1　智能碰碰车

【任务目标】

基本目标：
1. 基于单一触动传感器利用串行命令完成碰碰车控制。
2. 基于单一触动传感器利用切换模块完成碰碰车控制。

进阶目标：
1. 基于两个触动传感器完成碰碰车控制。
2. 基于多个触动传感器完成碰碰车控制。

【任务背景】

碰碰车是一种广为人知的休闲娱乐设施，在很多游乐场都可以看到碰碰车的身影。碰碰车的种类很多，包括天网碰碰车（天花板上有通电的电网），地网碰碰车（通过导电地板通电）以及电瓶碰碰车（碰碰车内置电池，充满电即可行驶），如图 6-1 所示。在游玩中，游戏者可以驾驶碰碰车在场内行驶、旋转，途中还可以"横冲直撞"，将对手的车碰开。一般情况下，碰碰车的速度很慢，碰撞不会对人或者车造成损伤。

(a) 天网碰碰车　　　　　　　(b) 地网碰碰车　　　　　　　(c) 电瓶碰碰车

图 6-1　碰碰车的种类

本任务将以 EV3 智能小车作为载体，利用移动转向模块（或移动槽模块）、切换模块、循环模块，并结合触动传感器检测到的信息编写多种程序，最终实现智能碰碰车。

【任务实训】

6.1.1 智能碰碰车要求

碰碰车在碰撞之后会随机转弯,之后又会不断地与其他车辆或游戏场墙壁碰撞,每次碰撞之后,都会随机转弯接着继续行驶。触动传感器可以探测小车是否碰撞到障碍物,当触动传感器被按压时,就表明小车碰撞到了障碍物,反之,未被按压时,就表明没有碰撞到障碍物。本任务的主要装备是在前述项目中已经搭建完成的乐高小车和触动传感器,如图 6-2 所示。

图 6-2 乐高小车(左)和触动传感器(右)

真实的碰碰车周身任何位置都有可能与其他车辆或者游戏场墙壁碰撞,如果想要做到 360°无死角的碰撞检测,则需要不限数量的传感器,并在乐高车身周边密布,这是一种理想情况。在只使用单触动传感器的情况下,建议将传感器安装在车头前方且朝前,以与小车的行驶方向保持一致,便于碰撞检测,如图 6-3 所示。

图 6-3 触动传感器安装效果

在乐高车上安装触动传感器的过程中,要确保车辆和触动传感器的牢固性,保证二者不会在碰撞过程中散架。安装完成后,要对触动传感器进行检测:在程序块中选择"应用程序"菜单,点击"Port View",查看传感器状态。当触动传感器被按压时,屏幕显示端口数据为"1",未被按压时,端口数据为"0",状态正常方能使用,如图 6-4 所示。

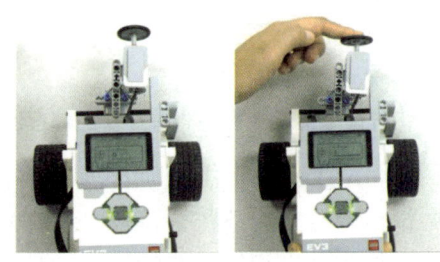

图 6-4 用程序块检测触动传感器的工作状态

硬件准备工作完成后,在编写程序之前,还应考虑碰碰车速度的问题。为安全起见,要求碰碰车的速度不能过快。碰碰车的速度可以用动量定理进行初步判断。由动量定理可知 $\Delta(mv)=Ft$,其中,m 为小车的质量,v 为小车的速度,F 为作用在小车上的外力,t 为外力作用的时间。在碰撞过程中,小车的质量 m 不变,假设碰撞时间 t 基本不变,由此可知,Δv 越大,F 越大,小车越容易因碰撞损坏。因此,在设计程序时,为了保障小车的安全性,一般要求小车的行驶速度不能超过最高功率的 50%。

6.1.2 实操步骤及流程

1. 基于单一触动传感器利用串行命令实现碰碰车控制

将一个触动传感器安装在车头前方,且方向朝前,高度低于桌边挡板,如图 6-5 所示。碰撞墙壁或者其他车辆后,小车后退一段距离,并左转或右转某一角度。在碰撞转向过程中,不能反复只撞同一面墙。碰撞后,小车后退转弯完成后,继续前进,并不断循环。

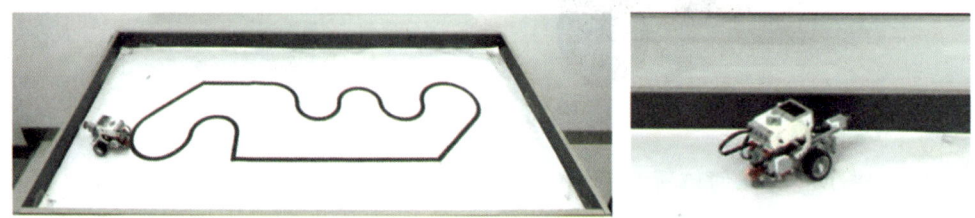

图 6-5 智能碰碰车场地及触动传感器与桌边挡板的关系

基于上述碰撞→后退→转向前进功能循环的要求,小车所对应的串行命令编程流程如图 6-6 所示。

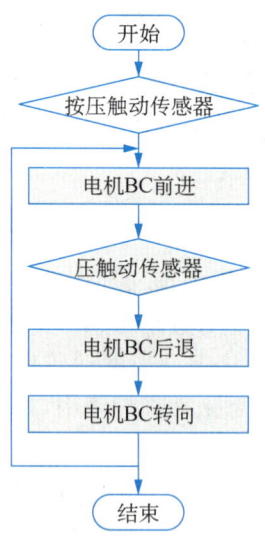

图 6-6 串行命令实现智能碰碰车控制的编程流程图

基于图 6-6 可以在 EV3 软件中编写相应程序,如图 6-7 所示。该程序实现了直行中的小车在碰撞后先后退再右转一定角度后继续前行,若再次发生碰撞,则重复上述步骤。

在编写程序的过程中要特别注意电机和传感器的端口号是否正确。例如图 6-7 的程序中,显示小车的左轮电机连接在端口 B,右轮电机连接在端口 C,触动传感器连接在端口 1。

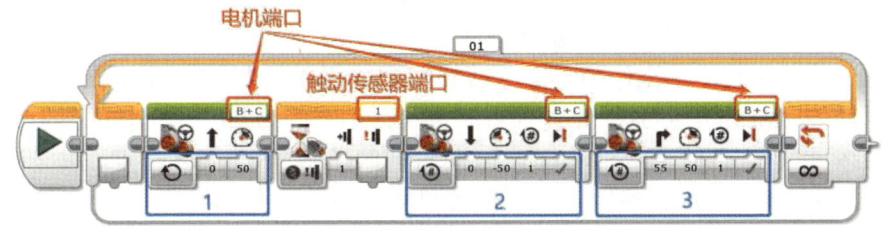

图 6-7 串行命令实现智能碰碰车控制的程序

图 6-7 的程序中,第一个移动转向模块执行前进的动作,此时只需要把电机开启即可,此动作一直执行到后面的等待模块被触发为止。等待模块遇到触动传感器被按压之后得以满足条件,程序继续向下执行。

图 6-7 的程序中,第二个移动转向模块执行后退一定距离的动作,给小车留出能够转弯的合适空间,此处使用了开启指定圈数模式,目前程序中设置为 1 圈。在调试的过程中,需要根据实际情况进行调整。如果小车后退距离过短,影响后继转弯,则需要调大圈数;反之如果小车后退距离过长,则需要调小圈数。

图 6-7 的程序中,第三个移动转向模块执行右转一定角度的动作,此处使用了开启指定圈数模式,目前程序中设置为 1 圈。在调试的过程中,需要根据实际情况进行调整。如果小车右转角度过小,导致反复碰撞同一堵墙,则需要调大圈数;反之如果小车右转角度过大,则需要调小圈数。参数的调节会影响小车运行的效果。

图 6-7 的程序中,等待模块工作在"触动传感器—比较—状态"模式下,需要注意选择正确的触动传感器的工作状态。触动传感器的工作状态如图 6-8 所示,分别为松开、按压和碰撞,而"碰撞"一词和碰碰车非常相关,很多读者会下意识地选择碰撞指令,但其实这是错误的。原因就在于碰撞是一个动态过程,需要按压并且松开,但碰碰车碰撞后无法自行后退完成松开的动作,故无法自行完成碰撞指令,在这种情况下,选择按压状态更合适。

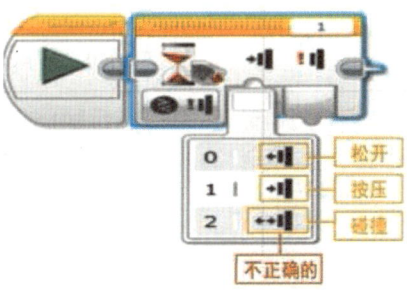

图 6-8 触动传感器的工作状态

在编写程序时,也可以使用移动槽模块替换图 6-7 程序中的移动转向模块,达到相同的效果。使用移动槽编程模块编写的程序如图 6-9 所示。同样地,首先需要检查电机和传感器的端口号正确与否,在保证端口号正确的情况下,再进行测试调节。移动槽模块中的参数同样需要根据小车实际运行情况进行修正。

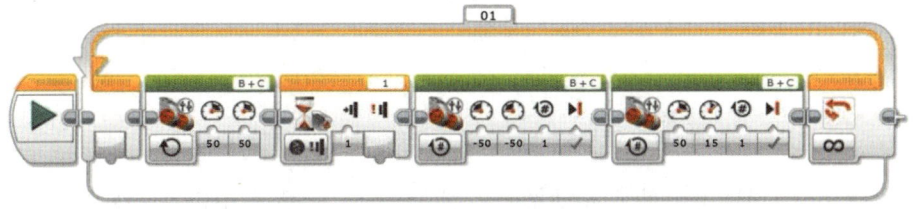

图 6-9 使用移动槽模块和等待模块实现智能碰碰车控制的程序

将编写好的程序下载至 EV3 主机,再将小车置于测试台,观察小车的运行效果,根据小车的运行状态调整参数后,再次下载程序并测试,直至小车的运行状态良好。

2. 基于单一触动传感器利用切换模块实现碰碰车控制

将触动传感器是否被按压作为小车是否碰撞到障碍物的判断依据,决定后继流程的走向,即当"触动传感器被按压"这一条件为真时,执行"小车后退"和"小车转向"的操作;当"触动传感器被按压"这一条件为假时,执行"小车直行"的操作;如此循环往复。基于此要求,使用切换模块解决碰碰车问题的编程流程如图 6-10 所示。

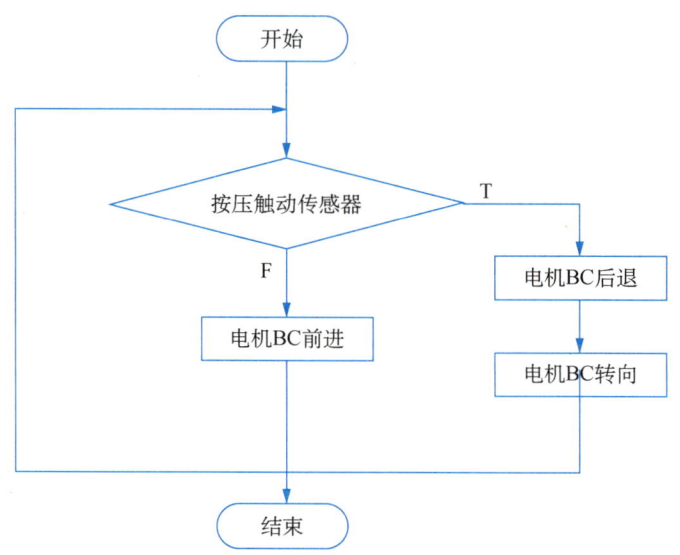

图 6-10 使用切换模块实现智能碰碰车控制的编程流程图

基于图 6-10 可以在 EV3 软件中编写相应程序,如图 6-11 所示。程序中的切换模块工作在"触动传感器—比较—状态"模式,当"触动传感器的状态为 1(按压)"的条件为真时执行上面"✓"分支的命令,条件为假时执行下面"✗"分支的命令。

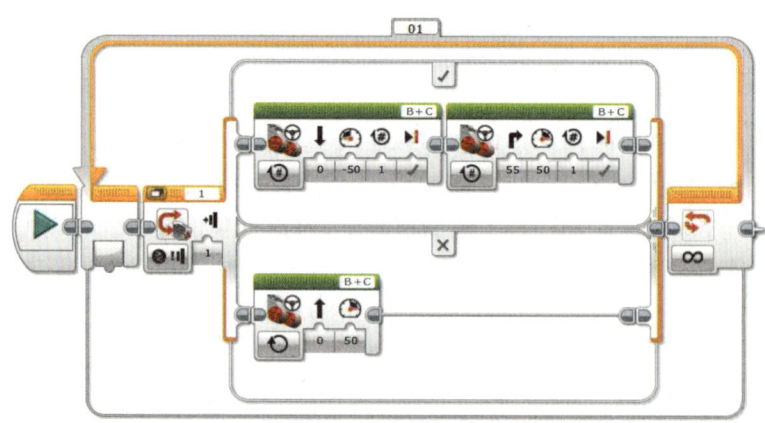

图 6-11 使用切换模块实现智能碰碰车控制的程序

在编写程序时,同样可以使用移动槽模块替换图 6-11 程序中的移动转向模块,达到相同的效果。使用移动槽编程模块编写的程序如图 6-12 所示。

项目6 | 智能小车探险

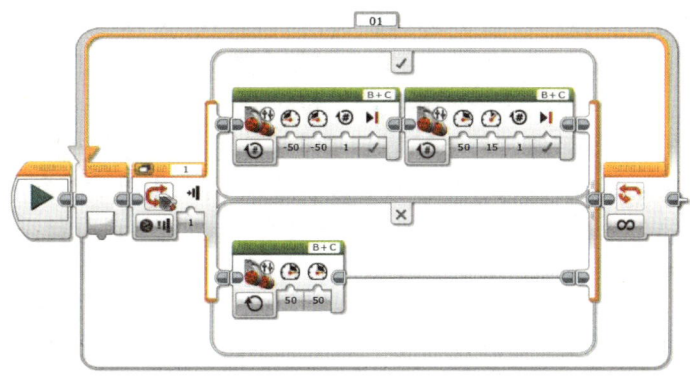

图 6-12 使用移动槽模块和切换模块实现碰碰车控制的程序

无论使用移动转向模块还是移动槽模块,都需要检查电机的端口号是否正确。使用切换模块同样也要检查传感器的端口号是否正确。在保证端口号与实际连接一致情况下,才能进行测试调节。例如,图 6-11 和图 6-12 中的程序,显示小车的左轮电机连接在端口 B,右轮电机连接在端口 C,触动传感器连接在端口 1。

和串行命令实现碰碰车控制的程序调试一样,移动转向模块或移动槽模块中的参数将直接影响小车的运行状态,需要根据小车实际运行情况,对相应参数进行修正。例如,在图 6-12 的程序测试过程中,使用了开启指定圈数模式,目前程序中设置为 1 圈,如果小车后退距离过短,影响后继转弯,则需要增加后退动作的圈数,反之如果小车后退距离过长,则需要减少后退动作的圈数,如图 6-13 所示。同样地,在图 6-12 的程序测试过程中,如果小车碰撞后转弯角度过小,导致反复碰撞同一堵墙,则需要增加转弯动作的圈数,反之如果小车碰撞后转弯角度过大,则需要减少转弯动作的圈数,也可以减小左右车轮之间的功率差别,从而减小转弯的角度,如图 6-14 所示。

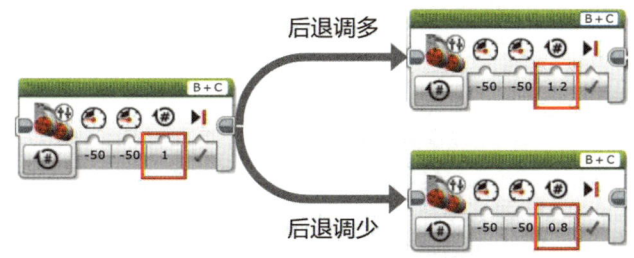

图 6-13 碰碰车移动槽模块后退动作的调节

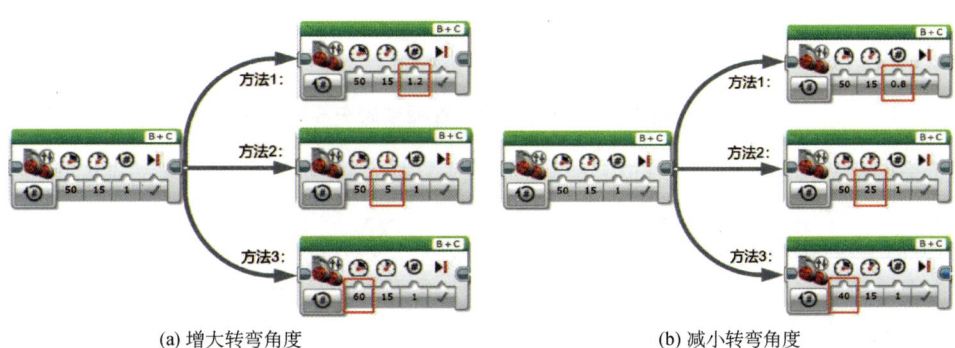

(a) 增大转弯角度　　　　　　　　　　　(b) 减小转弯角度

图 6-14 碰碰车移动槽模块转弯动作的调节

程序的测试调节过程是一个反复逼近最佳运行状态的过程。将编写好的程序下载至EV3主机，再将小车置于测试台，观察小车的运行效果，根据小车的运行状态调整参数后，再次下载程序并测试，直至小车的运行状态良好。每一台小车的实际情况不同，因此对于某一台小车运行良好的程序，对另外一台小车不一定适用，即使完全按照相同方法搭建的小车也会存在差异，如数据线长短不同、走向不同、插接的端口不同、电机的运行状态不同等都会影响小车的状况。在实际操作中必须细心调节各自的小车，直至其运行状态良好。

3. 基于两个触动传感器实现碰碰车控制

在使用两个触动传感器的情况下，可以将两个触动传感器安装在两个不同方向，如图 6-15 所示，并将两个触动传感器分别命名为 1 号触动传感器，安装于端口 1；2 号触动传感器，安装于端口 2。所有安装的触动传感器的高度都应低于桌边挡板高度，保证能够与桌边挡板正常碰撞。此时，无论是 1 号触动传感器还是 2 号触动传感器被按压，都表明小车碰到障碍物，需要后退一段距离，再左转或右转某一角度，然后继续前行直至下一次碰撞，并不断循环。同样地，在碰撞转向过程中，不能反复只撞同一面墙。

基于上述双触动传感器碰撞→后退→转向前进功能循环的要求，小车所对应的编程流程如图 6-16 所示。

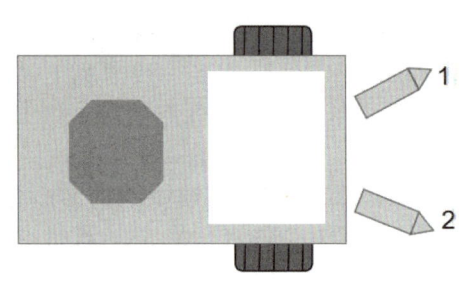

图 6-15 双触动传感器智能碰碰车

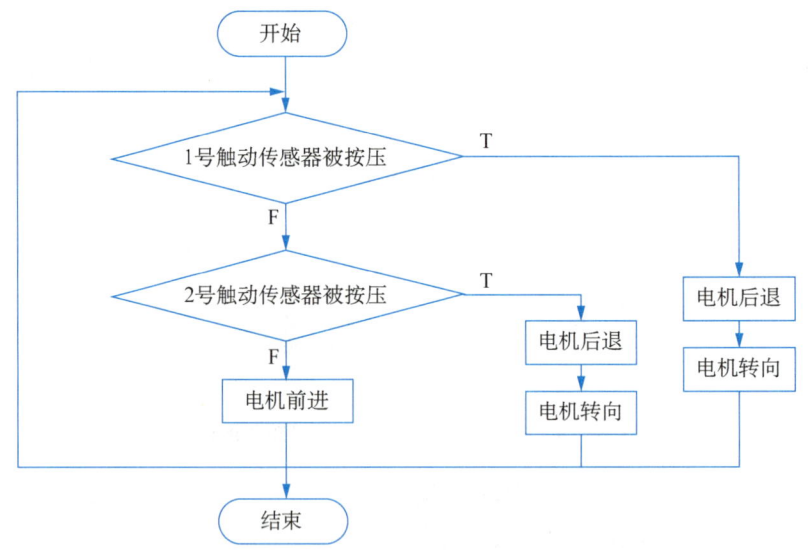

图 6-16 基于两个触动传感器智能碰碰车控制的流程图

基于图 6-6 可以在 EV3 软件中编写相应程序，如图 6-17 所示。因为要先后判断 1 号和 2 号触动传感器的状态，所以程序中使用了切换嵌套切换的编程方法，实现两次判断。

图 6-17 的程序中，切换模块工作在"触动传感器—比较—状态"模式。我们知道，触动传感器的静止状态有两种，分别为 0（松开）、1（按压）。1 号和 2 号两个传感器组合在一起，状态就有四种可能性，分别为（1，1）、（1，0）、（0，1）和（0，0）。在图 6-17 的程序中，两层切

换嵌套在一起,将情况分为三种。最上面的情况Ⅰ对应触动传感器(1,1)或(1,0)的状态,中间的情况Ⅱ对应触动传感器(0,1)的状态,最下面的情况Ⅲ对应触动传感器(0,0)的状态。可以看到,无论在情况Ⅰ和还是Ⅱ下,因为触动传感器都会被按压,所以小车都需要执行后退一定距离,然后右转一定角度的命令,因此后退和右转命令使用的是开启指定圈数模式。只有在情况Ⅲ下,触动传感器均未被按压,所以小车将直行,直至下一次碰撞为止,因此直行命令使用的是开启模式。编写调试程序时,务必要对端口进行核实,保证端口号与实际连接一致,否则将影响程序的正常运行。例如图 6-17 的程序中,显示小车的 1 号触动传感器连接在端口 1,2 号触动传感器连接在端口 2,小车左轮电机连接在端口 B,右轮电机连接在端口 C。

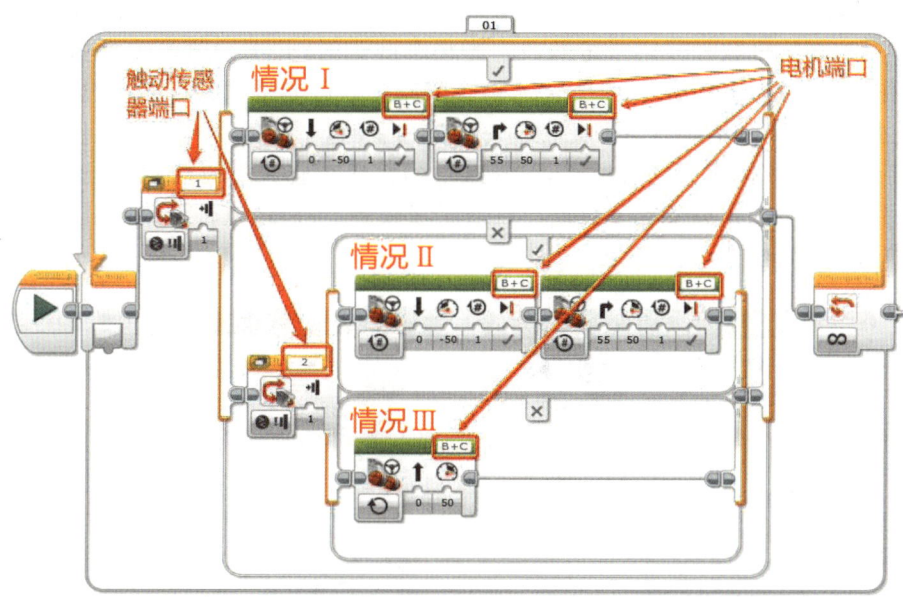

图 6-17 基于两个触动传感器智能碰碰车控制的程序

请读者思考,如果使用多个触动传感器来实现碰碰车功能,又该如何安装触动传感器和编写程序呢?

6.1.3 常见问题及注意要点

在实现碰碰车任务的过程中,应该注意以下问题:

(1) 连接电机传感器与 EV3 程序块的数据线不宜过长,以免在完成动作时,刮擦桌边挡板或其他小车。安装数据线时,注意不要摩擦轮胎,以免人为增大行驶阻力或造成左、右轮电机差异,影响小车正常行驶。

(2) 在安装触动传感器时,要注意其安装位置、朝向和高度。触动传感器应朝车辆外侧,向着障碍物的方向。在只有一个触动传感器的情况下,触动传感器应安装于车头前方,传感器触动端朝前,便于在行驶过程中与障碍物碰撞。传感器的高度不能过低也不能过高,要适配测试台。注意不要贴着地面安装,否则小车在行驶过程中容易受到地面不平整的影响,从而产生误操作。如果传感器安装得过高,超过桌边挡板的高度,将无法与桌边挡板正常碰撞,从而失去其应起的作用。触动传感器安装完成后,在编写运行程序前,需对传感器状态进行检测,测试数据正确无误,状态正常后,再进入下一环节开始编写程序。

(3)在本任务中,使用等待模块和切换模块时,涉及触动传感器的端口问题;使用移动转向模块和移动槽模块时,涉及电机的端口问题,在编写程序的过程中,务必要仔细核查,确保程序中的端口和传感器以及电机实际连接的端口一致。触动传感器可以连接在EV3程序块端口1、2、3、4中的任意一个位置上。读者应知晓触动传感器的连接端口,尤其在有多个触动传感器同时连接的情况下,应明确知悉每个触动传感器连接的具体端口。大型电机和中型电机可以连接在EV3程序块端口A、B、C、D中的任意一个位置上。移动转向模块和移动槽模块可以同时驱动两个大型电机,端口号"A/B/C/D+A/B/C/D"对应为"左轮电机端口号+右轮电机端口号",左轮和右轮的端口号不能搞反、搞错。

(4)移动转向模块和移动槽模块都提供了五种工作模式(图6-18),即关闭、开启、开启指定秒数、开启指定度数和开启指定圈数。当小车前进时,并不知道要前进的距离或时间,前进的动作一直持续,直到碰撞到障碍物,这个障碍物有可能是测试台的桌边挡板也有可能是随机开过来的另外一辆小车。因此在编写前进命令时,不能使用开启指定秒数、开启指定度数和开启指定圈数模式,而应选择开启模式。当碰碰车碰到障碍物后,后退并转弯时,可以使用开启指定秒数、开启指定度数或开启指定圈数模式,指定碰碰车的后退距离和转弯角度,而不能选择开启模式。

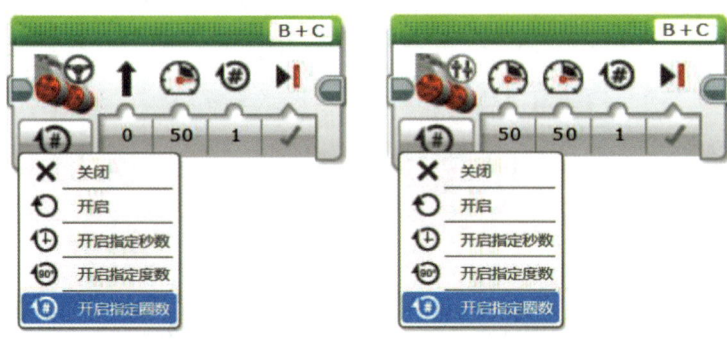

图6-18 移动转向模块(左)和移动槽模块(右)的工作模式

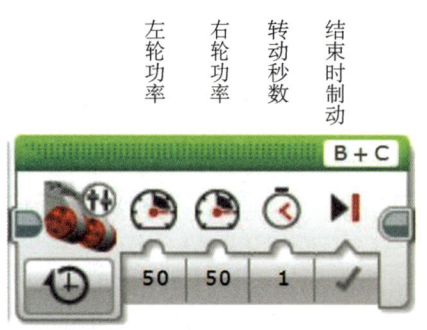

图6-19 移动槽模块的参数

(5)参数调节是非常重要的一项技能,工作在不同参数下的碰碰车,表现出的运行状态是不一样的。图6-19为移动槽模块工作在开启指定秒数模式下的参数,包括左轮功率、右轮功率、转动秒数和结束时制动。功率的调节范围为-100~100。

当左、右轮功率都调节为50和50时,左、右轮行走的速度相同且同为正转,小车前进,此时秒数决定小车的前进距离。当左轮功率和右轮功率分别调节为50和10时,左、右轮同为前进,但是由于右轮速度更慢,所以小车在后退的过程中会右转,此时秒数决定小车的右转角度。当左轮功率和右轮功率分别调节为-20和-50时,左、右轮同为后退,但是由于左轮速度更慢,所以小车在后退的过程中会左转,此时秒数决定了小车的左转角度。当控制小车运行时,需要根据设计意图确定具体参数。参数的初始值一般是不合适的,需要根据小车实际运行情况,对相应的参数进行仔细的修正。每次修正之后,要比较修正前后小车的运行情况,分析参数的调节对小车运行状态的影响,明确参数数值与碰碰车运行状态的关联,积累调节参数的经验,达到理论上明晰参数的影响效果,实践中熟练且准确地修正参数,做到知行合一,理实结合。

(6)切换模块可以单独使用,也可以嵌套使用。如图 6-20 所示,使用单个切换根据条件"触动传感器—比较—状态"切换时,可以分成两种情况;使用两个切换嵌套在一起根据条件"触动传感器—比较—状态"切换时,可以分成三种情况;使用三个切换嵌套在一起根据条件"触动传感器—比较—状态"切换时,可以分成四种情况。在编程的过程中需要根据设计意图选用相应的方式。

读者可以在实践中不断探索总结其他注意事项,碰碰车任务到此结束。

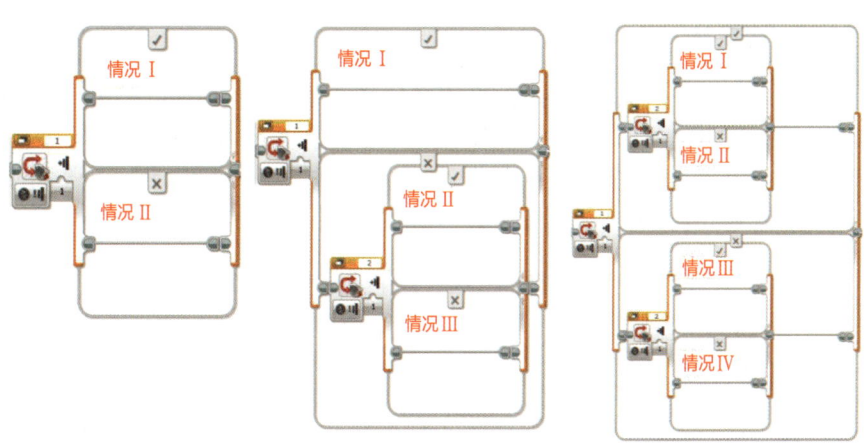

图 6-20 切换模块和切换嵌套切换模块

【任务小结】

本任务带领读者学习了如何基于单个或两个触动传感器,利用移动转向、循环和切换模块实现碰碰车控制。

【拓展任务】

将多个触动传感器安装在车身不同方向,如车身的前、后、左、右,使 EV3 小车与障碍物碰撞后,可以实现后退、旋转、前进中旋转等功能,动作更加丰富、更加接近真实碰碰车。尝试完成相应编程,实现碰碰车的控制。

实践任务 6.2 智能小车巡框行驶

【任务目标】

基本目标:

基于一个触动传感器和一个超声波传感器完成小车巡框行驶。

进阶目标：
基于两个超声波传感器完成小车巡框行驶。

【任务背景】

在某些特定工作情况下，自动行走机器人需要根据实际环境实时判断道路情况，使其能够在复杂环境中前行、转弯，而不至于撞壁。本任务将以 EV3 智能小车作为载体，基于触动传感器和超声波传感器，利用移动转向模块（或移动槽模块）、切换模块和循环模块，并结合传感器检测到的触动信息和距离信息编写多种巡框程序，实现智能小车巡框行驶。

【任务实训】

6.2.1 巡框行驶要求

巡框行驶的测试台是一长方形台面，长和宽分别约为 2.5 m 和 1.5 m，测试台边缘有高度约为 8 cm 的挡板，如图 6-21 所示。巡框行驶要求小车能够自动沿着测试台边缘行走，在行驶过程中，小车与测试台边缘挡板间的距离既不能太近也不能太远，当遇到测试台转角时，小车能够自动转弯，如图 6-22 所示。

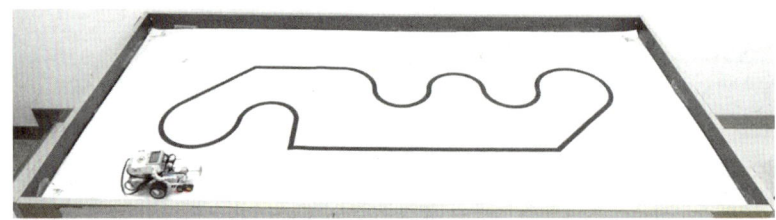

图 6-21 测试台外观

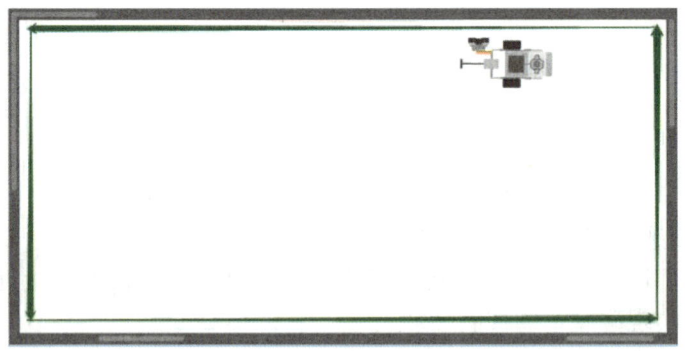

图 6-22 智能小车巡框的行驶路线

为保证小车能够正常贴着桌边行走，需要借助具有测距功能的超声波传感器协助调节控制车与挡板之间的距离。因为 EV3 乐高套件中只有一个超声波传感器，已被贴边行走所用，所以判断遇到桌角控制小车转弯的任务，就要借助触动传感器来完成。利用触动传感器检测到的触动信息和超声波传感器检测到的距离信息，才能检测小车在巡框行走过程中遇到的各种情况，最终实现智能小车巡框行走。

巡框任务具体要求：触动传感器安装在车头，小车碰撞墙壁后后退，并转弯，不能只撞同一面墙；使用超声波传感器，使小车与墙的距离保持在 6 cm 左右。

触动传感器的安装和检测可以参考实践任务 6.1，不再赘述，此处主要介绍超声波传感器的安装与检测。

超声波传感器的安装：要注意其安装位置、朝向和高度。首先，考虑位置：超声波传感器作为探路传感器，必须安装在小车前轮之前，方能有效指挥车辆运行。其次，考虑朝向：超声波传感器用于探测小车和墙壁的距离，因此需要朝着墙壁，当超声波传感器朝向右侧（左侧）时，小车在测试台上逆时针（顺时针）行驶。最后，考虑高度：超声波传感器发出的超声波被测试台桌边挡板阻挡反射，方能测量出二者之间的距离，而且如果超声波传感器高于桌边挡板，超声波将无法被桌边挡板反射，超声波传感器就会失去其应有的作用，因此超声波传感器应低于桌边挡板。基于以上要求，触动传感器和超声波传感器的安装如图 6-23 所示。

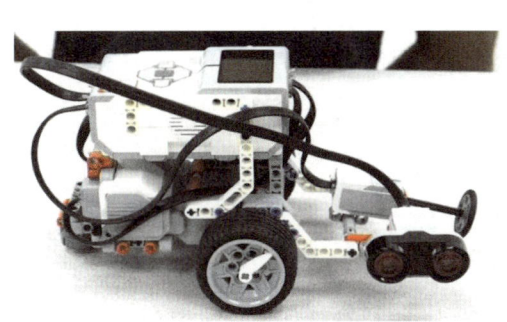 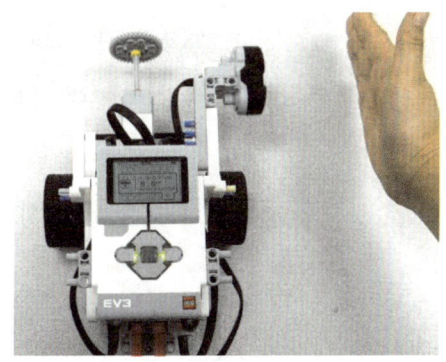

图 6-23　触动传感器和超声波传感器安装效果　　图 6-24　用程序块检测超声波传感器的工作状态

超声波传感器的检测：在程序块中选择"应用程序"菜单，点击"Port View"，查看传感器状态。如图 6-24 所示，超声波传感器连接于端口 4，所测距离将显示在 EV3 屏幕上。将手放于超声波传感器前方，即可测量出手与超声波传感器之间的距离，如果移动手掌，随着手掌位置的变化，超声波传感器测量的距离也会随之变化，状态正常方能使用。

6.2.2　实操步骤及流程

1. 基于一个触动传感器和一个超声波传感器的巡框行驶（初级版）

根据巡框行驶要求可知，如果触动传感器被按压，则表明小车撞到桌边挡板，行驶到测试台的桌角，此时需要让小车顺利完成左转 90°的动作，为了保证小车能够顺利转弯，首先需要让小车后退一定距离，给转弯动作留出空间，然后再左转弯 90°。

如果触动传感器未被按压，当小车贴边行走时，需要通过超声波传感器测量小车与桌边挡板之间的距离，并根据距离判断小车应该靠近还是远离挡板，从而使小车始终与挡板之间维持 6 cm 的合适距离。巡框行驶初级控制的处理方式：距离大于 6 cm，说明小车离挡板过远，应使小车转向挡板；距离小于 6 cm，说明小车离挡板过近，应使小车远离挡板。

思考一下巡框行驶使用的两个传感器是并列关系还是递进关系？在此处，递进关系更合适，而且先判断触动传感器，再判断超声波传感器是一种最佳选择。整个判断动作的过程无限循环，就可以实现巡框行驶的要求。

基于上述逻辑思维，初级版巡框行驶所对应的编程流程如图 6-25 所示。

基于图 6-25 可以在 EV3 软件中编写相应程序，如图 6-26 所示。

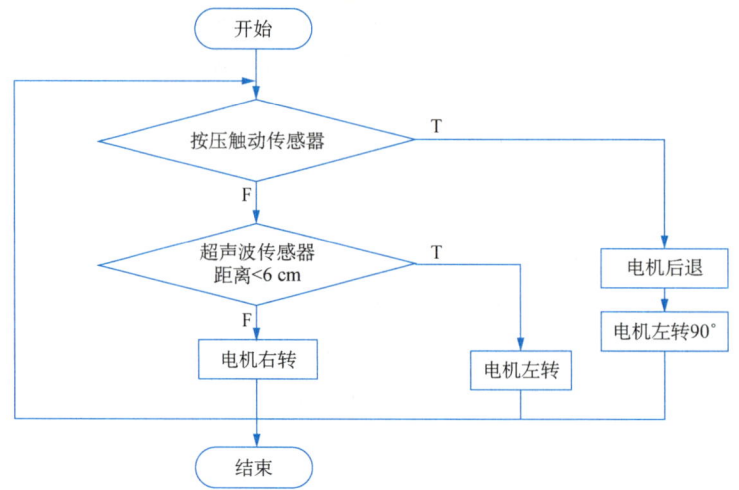

图 6-25 初级版巡框行驶的编程流程图①

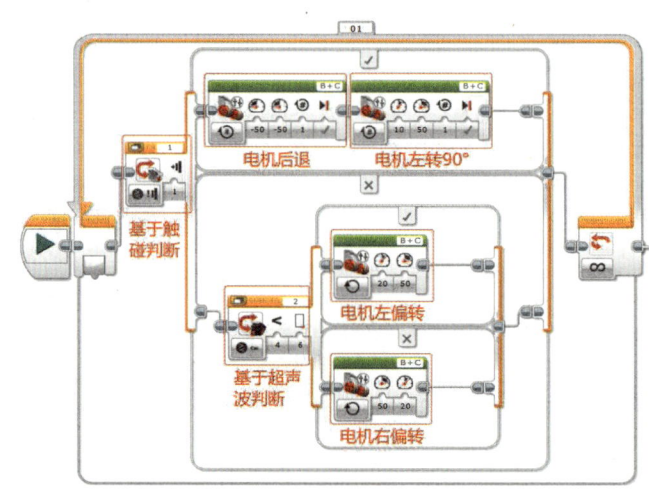

图 6-26 使用移动槽模块的初级版巡框行驶程序

在程序中,端口和参数是非常重要的部分。

首先应该检查程序中所有传感器和电机的端口是否与小车真实连接情况一致。例如图 6-26 的程序中,显示触动传感器连接在端口 1,超声波传感器连接在端口 2,小车的左轮电机连接在端口 B,右轮电机连接在端口 C。编写程序时,务必要进行核实,否则传感器和电机无法正常运行。

图 6-26 的程序中,第一层切换模块工作在"触动传感器—比较—状态"模式下,需要注意选择正确的触动传感器的状态。触动传感器有松开、按压和碰撞三种状态,和碰碰车一样,由于小车碰墙之后无法自行后退完成松开的动作,在这种情况下,选择按压状态作为判断条件更合适。

当"触动传感器被按压"这一条件为真时,小车执行"后退一定距离"和"左转 90°"的动作。图 6-26 的程序使用移动槽模块完成这两个动作,且这两个动作都使用开启指定圈数模式。①"后退一定距离"的动作:左、右轮电机的功率均设置为 −50,保证左、右轮同步后退。目前程序中设置为 1 圈,一般来说是不合适的,需要在实际调试过程中根据小车运行状况进

---

① 当距离=6 cm 时,小车直行,无需左转或右转,但在实际操作中,此种情况难以长时间持续,一般可忽略。

行调节。如果后退距离过短,影响后继转弯,如小车总是容易在转弯过程中碰到墙上,则需要增加后退动作的圈数,反之如果小车后退距离过长,导致后继转弯动作后小车离墙壁太远,则需要减少后退动作的圈数。②"左转90°"的动作:左、右轮电机的功率分别设置为10和50,左、右轮同为前进,但是左轮速度更慢,所以小车在前进的过程中会左转。左、右轮功率差越大,转弯半径越小,左、右轮功率差越小,转弯半径越大,如果想要小车转急弯,就需要增加左、右轮功率差,例如可由10与50调为5与95;如果想要小车转缓和的弯,就需要减小左、右轮功率差,例如可由10与50调为20与40。在左、右轮功率设置不变的情况下,圈数决定转弯角度,圈数越大,转弯角度越大,圈数越小,转弯角度越小。此处,小车需要左转90°,目前程序中圈数设置为1,一般来说是不合适的,需要在实际调试过程中根据小车运行状况进行调节。小车的左转角度小于90°时,增加圈数,小车左转角度大于90°时,减小圈数。最后经过调节,保证小车正好左转90°。

当"触动传感器被按压"这一条件为伪时,进入贴边行走状态。在贴边行走时,图6-26的程序中,第二层切换模块工作在"超声波传感器—比较—距离"模式下,以6 cm为界,根据超声波传感器测量的距离,可以分成两种偏转情况:距离小于6 cm,电机左转;距离大于6 cm,电机右转。左转和右转动作都使用移动槽模块完成,且使用开启模式,注意此时因为并不知道小车需要偏转的幅度(小车的偏转幅度根据超声波传感器实时探测到的数据自动控制),所以不能选择开启指定秒数、开启指定度数或者开启指定圈数模式。左转动作:左、右轮电机的功率分别设置为20和50,左、右轮同为前进,但是左轮速度更慢,所以小车在前进的过程中会左转。注意,左、右轮之间的功率差不宜太大,因为此时小车离挡板太近,而操作目的只是让小车驶离挡板,并不是使其去做大角度的转弯。右转和左转的动作类似,只是左、右轮功率数值互换。在测试时,如果发现小车在贴边行驶过程中,偏转幅度太大,可以减小左、右轮之间的功率差,例如由20与50调为30与40;反之如果偏转幅度太小,导致小车撞到挡板或者离挡板越来越远,无法贴边行驶,则应增加左、右轮之间的功率差,例如由20与50调为10与60。

在编写程序时,也可以使用移动转向模块替换图6-26程序中的移动槽模块,达到相同的效果。使用移动转向编程模块编写的程序如图6-27所示。同样地,首先需要检查电机和传感器的端口号正确与否,在保证端口号正确的情况下,再进行测试调节。移动转向模块中的参数同样需要根据小车实际运行情况进行修正。

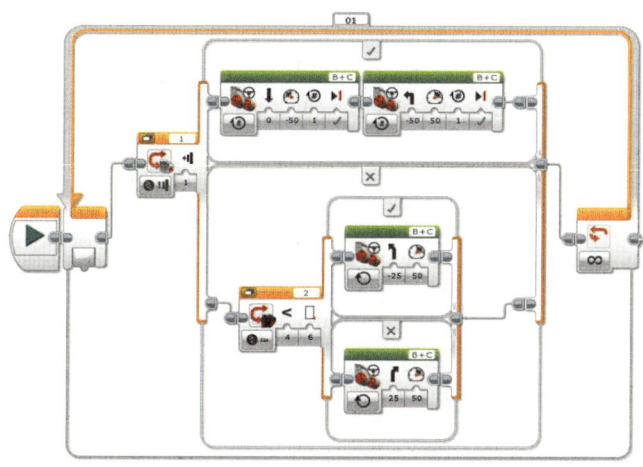

图6-27 使用移动转向模块的初级版巡框行驶程序

将编写好的程序下载至 EV3 主机,再将小车置于测试台,观察小车的运行效果,根据小车的运行状态调整参数后,再次下载程序并测试,直至小车的运行状态良好。

2. 基于一个触动传感器和一个超声波传感器的巡框行驶(升级版)

在测试图 6-26 和图 6-27 中的程序时,发现小车在贴边行走的过程中,呈锯齿形扭动前进,这种行驶方式的效率低。如果将原要求中小车和挡板间应保持的距离由 6 cm 改为 5～7 cm,就可以很好解决上述问题。此时,超声波传感器的判断条件为三种情况:小于 5 cm,大于等于 5 cm 小于 7 cm,大于等于 7 cm。

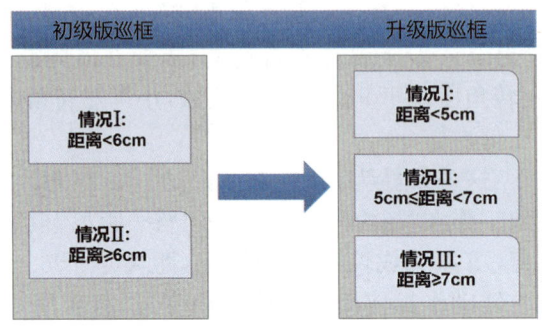

图 6-28 初级版和升级版巡框比较①

超声波传感器测量小车与桌边挡板之间的距离,并根据距离的远近判断小车应该靠近挡板、远离挡板还是直行,从而使小车始终与挡板之间维持 5～7 cm 的距离。巡框行驶升级控制的处理方式:当距离小于 5 cm,说明小车离挡板过近,应使小车远离挡板;当距离大于等于 5 cm 小于 7 cm 时,说明小车离挡板距离合适,小车直行;当距离大于等于 7 cm,说明小车离挡板过远,应使小车转向挡板。

基于上述逻辑思维,升级版巡框行驶所对应的编程流程如图 6-29 所示。

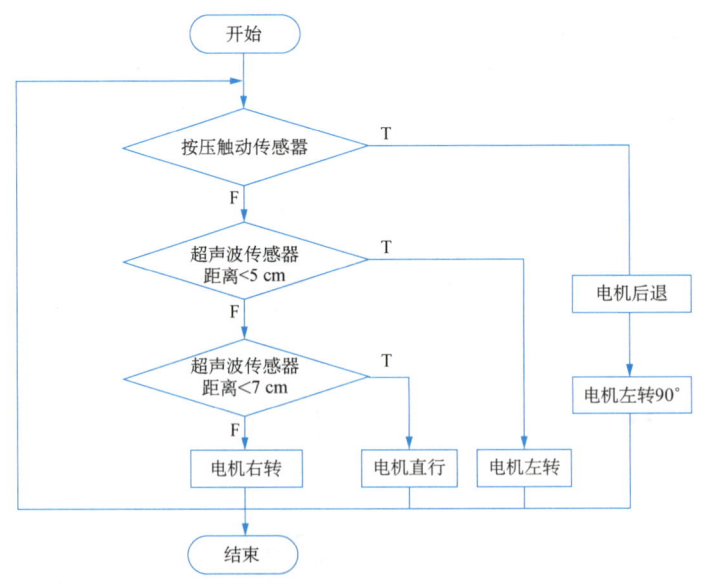

图 6-29 升级版巡框控制的编程流程图

---

① 初级版巡框情况 Ⅱ 中包含两种情况,当距离=6 cm 时,小车直行;当距离>6 cm 时,小车右转。

基于图 6-29 可以在 EV3 软件中编写相应程序,如图 6-30 所示。与图 6-26 或图 6-27 中的程序不同的是,图 6-30 中的程序通过嵌套两层切换模块,分成了距离小于 5 cm,执行左转动作;距离在大于等于 5 cm 小于 7 cm,执行直行动作;距离大于等于 7 cm,执行右转动作。其中左转和右转动作,可以沿用图 6-26、图 6-27 程序中适合的参数。新增加的直行动作,选择开启模式,左、右轮功率设置为相同的数值,例如均为 50 即可。

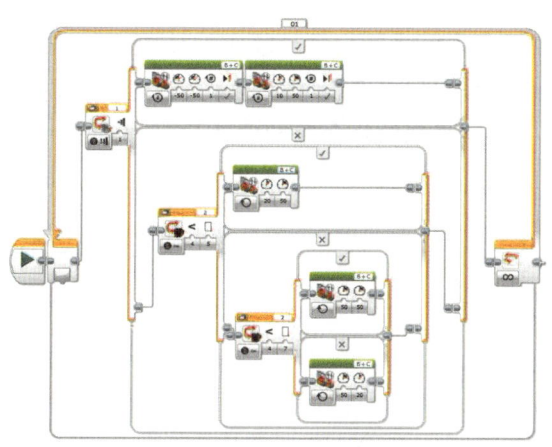 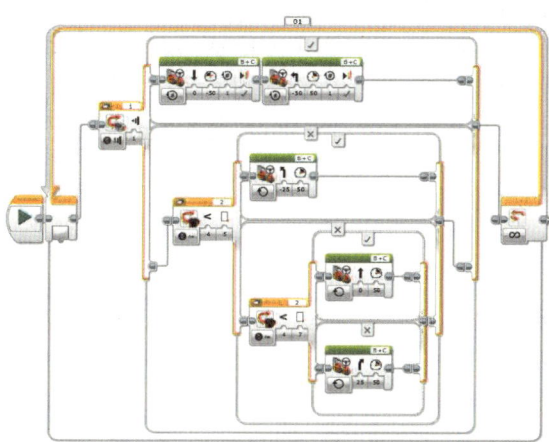

图 6-30 使用移动槽模块的升级版巡框控制的程序　　图 6-31 使用移动转向模块的升级版巡框行驶程序

在编写程序时,可以使用移动转向模块替换图 6-30 程序中的移动槽模块,达到相同的效果。使用移动转向编程模块编写的程序如图 6-31 所示。同样地,首先要检查电机和传感器的端口号正确与否,在保证端口号正确的情况下,再进行测试调节。左转和右转动作,可以沿用图 6-27 程序中适合的参数。新增加的直行动作,选择开启模式,转向参数设置为 0(即前进),功率设置为 50 即可。

无论使用移动转向模块还是移动槽模块,都要检查电机的端口号是否正确。使用切换模块同样也要检查传感器的端口号是否正确,在保证端口号正确的情况下,才能进行测试调节。移动转向模块或移动槽模块中的参数直接影响小车的运行状态,需要根据小车实际运行情况,对相应参数进行仔细修正,具体调节方法如实践任务 6.1 所介绍。测试调节程序的过程是一个反复逼近最佳运行状态的过程,需要一丝不苟、精益求精的精神。

3. 基于两个超声波传感器的巡框行驶

除上述基于一个触动传感器和一个超声波传感器的巡框行驶控制程序外,还可以采取基于两个超声波传感器的巡框行驶控制方法。

此时超声波传感器的安装依旧需要注意位置、朝向和高度。如图 6-32 所示,可以将 1 号超声波传感器安装在车头前方,朝向车身右侧;2 号超声波传感器安装在车头前方,朝向前方。两个超声波传感器都应低于桌边挡板,以保证超声波传感器发出的超声波能被测试台桌边挡板阻挡反射,超声波传感器能正确测量二者之间的距离。

2 号超声波传感器代替原来的触动传感器,判断小车是否到达测试台桌角,如果到达桌角,则左转

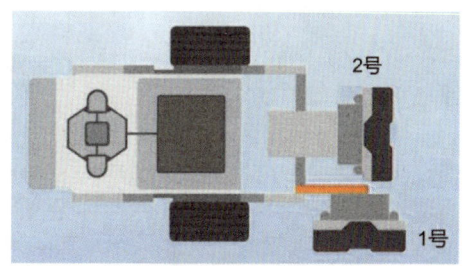

图 6-32 双超声波传感器巡框行驶中传感器的安装示意图

90°，使小车顺利通过桌角。与触动传感器的判断操作不同，超声波传感器可以在小车还未碰撞到桌角挡板时，预判其与桌角挡板的距离，因此，并不需要先让小车后退再左转 90°，而只需使小车左转 90°即可。

1号超声波传感器和前面两种方法中的超声波传感器相同，用于测量小车贴边行走过程中，其与桌边挡板间的距离，程序根据不同距离作出相应的动作指令，保证小车与桌边维持恰当距离。

因此，采用双超声波传感器时，程序依据 1 号超声波传感器与 2 号超声波传感器的判断作出决策，使小车执行不同的动作，并不断循环，就能实现小车无限巡框。

基于上述逻辑思维，双超声波传感器巡框行驶所对应的编程流程如图 6-33 所示。

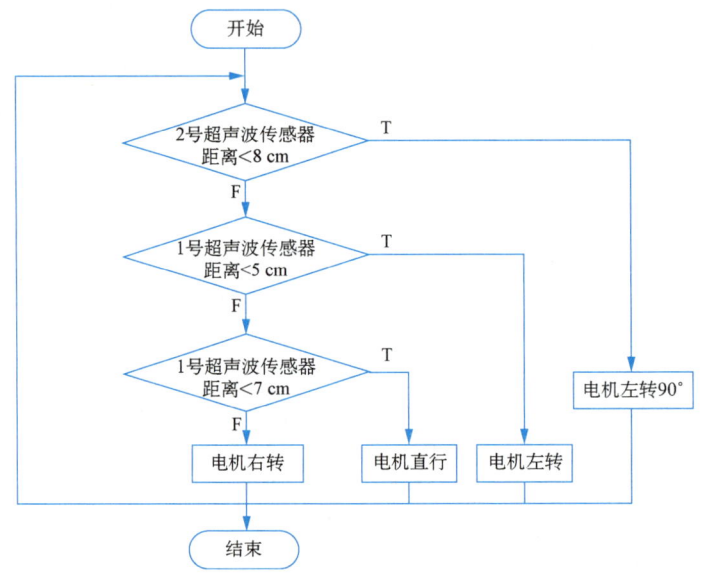

图 6-33　双超声波传感器巡框编程流程图

基于图 6-33 可以在 EV3 软件中编写相应程序，如图 6-34 所示。该程序基于的前提：1

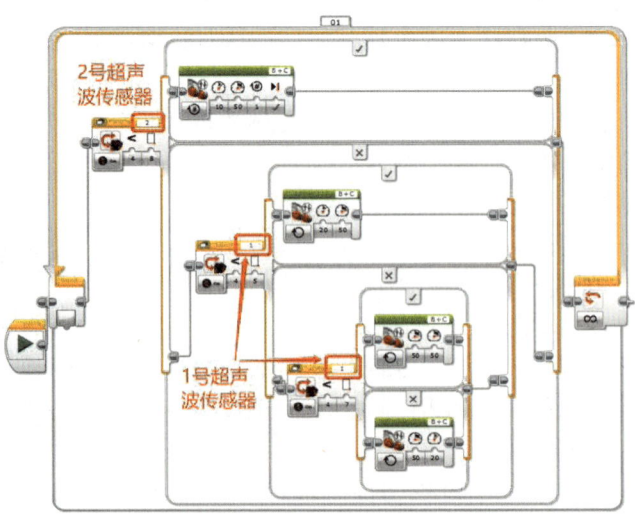

图 6-34　使用移动槽模块的双超声波传感器巡框行驶程序

号超声波传感器连接在端口 1,2 号超声波传感器连接在端口 2,小车左轮电机连接在端口 B,小车右轮电机连接在端口 C。程序中参数的调节方法可以借鉴前文。

在编写程序时,同样可以使用移动转向模块替换图 6-34 程序中的移动槽模块,达到相同的效果。使用移动转向编程模块编写的程序如图 6-35 所示。同样需要检查电机和传感器的端口号正确与否。

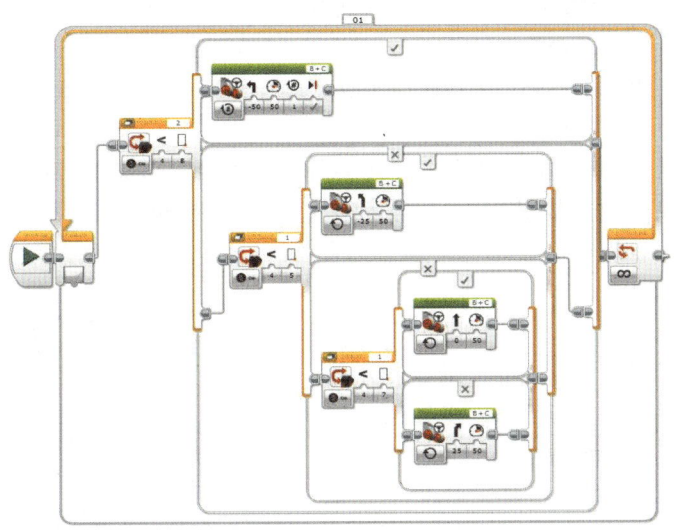

图 6-35　使用移动转向模块的双超声波传感器巡框行驶程序

6.2.3　常见问题及注意要点

与在碰碰车任务中类似,在实现巡框行驶任务的过程中,也应注意数据线的使用、触动传感器的安装、硬件的牢固、端口的匹配、参数的调节(详见 6.1.3 节),此外还应注意以下问题:

(1) 在安装超声波传感器时,要注意安装位置、朝向和高度。超声波作为探路传感器,主要用于预探车辆与挡板之间的距离,程序根据所测距离进行判断决策,确定小车接下来要执行的动作。超声波传感器必须安装在小车前轮的前方,最好与前轮相距 2 cm 以上。如果超声波传感器安装在小车右侧,小车逆时针巡框,如果安装在小车左侧,小车顺时针巡框。不论超声波传感器安装在右侧还是左侧,都尽量与车辆的最右侧(或最左侧)平齐,可以凸出一些,但是不要凹陷进去。

超声波传感器测距的有效范围是 3~255 cm。当障碍物落入 3 cm 之内时,就落入了传感器的盲区,此时超声波传感器会误以为没有障碍物。例如,小车右侧已经与挡板相撞,但小车仍然继续往挡板挤蹭。应避免发生这种无法正常测量的情况。

(2) 在小车巡框的任务中,对于小车的控制,有后退一定距离、左转 90°、左偏转、右偏转、直行等动作,这些动作既可以使用移动槽模块实现,也可以使用移动转向模块实现。建议在编写程序时,如果选择移动槽模块,那么所有的动作都使用移动槽模块完成,如果选择移动转向模块,那么所有的动作都使用移动转向模块完成,尽量不要混合使用。如果后退一定距离使用移动槽模块完成,左转 90°使用移动转向模块完成,这样混搭原则上是没有错误的,但是这容易让用户在调试的过程中混淆误导,影响调测。相应地,选定一个模块(移动转向模块或移动槽模块)后,当需要为多个动作指定幅度时,也建议选用同一种工作模式。

读者可以在实践中不断探索总结其他注意事项,小车巡框行驶任务到此结束。

【任务小结】

本任务带领读者学习了基于触动传感器和超声波传感器,实现小车巡框行驶:

(1)使用一个触动传感器和一个超声波传感器,利用一个循环模块、两个切换模块,根据距离分成两种情况的巡框控制。

(2)使用一个触动传感器和一个超声波传感器,利用一个循环模块、三个切换模块,根据距离分成三种情况的巡框控制。

(3)使用两个不同安装方式的超声波传感器,其中朝向车头前方的超声波传感器用于替代(1)、(2)中的触动传感器,利用一个循环模块、三个切换模块,根据两个传感器检测到的不同距离进行巡框控制。

【拓展任务】

如果在小车上安装一个触动传感器和两个超声波传感器,如图 6-36 所示,又该如何控制小车的巡框行驶呢?这种情况下,由于小车左右两侧都有超声波传感器,可同时检测小车两侧的障碍物距离,所以小车既能沿着逆时针方向巡框,又能沿着顺时针方向巡框,摆脱单边巡框的限制。读者可以仔细思考,此时应该如何绘制编程流程图和编写程序。

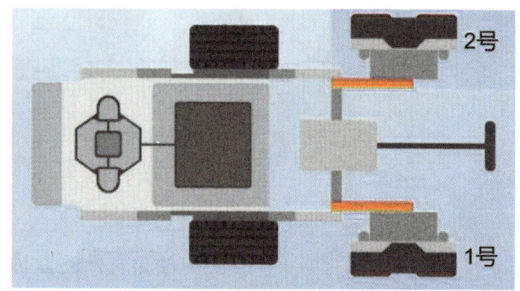

图 6-36 一个触动传感器+双超声波传感器巡框行驶中传感器的安装示意图

实践任务 6.3 智能小车走迷宫

【任务目标】

基本目标:

基于一个触动传感器和一个超声波传感器完成小车走迷宫。

进阶目标:

学会结合触动和超声波传感器数据控制小车在任意迷宫中行走。

【任务背景】

在上一个任务已经完成了智能小车巡框行走的控制任务。接下来,将在上一任务的基础上实现智能小车走迷宫任务。迷宫是大家非常熟悉的一种游戏,通过设计复杂的路线,不断探索尝试寻找出口。智能机器人在执行某些任务时,工作环境可能特别复杂,路径不清,同时有可能伴随危险状况,就如同走迷宫,因此如何根据具体环境安全行走,就是亟待解决的问题。

本任务将通过触动传感器是否被按压来进行判断,识别桌角等角落,从而控制小车顺利通过转角。通过超声波传感器测得的距离,控制小车能够正常贴着桌边或障碍物行驶。结合两种传感器反馈回来的信息,才能检测小车在走迷宫过程中遇到的各种情况,最终实现智能小车走迷宫。

【任务实训】

6.3.1 走迷宫要求

在规则的长方形测试台上任意放置障碍物,形成简易迷宫,如图 6-37 所示,小车在迷宫中预计的行驶路径如图 6-37 中箭头所示。在完成碰碰车和巡框行驶的基础上,尝试完成小车走迷宫任务。

图 6-37 走迷宫任务中小车行走路径示意图

在迷宫中,凸出来的拐角称为阳角,凹进去的拐角称为阴角。图 6-37 的迷宫中共有 4 个阳角和 8 个阴角,如图 6-38 所示。

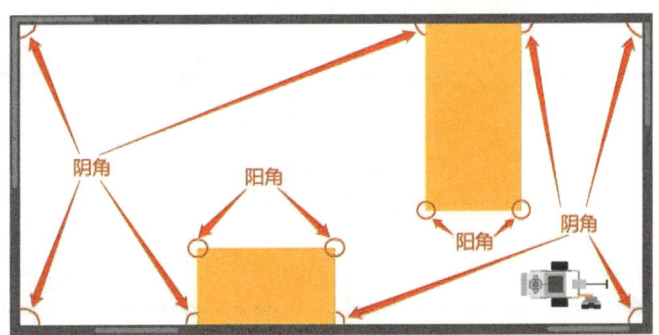

图 6-38 走迷宫测试台场地中的阳角和阴角

小车走迷宫的具体要求:小车在如图 6-32 所示的迷宫中,要能根据传感器采集到的数据对所处环境进行判断,然后下达指令驱动小车,使小车不论遇到桌边挡板还是障碍物,都能够始终保持与挡板或障碍物恰当的距离贴边行驶,即小车遇到阴角应能自动后退转弯,遇到阳角应能自动跟踪当前边壁转弯,并贴着新的边壁行驶,不能以大的圆弧绕过障碍物,如图 6-39 所示。

小车走迷宫过程中将出现过阳角、过阴角、贴边行驶三种动作,其中过阴角和贴边行驶的动作,在小车巡框行驶任务中已经实现过,完全可以继续沿用。因此,走迷宫任务中只新增加过阳角的动作。

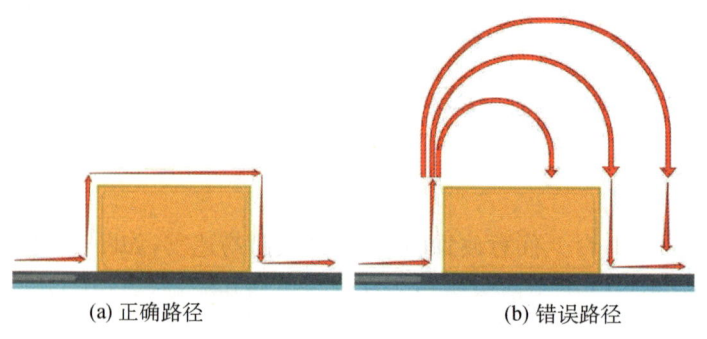

(a) 正确路径　　　　　　　　　(b) 错误路径

图 6-39　小车绕过障碍物时的路径

注意，测试台上摆放的障碍物的数量和尺寸可以是任意的，不同障碍物会形成不同的迷宫，具体编程的过程中需对所处理的迷宫的尺寸进行具体分析，程序中的参数也要适合当下迷宫的情况。

在如图 6-37 所示的迷宫中，测试台长和宽分别约为 2.5 m 和 1.5 m，在测试台上摆放了两个障碍物，小车到达障碍物四个阳角时的详细情况如图 6-40 所示。当小车正常巡边时，其与边壁的距离为 5～7 cm，而当小车经过阳角时，超声波传感器测量到的距离会明显剧增。当小车到达阳角 1 时，所测距离从原来的 5～7 cm 剧增为 170 cm 左右；当小车到达阳角 2 时，所测距离从原来的 5～7 cm 剧增为 50 cm 左右；当小车到达阳角 3 时，所测距离从原来的 5～7 cm 剧增为 200 cm 左右；当小车到达阳角 4 时，所测距离从原来的 5～7 cm 剧增为 90 cm 左右。需要选择一个合适的距离作为是否遇到障碍物阳角的判断条件，从 4 个阳角处超声波传感器测量到的距离 170 cm、50 cm、200 cm、90 cm 来看，可以选择一个比最小距离稍小的数值作为临界值进行判断。不同的迷宫，障碍物的尺寸形状不同，所以临界值也不

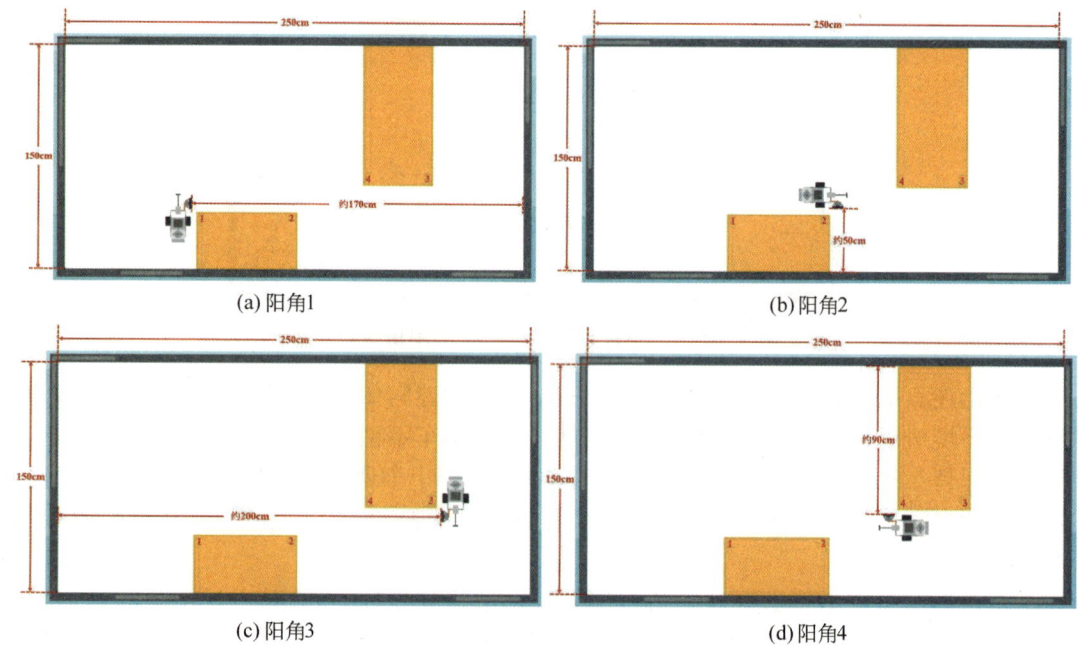

(a) 阳角1　　　　　　　　　　　　　(b) 阳角2

(c) 阳角3　　　　　　　　　　　　　(d) 阳角4

图 6-40　小车到达障碍物阳角时的情况

同,应根据实际迷宫的尺寸进行判断,选择合适的临界值。根据实际测量的整数据,该临界值稍小于 50 cm 为宜。保守起见,以下选用 18 cm 作为临界值。当超声波传感器测量到的距离小于 18 cm 时,认为小车处于正常的贴边行驶状态,当测量到的距离大于等于 18 cm 时,认为小车遇到了障碍物的阳角。

当小车遇到障碍物阳角时,为了保证小车能够顺畅地右转 90°,通常在右转动作前后各加一个直行一定距离的保护动作,以免小车转弯太急,直接撞上障碍物,或转弯后因未及时贴边导致再次转弯,与障碍物相撞,如图 6-41 所示。

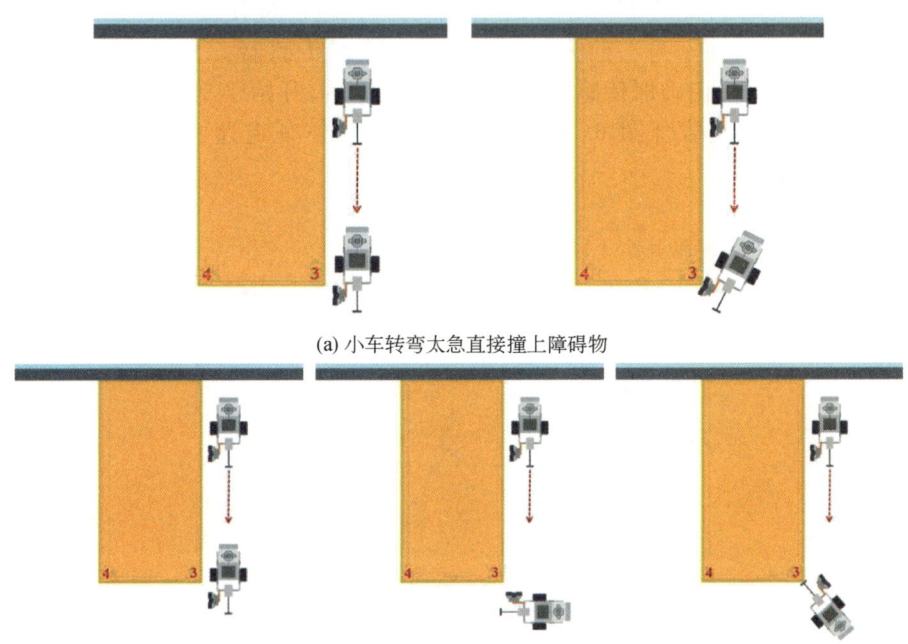

(a) 小车转弯太急直接撞上障碍物

(b) 转弯完成后因未及时贴边导致再次转弯与障碍物相撞

图 6-41　小车在阳角 3 处右转 90°时容易发生的情况

综上,迷宫和巡框任务的对比如图 6-42 所示。

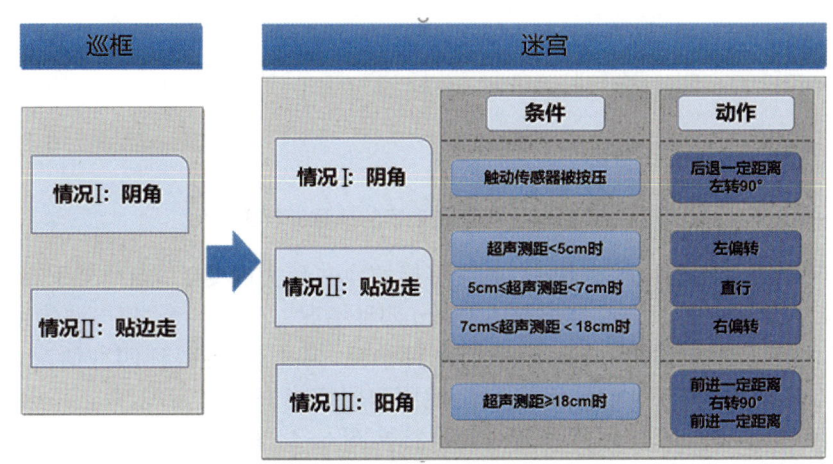

图 6-42　迷宫和巡框任务的对比

可以有两种方法完成迷宫任务：第一种方法是沿用巡框行驶任务的程序，不断优化各项参数完成迷宫任务；第二种方法是对巡框行驶任务的程序稍作调整，增加一种遇到阳角的情况，使小车识别到阳角时，右转90°并再次继续巡边动作。本任务主要介绍第二种方法，读者可以自行使用第一种方法根据实际情况优化参数。

6.3.2 实操步骤及流程

1. 基于巡框程序的走迷宫

走迷宫所需要的硬件是之前搭建好的小车，以及在巡框行驶任务中安装在车头前方朝前的触动传感器和安装在车身右前方朝向右侧的超声波传感器。安装好传感器之后，照例需要对传感器进行检测，在确保传感器和电机正常工作后，开始绘制流程图并编写程序。

根据走迷宫的要求，结合图 6-42 中的详细分解，小车走迷宫所对应的编程流程如图 6-43 所示。

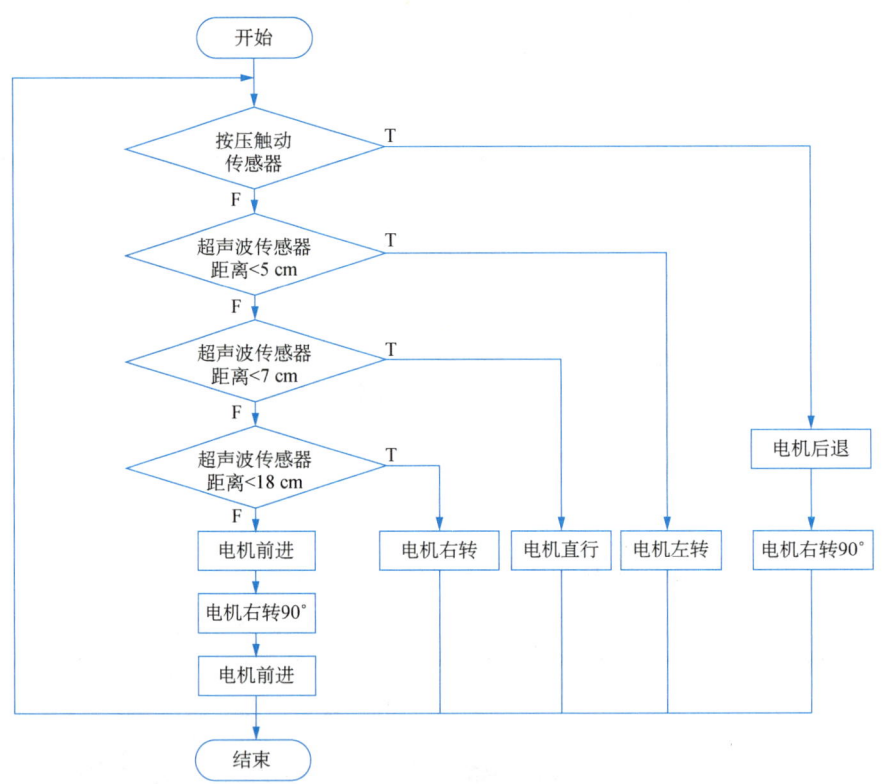

图 6-43　小车走迷宫的编程流程图

基于图 6-43 可知，此时的程序可以利用多层切换嵌套实现小于 5 cm、大于等于 5 cm 小于 7 cm、大于等于 7 cm 小于 18 cm、大于等于 18 cm 四种情况。已知一个"超声波传感器—比较—距离（厘米）"切换模块，可以得到"真"和"伪"两种情况，因此，若要得到四种情况，可以使用三层切换嵌套来实现，如图 6-44 所示；还可以使用两层切换嵌套来实现，如图 6-45 所示。

在编写程序时，也可以使用移动转向模块替换图 6-44 和图 6-45 程序中的移动槽模块，达到相同的效果。

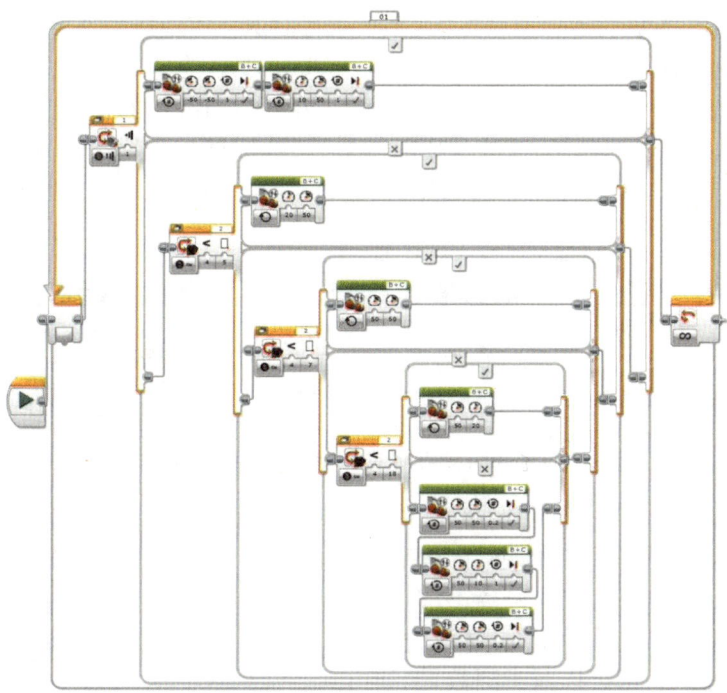

图 6-44 三层超声波—切换嵌套实现的小车走迷宫控制的程序

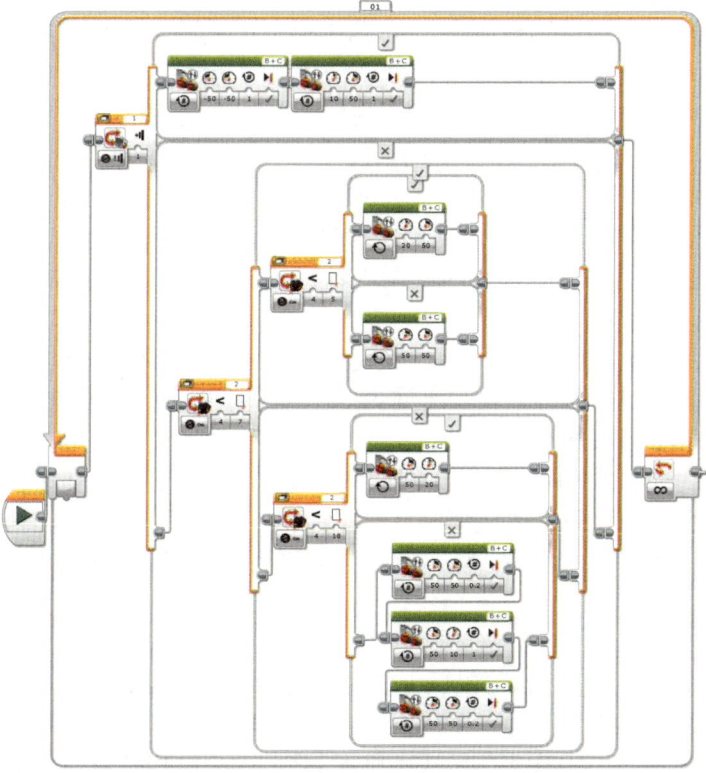

图 6-45 两层超声波—切换嵌套实现的小车走迷宫控制的程序

在上面程序中,当触动传感器被按压,小车执行后退一定距离后左转 90°的动作;当触动传感器未被按压,超声波传感器测量的距离小于 5 cm 时,小车执行左转的动作;当测量的距离在大于等于 5 cm 小于 7 cm 时,小车执行直行的动作;当测量的距离大于等于 7 cm 小于 18 cm 时,小车执行右转的动作;这些动作的调节方式,详见小车巡框任务。此处,着重分析迷宫任务中新增加的一种情况——遇到障碍物阳角,小车执行前进一定距离后右转 90°再前进一定距离的动作(图 6-46)——的参数调节。

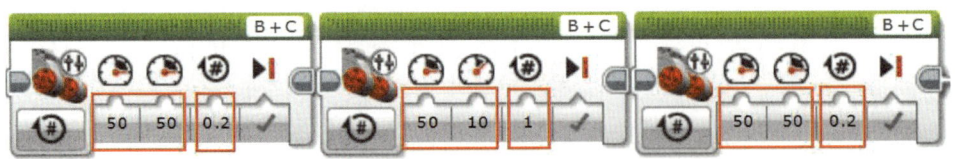

图 6-46　小车遇到阳角时执行的动作

图 6-35 的程序中,第一个动作是"前进一定距离",主要解决图 6-41(a)的问题。程序中左、右轮功率同为 50,保证同步前进,在功率不变的情况下,小车前进的距离由圈数决定,目前设置为 0.2。如果发现前进的距离不够,小车还是容易一右转 90°就撞上障碍物,可以增加圈数,例如由 0.2 调至 0.3,相反,如果发现在右转 90°之前小车前进过多,导致小车右转 90°之后离障碍物较远,则可以减小圈数,例如由 0.2 调至 0.1。

图 6-35 的程序中,第二个动作是"右转 90°",左、右轮功率分别设置为 50 和 10,但右轮速度更慢,小车右转,转弯的度数由圈数决定,目前设置为 1。如果发现转弯角度过小,在左、右轮功率不变的情况下,则可以增加圈数,如由 1 调至 1.2。左、右轮之间的功率的差别决定了转弯的半径,如果想要让小车转急弯,可以增大左、右轮之间的功率差,如左、右轮功率分别由 50 与 10 调为 90 与 5,此时也实现了在圈数不变的情况下增大转弯幅度的目的。如果发现转弯角度过大,在左、右轮功率不变的情况下,则可以减小圈数,如由 1 调至 0.8,也可以减小左、右轮之间的功率差,如左、右轮功率分别由 50 与 10 调为 40 与 20,此时也可以实现在圈数不变的情况下减小转弯幅度的目的。但是更推荐在转弯半径合适的情况下,保持左、右轮功率固定不变,通过调节圈数实现增大或者减小转弯幅度。此处需要仔细耐心调节参数,直至小车精准右转 90°。

图 6-35 的程序中,第三个动作是"前进一定距离",与第一个动作类似,主要解决图 6-41(b)的问题。程序中左、右轮功率同为 50,保证同步前进,在功率不变的情况下,前进的距离由圈数决定,目前设置为 0.2。

这三个动作中,第二个动作是必须精准完成的核心动作,第一个和第三个动作是为了保障第二个动作能够顺畅完成的附加动作,如果去除第一个和第三个动作后,小车在完成第二个动作时没出现其他异常状况,那么也可以不用第一个和第三个动作,只保留第二个动作。

2. 不同的迷宫

完成图 6-37 所示的迷宫后,可以试一试更加复杂的迷宫,例如图 6-47。

迷宫 A 的形状和尺寸与图 6-37 的迷宫相比有所改变,共有 12 个阴角和 8 个阳角,虽然更加复杂,但本质上并没有出现不能解决的情况,之前的程序仍然可以继续沿用。但判断阳角的临界值也要根据实际情况重新确定。在 8 个阳角处,超声波传感器预计测量到的距离分别为 D_1、D_2、D_3、D_4、D_5、D_6、D_7 和 D_8,临界值应小于最小距离 $\min(D_2, D_3, D_4, D_5,$

D_6，D_7，D_8），但是远大于 7 cm。选择好合适的临界值之后，就可以下载运行程序，看看小车走复杂迷宫的情况了。

迷宫 B 比迷宫 A 更加复杂，共有 22 个阴角和 18 个阳角，但是本质上也没有出现新的情况，之前的程序也可以沿用。

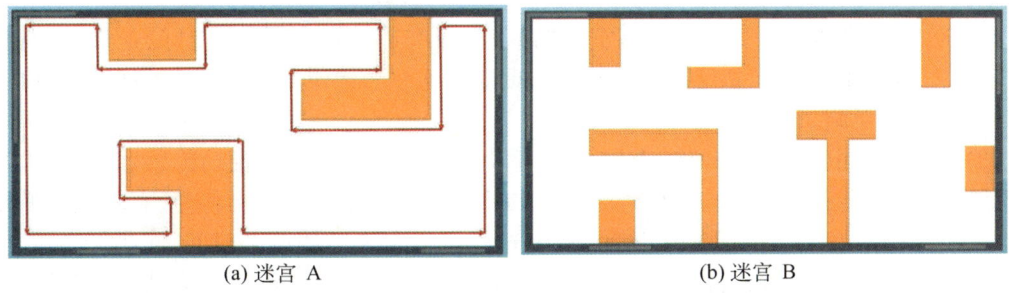

(a) 迷宫 A　　　　　　　　　　　(b) 迷宫 B

图 6-47　利用障碍物摆成不同造型的迷宫

可能有读者认为，按照目前的程序，小车在图 6-37 或图 6-47 的迷宫中，将一直在测试台上面贴着边壁绕圈，永不停歇，而真正的迷宫应该有入口和出口，如果小车可以由入口进入迷宫，并且能够从出口驶出，才算是真正成功地破解了迷宫。在众多破解迷宫的方法中，有一种方法叫作右手法则，即如果一直贴着右侧墙壁行进，最终总会找到出口。同样地，小车也可以利用右手法则寻找迷宫出口，如图 6-48 所示。虽然该路径也许并不是最佳路径或最短路径，但是总能成功找到出口，破解迷宫。右手法则法只适合解决平面迷宫，不适合存在隧道或桥梁的立体迷宫，而且这种迷宫的入口和出口必须位于迷宫外边界，对于出口处于迷宫中央的情况，右手法则无法处理。

图 6-48　小车利用右手法则找到迷宫出口的行经路线

至此，已经通过给小车加装一个触动传感器和一个超声波传感器，并基于传感器采集到的数据控制小车的行驶，实现了小车走平面迷宫。

6.3.3　常见问题及注意要点

与在碰碰车和巡框行驶任务中类似，在实现走迷宫任务的过程中，也应注意数据线的使用、超声波传感器的安装、硬件的牢固、端口的匹配、参数的调节、模块与工作模式选择一致

等(详见 6.1.3 节、6.2.3 节),此外还应注意以下问题:

(1) 图 6-43 和图 6-44 中的程序在框架上是正确的,但并不意味着直接下载到任意一辆小车都可以顺利走迷宫。每台小车都是独一无二的,即使按照完全相同的方法搭接出来的小车,车和车之间也是有差别的,因此要针对各自不同的小车,实际观察其运动情况,有针对性地进行调节,寻找到适配各小车的参数。

(2) 巡框行驶是小车实现走迷宫重要的基础,只有巡框任务走顺、走好、走快,迷宫任务才能迎刃而解。迷宫任务中与巡框任务中的重复动作只需要继续沿用巡框行驶程序中的参数即可,不必重新调节。

(3) 图 6-45 中,第一个动作"右转 90°"可以借鉴巡框任务中当触动传感器被按压,小车执行后退一定距离后左转 90°动作中的"左转 90°"的动作,此时只需要将左、右轮电机的功率互换,如由 10 和 50 调至 50 和 10,圈数不变,这样可以大大节约调节时间,同时提高成功率。

(4) 在测试走迷宫时,可以使用等待模块协助检查小车过阳角的完成情况。如图 6-49 所示,在每个动作前后都插入一个等待模块,人为地让小车在执行动作前停下来,执行完此动作后再次停下来,从而使用户可以看清楚每个动作的完成情况,并有针对性地进行调整。调试完成后,就可以将等待模块删除。但是由于所有动作是连续完成的,所以在惯性的作用下,连贯做出来的动作和独立做出来的动作在效果上会有微弱的差异,因此在删除等待模块之后,可能还需要细微调节。总之,精细地调节参数,让每一个动作都做到位,方能保障整体的迷宫效果。

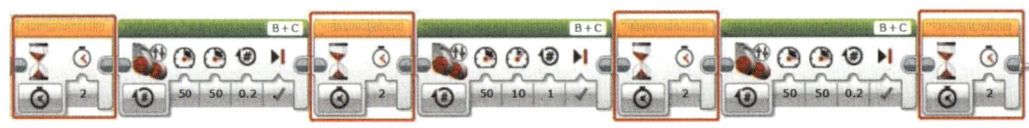

图 6-49 测试时巧用等待模块

读者可以在实践中不断探索总结其他注意事项,小车走迷宫任务到此结束。

【任务小结】

本任务带领读者学习了基于触动传感器和超声波传感器,实现小车走迷宫:

(1) 使用一个触动传感器和一个超声波传感器,在智能小车巡框行驶的基础上,利用一个循环模块、四个切换模块,根据距离分成四种情况走迷宫。

(2) 制造更加复杂的迷宫,并通过精细调节参数达到智能小车精准走迷宫的效果。

【拓展任务】

请读者尝试利用障碍物摆成造型不同、结构更加复杂的迷宫,并利用右手法则控制小车走迷宫。

习题 6

1. 以下哪一个是触动传感器?(　　)

 A.  B.  C.  D.

2. 通过以下哪种方式可以直观地看到触动传感器当前的状态？（　　）
   A. EV3 程序块→"应用程序"→"Port View"
   B. 将触动传感器数据线连接至端口 A
   C. 调用等待模块
   D. 都不可以
3. 在完成碰碰车任务时，触动传感器应该安装在（　　）比较合适。
   A. 乐高小车车身右侧　　　　　　　　B. 乐高小车车身左侧
   C. 乐高小车车头前方　　　　　　　　D. 乐高小车车尾后方
4. 在碰碰车任务中，关于如何安装触动传感器，下列说法中不正确的是（　　）。
   A. 在只有一个触动传感器的情况下，安装在车头前方且朝前
   B. 在碰碰车上安装触动传感器时，要确保车辆和触动传感器的牢固性
   C. 触动传感器安装在车头前方、方向朝前，同时尽可能安装在较高位置
   D. 触动传感器安装好之后需要测试其状态是否正常
5. 在编写碰碰车程序前，应该用下图中哪个选项卡查看触动传感器状态数值？（　　）
   A. 从左边开始数，第一个选项卡　　　B. 从左边开始数，第二个选项卡
   C. 从左边开始数，第三个选项卡　　　D. 从左边开始数，第四个选项卡

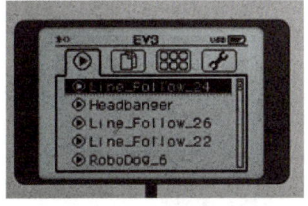
第 5 题图

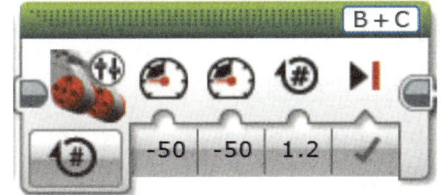
第 6 题图

6. 上图中移动槽模块实现的是什么动作？（　　）
   A. 前进　　　　B. 右转　　　　C. 左转　　　　D. 后退
7. 对于碰碰车程序，若小车在碰撞后，后退一定距离后转弯，总会再次撞到桌边挡板，能有效解决该问题的方法是（　　）。
   A. 增大转弯幅度　　　　　　　　　　B. 去除后退的动作
   C. 减小后退动作的幅度　　　　　　　D. 减小转弯幅度
8. 在编写碰碰车控制程序时，若使用右图中的切换模块，选择"触动传感器—比较—状态"后，应该设置状态数值为（　　）。
   A. 0
   B. 1
   C. 2
   D. 以上都可以

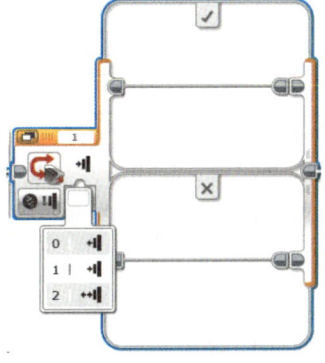
第 8 题图

9. 在碰碰车模型搭建中，触动传感器连接到 EV3 程序块的哪个端口方能正常工作？（　　）
   A. A 端口　　　　　　　　　　　　　B. B 端口

C. C 端口 D. 1 端口

10. 移动槽模块的参数设置如右图，下列哪种方法可以增加转弯幅度？（　　）

   A. [B+C 50 15 0.8]
   B. [B+C 50 30 1]
   C. [B+C 50 5 1]
   D. [B+C 60 45 0.8]

   第 10 题图

11. 大型电机连接到 EV3 程序块的哪个端口方能正常工作？（　　）

   A. 端口 1　　　B. 端口 2　　　C. 端口 3　　　D. 端口 D

12. 以下哪一个模块可以使 EV3 小车前进？（　　）

   A. [A+B 60 -30 0.8]
   B. [A+B 20 60 1.5]
   C. [A+B 60 60 -1]
   D. [A+B -60 -60 -1]

13. 以下哪一个是超声波传感器？（　　）

14. 搭建小车完成巡框任务时，超声波传感器安装在哪个位置比较合适？（　　）

15. 小车完成巡框任务时，当距离为（　　）时，超声波传感器无法有效探测。

   A. 2 cm　　　B. 20 cm　　　C. 100 cm　　　D. 200 cm

16. 搭建小车完成巡框任务时，下列说法中不正确的是（　　）。

   A. 超声波传感器安装在车头前方、方向朝前
   B. 在碰碰车上安装触动和超声波传感器时，要确保车辆和传感器的牢固性
   C. 触动传感器安装在车头前方、方向朝前

D. 触动传感器和超声波传感器安装好之后需要测试其状态是否正常

17. EV3 小车在执行巡框任务时,下列关于传感器说法中不正确的是( )。
    A. 要用数据线将传感器与 EV3 程序块的端口 1、2、3 或 4 相连接
    B. 如果小车逆时针巡框,那么超声波传感器需要安装在车身右侧
    C. 超声波传感器要安装得尽可能高一些,比如与车身顶部齐平
    D. 超声波传感器最好安装在小车前轮的前方

18. EV3 小车在执行巡框任务时,如果遇到桌角,执行下图中的动作。测试中发现,小车在执行后退左转动作之后,会撞到桌边挡板,能有效解决该问题的方法是( )。

第 18 题图

    A. 减小转弯幅度   B. 减小后退动作的幅度
    C. 去除后退的动作   D. 增大后退动作的幅度

19. 如果使用两个超声波传感器完成 EV3 小车巡框任务,应如何安装传感器?( )
    A. 两个超声波传感器朝向小车一左一右
    B. 一个超声波传感器朝向小车前方,另一个朝向小车右侧
    C. 将两个超声波传感器都朝向小车的左侧
    D. 两个超声波传感器朝向小车一前一后

20. 在 EV3 小车执行巡框任务时,如果想要将距离分成小于 5 cm、大于等于 5 cm 小于 7 cm 和大于 7 cm 三种情况,那么在编写程序时,至少需要( )个切换模块嵌套才能达到目的。
    A. 0   B. 1   C. 2   D. 3

21. 在众多破解迷宫的方法中,有一种方法叫作右手法则法,即如果一直贴着迷宫右侧墙壁行进,最终总会找到出口。右手法则法解决的是以下哪一种迷宫问题?( )
    A. 立体迷宫
    B. 出口位于迷宫中央的迷宫
    C. 平面迷宫,且出入口均位于迷宫外边界
    D. 以上均可

22. EV3 小车在走右图中的迷宫时遇到障碍物,正确的行进路线是( )。
    A. 路径 1
    B. 路径 2
    C. 路径 3
    D. 路径 4

第 22 题图

23. EV3 小车行走在下图中的迷宫时,该迷宫中一共有多少个阳角和多少个阴角?( )

第 23 题图

A. 阳角 6 个,阴角 6 个 B. 阳角 4 个,阴角 8 个
C. 阳角 8 个,阴角 4 个 D. 阳角 10 个,阴角 2 个

24. EV3 小车行走在下图中的迷宫时,遇到障碍物转角时总会与障碍物相撞,能有效解决该问题的方法是(　　)。

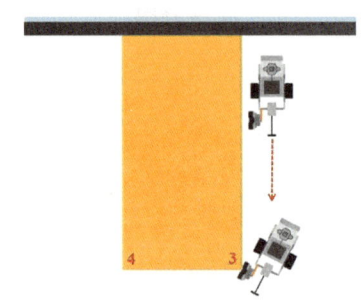

第 24 题图

A. 右转弯的转弯半径小一些 B. 右转弯的速度慢一些
C. 先前进一定距离,再右转 D. 右转弯的速度快一些

25. EV3 小车行走在下图中的迷宫时,该迷宫中一共有多少个阳角和多少个阴角?(　　)

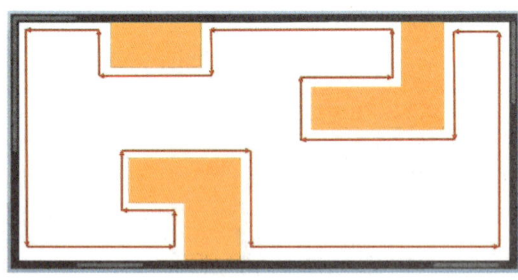

第 25 题图

A. 阳角 12 个,阴角 8 个 B. 阳角 10 个,阴角 10 个
C. 阳角 6 个,阴角 14 个 D. 阳角 8 个,阴角 12 个

项目 7
综合创新作品设计

优秀作品示例

综合任务 7.1　EV3 吉他

【任务目标】

基本目标：
1. 理解吉他的基本构造和发声原理。
2. 使用EV3套装搭建简化版吉他，并能够通过操作挡板和触动传感器播放预设的音符。

进阶目标：
设计一个程序，实现能够通过逻辑判断（基于超声波传感器和触动传感器的输入）控制音符的输出。

【任务背景】

吉他，又译为结他或六弦琴，是一种弹拨乐器，通常有六条弦，形状与提琴相似，是现在流行音乐的主要乐器之一，古典吉他与小提琴、钢琴并列为世界著名三大乐器。当拨动吉他琴弦时，琴弦会在沿着弦的方向产生张力的松紧变化，进而带动富有弹性的木质琴身发生振动。琴身的振动将带动周围的空气分子，使它们或聚集，或分散。这一系列分散聚集会挤压分子，使得琴身内的空气产生共鸣，最终从音孔发出声音。在演奏时，左手通过按压琴颈上的琴弦，来改变琴弦振动的实际长度，最终发出不同的音调。因此，吉他的演奏本质上是根据前人规定的弹奏方式来选择弹奏出不同的音符，从而组成美妙动听的乐曲。

然而制作一把吉他是一个非常复杂的过程，需要严格挑选用料，配以上百道工序，最后还需要进行组装打磨调试。

在之前的学习中知道，EV3程序块配备音箱，可以通过声音模块播放不同的音符；超声波传感器可以测量障碍物的距离，用于判断触发不同的程序路径；而触动传感器则可以通过按压，实现符合逻辑判断的程序的最终输出。那么能否利用EV3程序块、超声波传感器及触动传感器来搭建简化版的吉他，选择性地发出不同的音符呢？

【任务实训】

7.1.1　功能说明

搭建的简化版EV3吉他利用程序块中自带的音符声音模块，结合超声波传感器及触动传感器组成的多重分支逻辑判断，通过控制挡板与超声波传感器之间的距离和按压不同的触动传感器来选择输出预设的音符。在本任务的程序设计中，预设了低音谱表中的前7个音符 do、re、mi、fa、sol、la、si(或 C4、D4、E4、F4、G4、A4、B4),连续的音符输出可以实现乐器演奏的功能。通过本任务的学习,读者可以根据个人需求扩充预设音符。原则上可以通过增加超声波传感器的多重分支判断个数,将声音模块中提供的 21 个音符(C4、D4、E4、F4、G4、A4、B4;C5、D5、E5、F5、G5、A5、B5;C6、D6、E6、F6、G6、A6、B6)全部作为预设音符进行演奏输出。

7.1.2 设计方法

EV3 吉他的设计方法可以从逻辑流程图和程序流程图两个方面来讲解。

1. 逻辑流程图

逻辑流程图是程序流程的一种图像表示,能够直观地表示执行过程所需的步骤和决策顺序。在进行乐高模型搭建之前,首先应根据模型预期达到的功能规划出简洁、高效的逻辑流程图,再进行乐高模型的合理搭建规划。逻辑流程图是后续程序编写的重要参考依据,能够确保活动流程的完整性。因此,绘制一张清晰、简洁的逻辑流程图对于整个作品设计来说是至关重要的。

EV3 吉他的逻辑流程图如图 7-1 所示。当程序开始运行时,首先会遇到第一个逻辑判断:超声波传感器与测量挡板之间的距离是否小于 5 cm? 如果超声波传感器输入的实时测量距离小于 5 cm,则逻辑判断显示为真,进入下一个逻辑判断:是否按压触动传感器 1? 如果触动传感器 1 被按压,则逻辑判断显示为真,系统会发出音调 C4(低音谱表中的音符 do),随后进入循环重新进行距离逻辑判定。

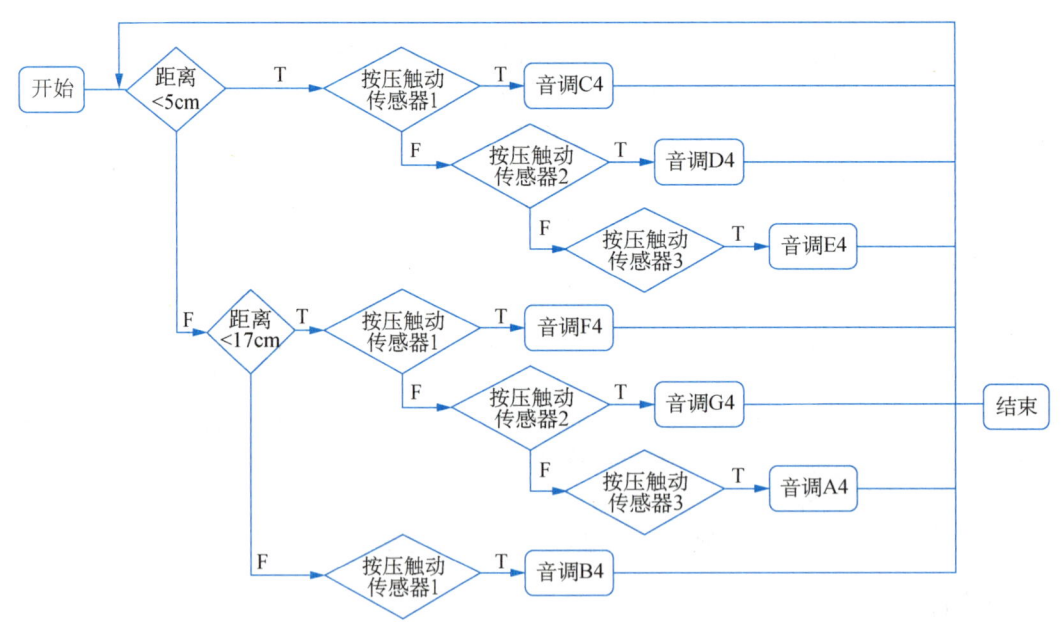

图 7-1 EV3 吉他逻辑流程图

如果在"是否按压触动传感器 1?"逻辑判定中显示为伪,即触动传感器 1 没有被按下,则会进入下一个逻辑判断:是否按压触动传感器 2? 如果触动传感器 2 被按压,则逻辑判断显示为真,系统会发出音调 D4(低音谱表中的音符 re),随后进入循环重新进行距离逻辑判定。如果逻辑判断显示为伪,则会进入下一个逻辑判断:是否按压触动传感器 3? 如果触动传感器 3 被按压,则逻辑判断显示为真,系统会发出音调 E4(低音谱表中的音符 mi),并进入循环重新进行距离逻辑判定。

通过上述分析可知,由 1 个超声波传感器测量距离阈值(测量距离小于 5 cm)形成的逻辑判断搭配由 3 个触动传感器形成的多分支逻辑判断可以实现 3 个音符的选择性输出。如果想要设计输出另外 3 个音符,只需添加一个新的超声波传感器测量距离阈值(测量距离小于 17 cm),并采取同样的逻辑结构即可。

因此,当上述第一个逻辑判断"超声波传感器与测量挡板之间的距离是否小于 5 cm?"为伪时,则会进入下一个距离逻辑判断:超声波传感器与测量挡板之间的距离是否小于 17 cm?如果该逻辑判断显示为真,即意味着超声波传感器与测量挡板之间的距离处于大于等于 5 cm 小于 17 cm 的范围内,会进入由 3 个触动传感器形成的多分支逻辑判断,最终实现 F4(fa)、G4(sol)以及 A4(la)音符的选择性输出。最后的 B4(si)音符,只需配合一个触动传感器逻辑判断即可。每次音符输出播放后,程序流程会马上进入循环,重新进行逻辑判断和音符输出,从而实现不同音符的连续输出,达到曲目演奏的目的。如果想实现 21 个音符全部输出,只需再设置 7 个新的超声波传感器测量距离阈值即可。接下来就可根据逻辑流程图在 LEGO MINDSTORMS 软件程序的编写界面进行相应的程序编写。

2. 程序流程图

EV3 吉他的程序主要基于流程控制面板中的切换模块。需要注意的是,切换模块只有 2 种情况分支:结果为真和结果为伪。因此,如果想实现多重分支选择,则需要在前一个切换模块中结果为伪的情况中嵌套一个新的切换模块,实现基于上一个判断结果的再次判断,从而构建多重分支选择程序流程。

第一部分(图 7-2):首先,从流程控制面板中添加一个切换模块,模式选择"超声波传感器—比较—距离(厘米)",比较类型选择"4(小于)"且阈值为 5,超声波传感器连接在端口 4。

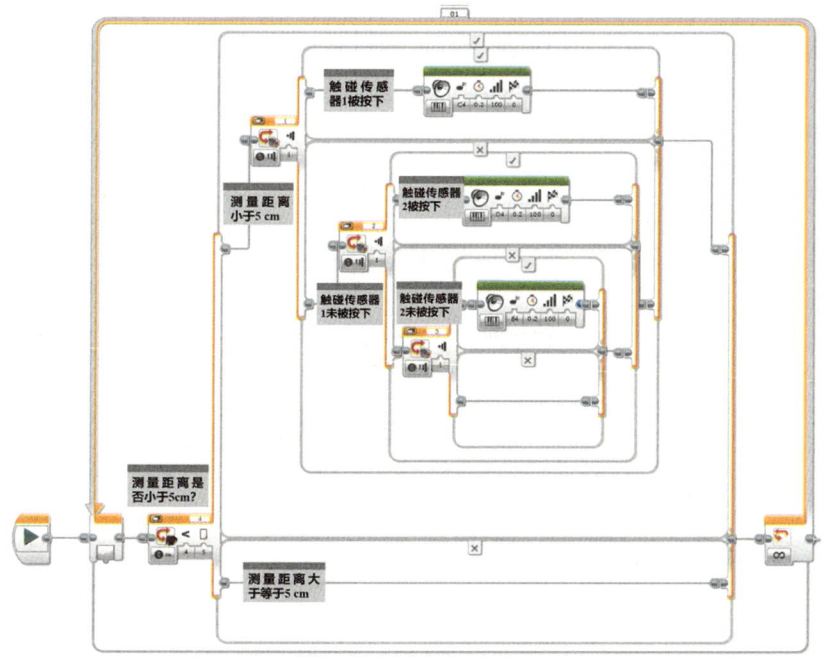

图 7-2　EV3 吉他程序第一部分

这表示超声波传感器与移动挡板之间的距离将作为输入信号,并作为该切换模块中逻辑判断的依据。当超声波传感器与移动挡板之间的测量距离小于 5 cm 时,逻辑判断结果为真;大于等于 5 cm 时,逻辑判断结果为伪。在该逻辑判断为真(即测量距离小于 5 cm)的路径中嵌套一个新的切换模块,模式选择"触动传感器—比较—状态",状态选择"1(按压)",触动传感器连接在端口 1。当触动传感器 1 被按压时,逻辑判断结果为真;未被按压时,逻辑判断结果为伪。继续在逻辑判断结果为真(即触动传感器 1 被按压)的路径上添加动作面板中的声音模块,模式选择"播放音符",音符选择"C4",持续时间为 0.2,播放类型为"0(等待)"。通过以上的程序流程设置,当超声波传感器与挡板之间的距离小于 5 cm,且触动传感器 1 被按压时,程序块将播放出音符 C4。

随后,在由触动传感器 1 逻辑判断为伪的路径上嵌套一个由触动传感器 2 是否被按压作为逻辑判断的新切换模块。在新切换模块的逻辑判断结果为真(即触动传感器 2 被按压)的路径上添加动作面板中的声音模块,音符选择"D4"。此时,当超声波传感器与挡板之间的距离小于 5 cm,触动传感器 1 未被按压,且触动传感器 2 被按压时,程序块将播放出音符 D4。

最后,在由触动传感器 2 逻辑判断为伪的路径上嵌套一个由触动传感器 3 是否被按压作为逻辑判断的新切换模块。在新切换模块的逻辑判断结果为真(即触动传感器 3 被按压)的路径上添加动作面板中的声音模块,音符选择"E4"。此时,超声波传感器与挡板之间的距离小于 5 cm,触动传感器 1、2 均未被按压,且触动传感器 3 被按压时,程序块将播放出音符 E4。至此,结合 1 个超声波传感器距离阈值判断以及 3 个触动传感器的按压逻辑判断实现了 3 个不同音符的输出。

第二部分(图 7-3):如果想选择性输出更多音符,只需在第一个超声波传感器切换模块中,逻辑判断结果为伪的路径上添加一个新的超声波传感器切换模块,比较类型选择"4(小于)"且阈值为 17,超声波传感器连接在端口 4。此时意味着,超声波传感器与移动挡板之间的测量距离大于等于 5 cm 且小于 17 cm 时,逻辑判断结果为真;大于等于 17 cm 时,逻辑判断结果为伪。逻辑判断结果为真的路径中的程序流程设置原理与上文类似,最终音符 F4、G4、A4 的输出条件如图 7-3 所示。如此就完成了 6 个不同音符输出的程序流程。

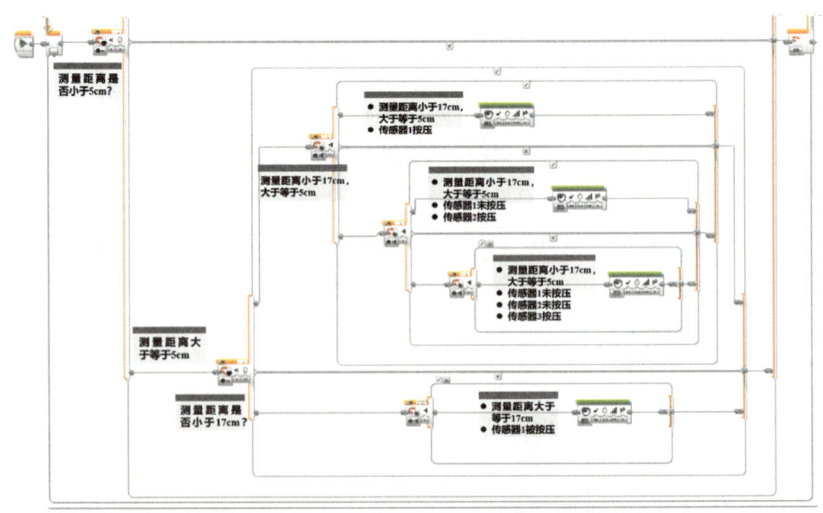

图 7-3　EV3 吉他程序第二部分

可以通过相同的设置方法实现 21 个音符的输出,但在 EV3 吉他中只要求输出前 7 个音符。最后一个音符 B4(si)的程序输出,可以在第二个超声波传感器切换模块中,逻辑判断结果为伪的路径上添加一个触动传感器 1 的切换模块,当超声波传感器测量距离大于 17 cm,且触动传感器 1 被按下时,程序块将播放音符 B4。

综上,EV3 吉他的完整程序流程图如图 7-4 所示。通过数据线将程序上传至程序块并执行,此时可以移动挡板调节其与超声波传感器之间的距离,使其落在 3 个区域范围内(小于 5 cm、大于等于 5 cm 小于 17 cm、大于等于 17 cm),并配合 3 个触动传感器的按压,便可实现 C4 到 B4 这 7 个音符的选择性输出。

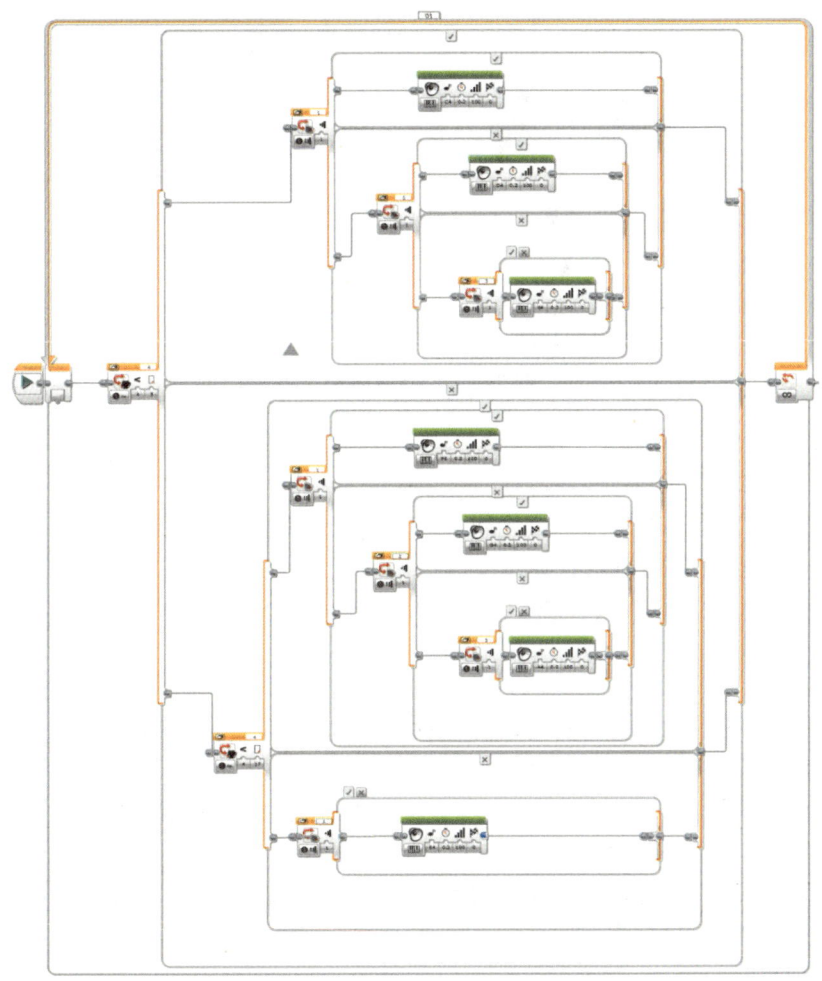

图 7-4　EV3 吉他完整程序流程图

7.1.3　作品展示

EV3 吉他模型的搭建是基于 EV3 教学版组装式机器人—核心套装(型号:45544)所提供的乐高零件及传感器进行的。套装内所需工具有:①EV3 程序块,该模型中的程序块相当于真实吉他的共振腔,由传感器实时输入的信号决定输出音符;②超声波传感器,该模型中的超声波传感器将被固定在用乐高零件搭建起来的琴颈部分尾端,与琴颈中可移动测量挡板结合使用,通过按压琴颈上的琴弦,改变琴弦振动的实际长度,来定位出所要输出的音符;③触动传感器,该模型中安装了3个触动传感器,当其中一个触动传感器被按压时,将在超声波传感器建立的多重分支基础上,再进行判断选择,最终输出预设音符。按压触动波传感器行为可以类比于吉他演奏时拨动琴弦的动作。

EV3 吉他搭建模型如图 7-5 所示。传感器的连线情况:3 个传感器分别连接端口 1—3,超声波传感器连接端口 4。

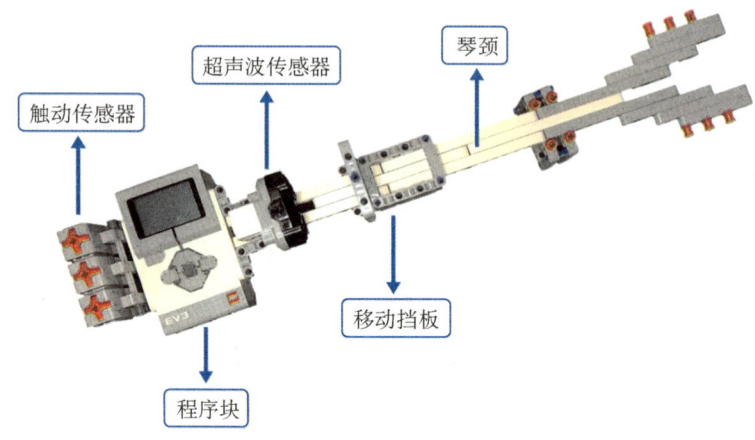

图 7-5　EV3 吉他模型

【任务小结】

本任务成功设计并实现了一个简化版 EV3 吉他,这不仅是一次富有创意的尝试,也是一个深入了解和应用创新教育理念的实践过程。通过本任务,读者不仅学习了吉他的物理原理和结构,还应用了 EV3 套装探索音乐和编程的结合,体验了从设计到实现的整个创造过程。

【拓展任务】

EV3 吉他——
演奏《小星星
变奏曲》

1. 基于本任务的 EV3 吉他模型,通过添加更多的超声波传感器或其他传感器,增加更多的音符,扩展到完整的音阶,探索更多演奏功能。
2. 基于本任务的 EV3 吉他模型,通过理解音乐节奏和旋律的基本原理,尝试演奏一个简单的旋律,如《小星星变奏曲》。
3. 自行设计 EV3 吉他模型,并演奏旋律。在当前设计基础上,尝试引入更多的交互元素,使得演奏过程更加丰富、有趣。

综合任务 7.2　智能颜色分拣机器人

【任务目标】

基本目标:

1. 理解智能机器人的基本组成和工作原理。

2. 使用EV3套装搭建智能颜色分拣机器人,并掌握颜色传感器、电机等硬件的应用。

进阶目标:

设计一个程序,实现颜色块的自动扫描和精确分拣,并在达到一定数量或通过手动干预后停止扫描,进入分拣流程。

【任务背景】

智能机器人是用于自动执行工作的机器装置,一般至少包括以下要素:一是感觉要素,用来认识周围环境状态,并做出相应反馈;二是运动要素,根据反馈对外界做出反应性动作。智能机器人一般都具备形形色色的内部信息传感器和外部信息传感器,如视觉、听觉、触觉、嗅觉。除具有感受器外,它还有效应器,作为作用于周围环境的手段。在当代工业中,智能机器人指能自动执行任务的人造机器装置,用以取代或协助人类工作。理想中的高仿真机器人是高级整合控制论、机械电子、计算机与人工智能、材料学和仿生学的产物,目前科学界正在向此方向研究开发。机器人一般由执行机构、驱动装置、检测装置和控制系统和复杂机械等组成。

本任务将利用EV3教学版核心套装中的传感器、驱动电机及其他零件组成具备检测、控制和驱动功能的智能颜色分拣机器人。

【任务实训】

7.2.1 功能说明

顾名思义,搭建的智能颜色分拣机器人主要应用于不同颜色种类物体的智能分拣,从而达到节省劳动力、提高生产效率、降低出错率等目的。为了达到分拣的预期效果,本任务将使用由2个同样颜色的乐高积木叠加而成的颜色块(蓝、绿、黄、红4种颜色),并依靠颜色传感器和电机的组合使用,借助LEGO MINDSTORMS软件程序自带的变量存储、读取及运算功能,实现颜色信息的识别、运算和存储,以及后续的信息读取、机械分拣。

当程序开始执行时,传送带及滑轨槽上的挡片将自动复位,之后便可以取颜色块置于颜色传感器上方进行识别,并将其放置于分拣槽内,该过程称为扫描。当识别的数量大于等于8个或中途按下程序块中心键时,扫描流程中止,随即分拣流程开始工作,依次将不同颜色块归置于规定的地方。

智能颜色分拣机器人比EV3吉他的实现难度大,主要是因为它涉及很多数据操作面板中相关模块的应用。搭建智能颜色分拣机器人并实现相关功能有助于快速熟悉变量模块,提高程序编写效率。

7.2.2 设计方法

智能颜色分拣机器人的设计方法可以从逻辑流程图和程序流程图两个方面来讲解。

1. 逻辑流程图

智能颜色分拣机器人的逻辑流程图如图7-6所示。为了实现颜色块的分拣,很自然地需要依照颜色块投放的顺序对其进行颜色记录,因此需要一个能够存储数据的变量模块。因此,当程序开始运行时,首先需要初始化一个变量模块,经过颜色传感器识别的颜色块信息将会依次记录到变量模块中。由于搭建模型的分拣滑轨槽容量有限,最多只能容纳8个颜色块,所以,当识别的颜色块数量小于 8 个时,将持续进入循环,可以继续识别记录;当数量大于等于 8 个或手动按下程序块中间按钮时,将跳出循环。随即进入分拣环节,分拣结束后,程序将对变量进行初始化,仍可进行下一次识别分拣。

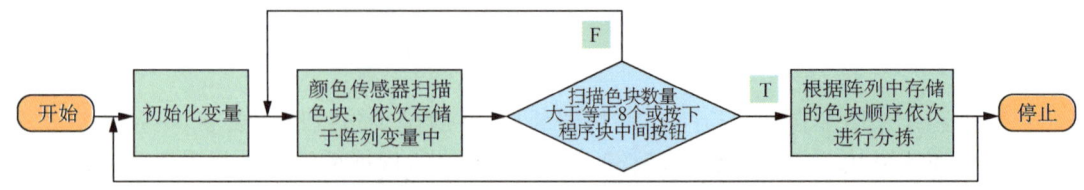

图 7-6　智能颜色分拣机器人逻辑流程图

相比于 EV3 吉他,智能颜色分拣机器人的逻辑流程图没有涉及过多的分支选择判断,更加简洁。接下来就可根据逻辑流程图在 LEGO MINDSTORMS 软件程序的编写界面进行相应的程序编写。

2. 程序流程图

智能颜色分拣机器人程序编写的难点在于如何实现流程框图预设的效果,下面根据程序流程所实现的功能,拆分成三部分进行解析。

第一部分(图 7-7):执行第一部分程序后由中型电机控制的滑轨槽挡板进行复位,恢复到预备状态。大型电机控制的传送带倒退直至触动传感器被按压,电机停止运动后角度传感器重置,此时传送带复位至起始位置。接着程序块显示屏幕被清空,变量模块 A 被初始化。第一段程序的主要功能是将运动部件以及变量初始化(复位)。

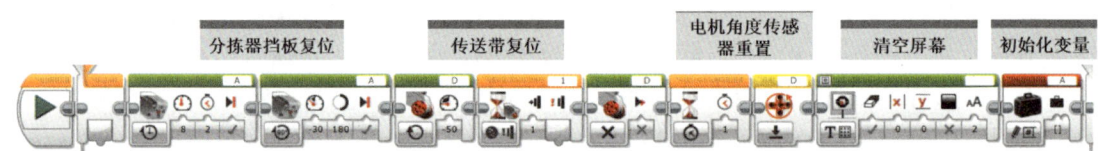

图 7-7　智能颜色分拣机器人程序第一部分

第二部分(图 7-8):第二部分程序为一整段循环流程(称为扫描循环),用于实现颜色块的扫描和记录。首先读取变量 A 的阵列长度,将其输出到程序块屏幕。随后进入扫描循环,当检测到 4 种颜色(蓝、绿、黄、红)中的一种时,判断为真,扫描循环中止,检测到的颜色种类数值(蓝-3、绿-4、黄-5、红-6)将被传递至阵列运算模块,后续将添加到变量 A 的阵列中进行存储。此时若程序块中心键未被按压,程序块将发出 2 次响声,表示阵列添加运算完毕,此时变量 A 的阵列中包含刚刚经过扫描的颜色种类数值,阵列长度应加 1。随后再次读取变量 A 的阵列长度,若大于等于 8(逻辑值为真,并传递至扫描循环判断),则扫描循环终止;若小于 8,则扫描循环继续,等待下一次颜色传感器识别颜色。若扫描循环进行过程中,程序块中心键被按压,该逻辑值(真)将会被传递至扫描循环判断,扫描循环终止。因此,只要出现这两种情况之一,程序便会终止循环,进入第三段程序。

第三部分(图 7-9):第三部分程序也是一整段循环流程(称为分拣循环)。分拣循环的次数由变量 A 的阵列长度直接赋值,每次循环时传送带进行复位。循环索引值(值从 0 开始)赋值给阵列长度索引值,从而实现从前到后依次读取存储于变量 A 的阵列中的数值。由于不同的数值代表不同的颜色,所以可以通过切换模块中的数字模式一一对应分拣不同

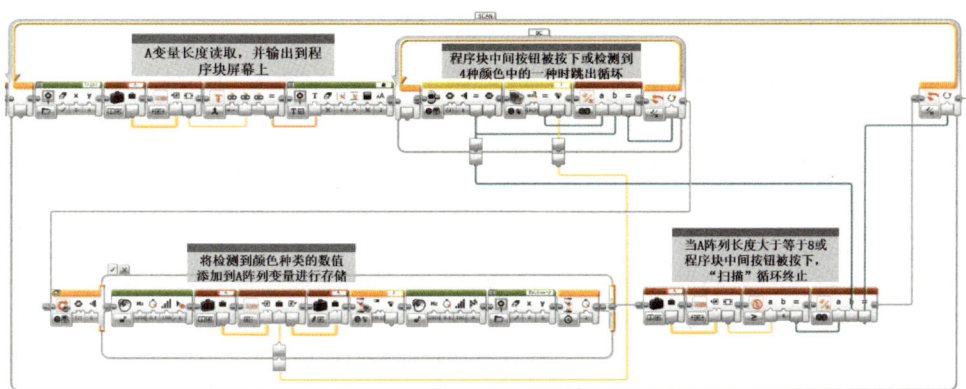

图 7-8　智能颜色分拣机器人程序第二部分

颜色时传送带移动的距离，再由中型电机控制的滑轨槽挡片对颜色块进行弹射，从而实现不同颜色的精准分拣，分拣结束后可继续进行下一批颜色块的扫描。

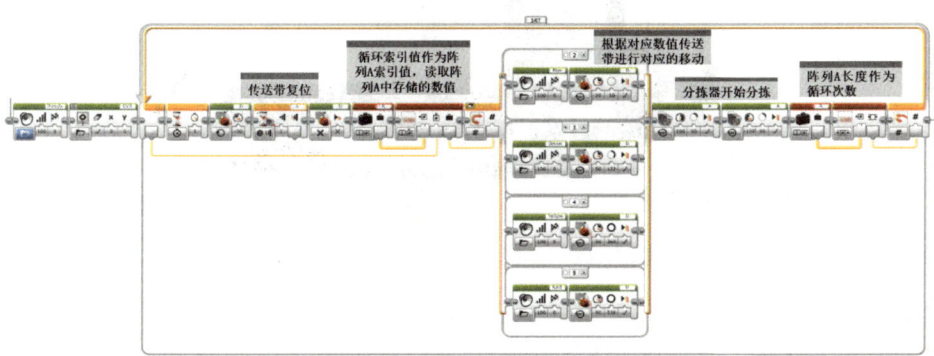

图 7-9　智能颜色分拣机器人程序第三部分

综上，智能颜色分拣机器人的完整程序流程图如图 7-10 所示。进入 LEGO MINDSTORMS 软件编写程序后，上传至程序块并执行，即可实现对不同颜色种类物体进行智能分拣。

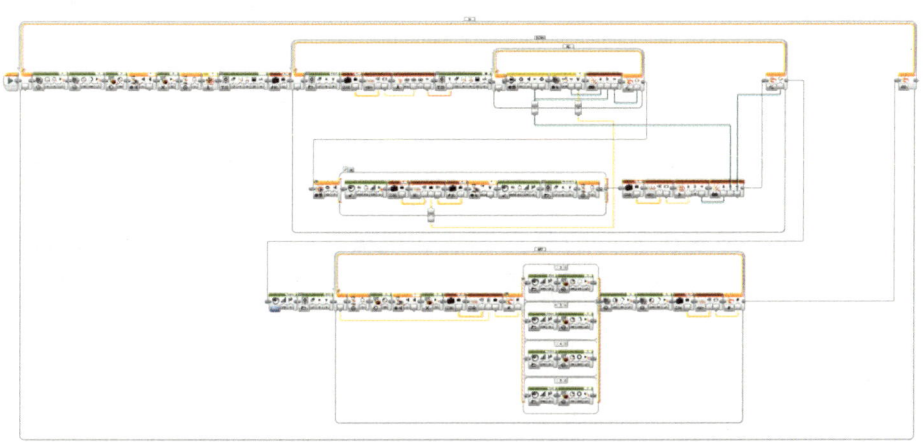

图 7-10　智能颜色分拣机器人完整程序流程图

7.2.3 作品展示

智能颜色分拣机器人模型的搭建是基于 EV3 教学版组装式机器人-核心套装（型号：45544）所提供的乐高零件及传感器进行的。套装内所需工具有：①EV3 程序块，用以实时接收传感器信号,控制电机输出,显示相关信息,发出提示音等；中、大型电机,用于控制滑轨槽挡板以及传送带部分运动；②颜色传感器,用于识别并记录颜色块的颜色信息；③触动传感器,用于辅助传送带复位。

智能颜色分拣机器人模型如图 7-11 所示。电机和传感器的连线情况：中型电机连接端口 A,大型电机连接端口 D,触动传感器连接端口 1,颜色传感器连接端口 3。

智能颜色分拣机器人——识别并分类

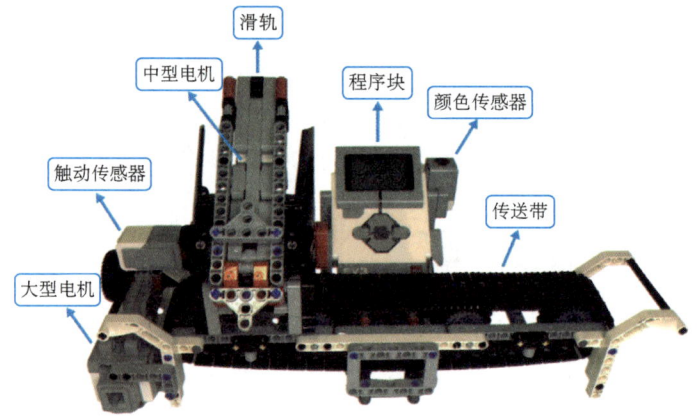

图 7-11　智能颜色分拣机器人模型

详细的搭建过程可进入 LEGO MINDSTORMS 软件"程序大厅—拼砌说明—核心套装模型—Color Sorter",获得完整的模型搭建手册,也可登录乐高教育官方网址（https://education.lego.com/）搜索"Make a Sorting Machine"课程,获得模型搭建手册。

【任务小结】

本任务带领读者学习了智能机器人的基本构成和工作原理,并通过编程实现了颜色识别和分拣功能,加强了对传感器、电机和变量模块应用的理解和掌握,提高了逻辑思维、问题解决和创新能力。

【拓展任务】

1. 基于当前智能颜色分拣机器人模型,增加系统的复杂性和实用性,探索更多颜色的识别和分拣,允许用户选择特定颜色进行分拣,提高机器人的交互性。

2. 尝试优化当前智能机器人的分拣算法和机械结构设计,以提高分拣准确率和效率。例如可以改进物体输送机制、优化颜色识别过程或使用更高效的数据结构来存储颜色信息。

综合任务7.3　智能解魔方机器人

【任务目标】

基本目标:
1. 了解智能解魔方机器人的功能和解魔方原理。
2. 理解智能解魔方机器人的机械硬件设计和程序设计。

进阶目标:
1. 能够搭建出智能解魔方机器人的机械硬件。
2. 能够利用程序驱动智能解魔方机器人完成解魔方任务。

【任务背景】

魔方是一种常见的益智玩具,解魔方的方法也多种多样,那么如何利用EV3的硬件和软件来设计和搭建智能机器人,并完成解魔方任务呢?

【任务实训】

7.3.1　功能说明

魔方是由匈牙利布达佩斯建筑学院厄尔诺·鲁比克(Erno Rubik)教授发明的一个非常有趣的机械益智玩具[1]。从广义上讲,任何可以通过转动打乱和复原的集合体都称作魔方,对应有不同的魔方玩具,其中3×3×3阶魔方(三阶魔方)是最基本的魔方,也是通常意义上的魔方。一个三阶魔方大约有 4.33×10^{19} 种变化构型,虽然这个数字很惊人,但如果利用特定的算法(基于有限群理论)解魔方会变得相对轻松。三阶魔方为3×3×3的立方体结构,由中心轴连接着6个中心块、8个角块及12个棱块构成,在转动魔方的过程中,6个中心块的位置始终保持不变。

魔方的基本还原方法包括:科先巴法(Kociemba's Algorithm)、CFOP法(Cross-F2S-OLL-PLL Algorithm)、角旋转法(Corner Rotational Algorithm)、中层旋转法(Middle Layer Rotational Algorithms)、左旋转法(Left Rotational Algorithm)、右旋转法(Right Rotational Algorithm)、层先法(Layer-First Solution Method)、角先法(Corners-First Solution Method)、棱先法(Edges-First Solution Method)、TCP法(Top Corners Permutation Algorithm)。在这些方法中,层先法是最直接的方法,该方法逐层对魔方进行还原,比较适合初学者编写自己的第一个解魔方程序。科先巴法是一种二阶段算法,该算法在还原魔方初始状态的同时也在搜索优化的还原路径。CFOP法是由捷克宾汉姆顿大学的电气工程师Jessica Fridrich发明的,适用于解魔方竞赛,是世界目前比较流行的魔方还原方法。

进行魔方还原时,可以根据实际情况选择上述任意一种还原方法,各种还原法的核心都

---

[1] Ruwix. Mathematics of the Rubik's Cube-Permutation Group. https://ruwix.com/the-rubiks-cube/mathematics-of-the-rubiks-cube-permutation-group/.

是把解魔方分成若干确定的步骤,每一个步骤都有相应的公式,每个公式都是由表 7-1 中的旋转操作按照一定顺序排列组成,最终达到还原魔方的目的[①]。

表 7-1 解魔方的基本旋转操作表

旋转操作的代表符号	具体操作	操作示意图
F	把魔方的前面一层顺时针旋转 90°	
F′	把魔方的前面一层逆时针旋转 90°	
B	把魔方的后面一层顺时针旋转 90°	
B′	把魔方的后面一层逆时针旋转 90°	
L	把魔方的左面一层顺时针旋转 90°	
L′	把魔方的左面一层逆时针旋转 90°	
R	把魔方的右面一层顺时针旋转 90°	
R′	把魔方的右面一层逆时针旋转 90°	
U	把魔方的上面一层顺时针旋转 90°	
U′	把魔方的上面一层逆时针旋转 90°	
D	把魔方的下面一层顺时针旋转 90°	
D′	把魔方的下面一层逆时针旋转 90°	

解魔方机器人(Rubik's Cube Solving Robot)是一种用来进行魔方还原的机器人。为了完成魔方还原的任务,机器人必须装备有图像传感器、处理器,以及与处理器交互使用的机械操纵部件。解魔方机器人的功能是对任意初始状态的魔方进行还原,其功能构成必须包括:①利用机械操纵部件翻转魔方的每一个面,并利用图像传感器采集每一个面上的色块位置信息;②使用处理器运行特定的解魔方算法,并决定解魔方的步骤和每步对应的公式;③利用处理器控制机械操纵部件执行解魔方操作指令直到魔方被还原。

本任务将利用工程师大卫·吉尔迪(David Gilday)在其个人主页 mindcuber.com 提供的搭建手册来搭建解魔方机器人,并利用提供的解魔方程序实现魔方的还原。完成这项任务所需要的 LEGO EV3 45560 核心硬件见表 7-2。

表 7-2 LEGO EV3 解魔方机器人的核心硬件列表

硬件类型	功能说明和硬件参数	实物图
图像传感器	采用 LEGO EV3 颜色传感器作为图像传感器,采集频率为 1 kHz,可检测 8 种颜色。实现的功能是采集魔方每一个面上的色块位置信息	

---

① The Mathematics of the Rubik's Cube-Introduction to Group Theory and Permutation Puzzles. https://web.mit.edu/sp.268/www/rubik.pdf 2009-3-17.

(续表)

硬件类型	功能说明和硬件参数	实物图
处理器	采用 300 MHz 的 ARM9 处理器，位于 LEGO EV3 主机中，闪存为 16 MB，随机存储器为 64 MB。实现的功能是执行解魔方算法并确定解魔方的步骤和每步对应的公式，控制机械部件执行解魔方操作直到魔方被还原	
机械操纵部件	采用 LEGO EV3 MINDSTORMS Education 45560 核心零件套装搭建而成。其功能是实现对魔方的部分固定、整体翻转、层的旋转和固定颜色传感器的位置	

7.3.2 设计方法

解魔方机器人的设计方法分为机械操纵部件设计和程序设计两个部分。

1. 机械操纵部件设计

LEGO EV3 解魔方机器人主要用到的机械部件见表 7-3，用于实现对魔方的还原操纵。

表 7-3 LEGO EV3 解魔方机器人的机械部件列表

部件名称	功能说明	实物展示图
旋转卡槽	实现对魔方层的旋转和整体旋转	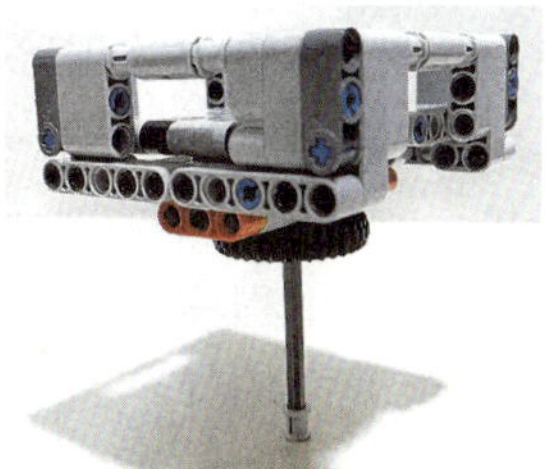
操纵臂	实现对魔方的部分固定和整体翻转	
颜色传感器移动支架	带动颜色传感器置于魔方色块的正上方	

2. 程序设计

大卫·吉尔迪编写的 MindCub3r 项目程序可以还原任意初始状态的魔方,该程序解魔方时间在 100 s 左右,首先利用约 30 s 的时间扫描魔方 6 个面共 54 个颜色块的信息,其次利用约 70 s 的时间去还原魔方,最终所用的总时间取决于还原魔方的步骤数。将 MindCub3r 下载到搭建的 LEGO EV3 解魔方机器人的主机上,在主机中打开名为"MindCube3r-Ed-v2p2.ev3"的项目,找到名为"MindCub3r"的程序并双击,即可在程序画布中显示解魔方机器人的主程序,如图 7-12 所示。

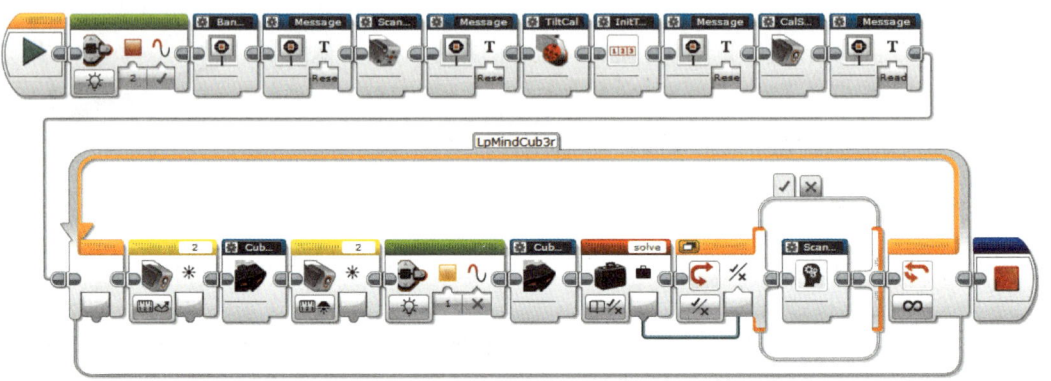

图 7-12　LEGO EV3 解魔方机器人的主程序(MindCub3r)

图 7-12 中,蓝色的模块代表用户模块,为用户自建的程序块,整个主程序包括大量的用户模块,书写成模块化的程序流程形式,可以使主程序易于理解和修改。

主程序主要分为三个部分:参数和伺服电机的初始化、扫描魔方的色块信息、运行解魔方算法并生成操纵列表在机械部件上执行。

第一部分:主程序(图 7-12)上面一行是初始化部分,其中最重要的模块是生成初始化魔方数组,把魔方的 6 个面和每个面对应的 9 个色块按照特定的顺序进行编号,写进一列数组,并作为初始化的魔方数组变量传递到下面的程序。在 MindCub3r 主程序中单击 InitTables 用户模块,即可在程序画布上显示生成初始化魔方数组的程序,如图 7-13 所示。

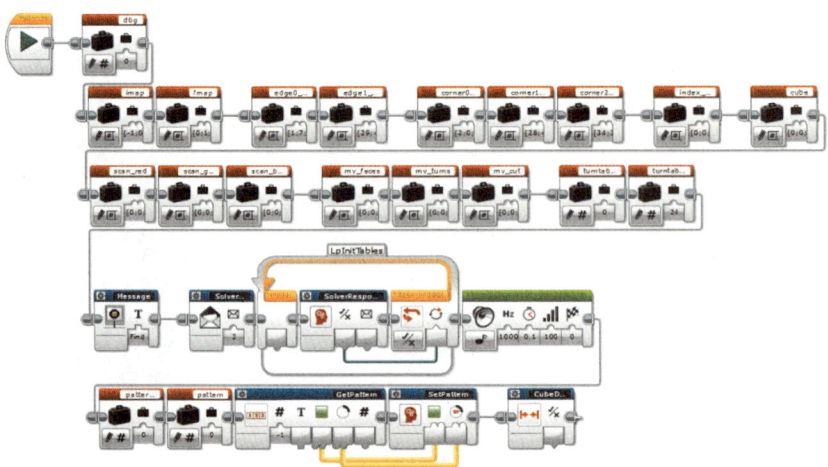

图 7-13　LEGO EV3 解魔方机器人生成初始化魔方数组的程序

第二部分与第三部分：主程序（图7-12）最下面一行是扫描和解魔方程序，其整体被放在一个循环模块中，该循环将不断执行直到魔方还原。整个扫描和解魔方的核心部分在ScanAndSolve用户模块中。ScanAndSolve用户模块包含ScanCube用户模块和Solver用户模块，其中ScanCube用户模块是对魔方色块进行扫描并写入初始化魔方数组，同时发送至解魔方算法Solver用户模块；它将执行ScanFace用户模块6次直到把魔方的全部色块采集完成。Solver用户模块接收到魔方数组后运行解魔方算法，并生成操纵列表传回至ScanAndSolve用户模块执行解魔方操作；它将调用SendColorsRGB用户模块，并且把扫描到的54个色块信息所对应的魔方数组写进一个文本文件，文件名是"mc3.dat"，同时触发ScanAndSolve不断地执行直到魔方还原。

7.3.3 作品展示

智能解魔方机器人模型的搭建是基于EV3教学版组装式机器人-核心套装（型号：45544+45560）进行的，搭建好的解魔方机器人运行流程见表7-4。

表7-4　LEGO EV3解魔方机器人的运行流程

步骤顺序	操作说明	实物展示图
1	把一个任意打乱的魔方放置在旋转卡槽中并运行主程序	
2	旋转卡槽在大型伺服电机的驱动下旋转，同时颜色传感器读取正下方魔方色块的颜色和位置信息	
3	操纵臂在大型伺服电机的驱动下拖动魔方实现魔方的整体翻转，将魔方的另一面置于颜色传感器下方	
4	EV3程序块控制两个大型伺服电机带动操纵臂和旋转卡槽固定并旋转魔方，执行解魔方的操纵	

（续表）

步骤顺序	操作说明	实物展示图
5	魔方被还原	

【任务小结】

本任务带领读者学习了智能魔方机器人的功能和解魔方原理，并搭建了解魔方机器人的机械硬件以及设计了相应的解魔方程序。本任务具有一定的战性，尤其程序设计属于编程的高阶水平。

【拓展项目】

智能机器人依据一定的数学算法与路径来完成解魔方任务，解魔方的方法也不止一种，请读者尝试基于当前的智能解魔方机器人模型，对其进行优化，提高解魔方的速度与灵敏性。

参考答案

习题1

1. D 2. A 3. D 4. C 5. C 6. D 7. C 8. B 9. A 10. B 11. B 12. D
13. ABCD 14. B 15. C 16. A 17. B 18. ABD

习题2

1. A 2. A 3. B 4. C 5. C 6. B 7. C 8. C 9. B 10. C 11. A 12. D
13. C 14. B 15. C 16. B 17. A 18. B 19. C 20. A

习题3

1. C 2. D 3. B 4. A 5. B 6. B 7. A 8. D 9. ABD 10. C 11. B 12. B
13. A 14. A 15. B 16. B 17. D 18. D 19. C 20. C

习题4

1. B 2. C 3. D 4. B 5. A 6. C 7. A 8. B 9. A
10. 由于所有零件被多次使用,每个电机的磨损程度等不一致,两个电机的实际功率不一致,导致两个车轮存在速度差的缘故。这时,则需要调整转弯指数或者两个车轮的功率差来修正由于零件自身磨损带来的误差。
11. C 12. B 13. C
14. A. 将两个单独的大型电机模块并联;
    B. 利用移动转向模块控制小车的运动;
    C. 利用移动槽模块控制小车的运动。
15. B 16. C 17. B 18. √ 19. B 20. D

习题5

1. C 2. C 3. A 4. B 5. C 6. C 7. D 8. B 9. C 10. B 11. A 12. B 13. C
14. B 15. A 16. A 17. D 18. B 19. C 20. B 21. C

习题6

1. D 2. A 3. C 4. C 5. C 6. D 7. A 8. B 9. D 10. C 11. D 12. D
13. A 14. A 15. A 16. A 17. C 18. D 19. B 20. C 21. C 22. A 23. B
24. C 25. D

附　　录

科学创新
"主战场"

一、科学前沿技术概述

科技创新主要包含两个方面,一个是自然科学知识的新发现,另一个是技术工艺的新方法。附录中将简要介绍与智能机器人相关的科学前沿技术,具体可以扫描左侧二维码进行学习。

实训室实操
规范(深圳
职业技术
大学)

二、实训室实操规范

所有进入实验室的人员都必须学习实验室规范,遵守具体的实验室规范细则,确保安全正常地开展实验室工作。附录中将以深圳职业技术大学科技创新实训室为例,介绍实训室规范的具体要求,具体可扫描左侧二维码进行学习。

参 考 文 献

［1］冯正好.推动我国科技自主创新建设世界科技强国[J].中国工业和信息化,2022(7):60-64.

［2］杜雨萌.科技创新十年布局:面向世界科技前沿高新技术企业增至33万家[N].证券日报,2022-06-07.

［3］卢振,张志远,柏席峰.面向基础与前沿研究的科技情报工作模式分析——以军工科研院所为例[J].技术与创新管理,2022,43(3):277-281.

［4］陈宇轩,王丰.前沿科技描绘创新中国未来图景 来自高交会的一线观察[J].中亚信息,2022(1):34-35.

［5］陈稳,陈伟.科学与技术对比视角下的前沿主题识别与演化分析[J].情报杂志,2022,41(1):67-73.

［6］新华.习近平:面向世界科技前沿 面向经济主战场 面向国家重大需求 面向人民生命健康不断向科学技术广度和深度进军[J].支部建设,2020(29):4-5.

［7］许志龙.让公众感知世界前沿科技的魅力——科技日报社《环球科技24小时·总编辑圈点》的创意、难点和突破[J].新闻战线,2022(13):18-21.

［8］李国军,钟志强,张毅宁.LEGO机器人魔方还原基本方法和过程[J].鞍山师范学院学报 2014,16:71-74.

［9］Hutchings M. The Mathematics of Rubik's Cube[EB/OL].[2024-03-01]. https://math.berkeley.edu/~hutching/rubik.pdf.